12/07

W0105324

Edda Ziegler · Heinrich Heine

Edda Ziegler

Heinrich Heine

Der Dichter und die Frauen

Artemis & Winkler

Die Deutsche Bibliothek verzeichnet diese Publikation in der
Deutschen Nationalbibliografie; detaillierte bibliographische Daten
sind im Internet unter http://dnb.ddb.de/ abrufbar.

Druck und Verarbeitung: fgb · freiburger graphische betriebe
ISBN 3-538-07212-4
www.patmos.de

Inhalt

Vorbemerkung

Das große M
Heines Mädchen und Frauen

M wie Mutter, Mausel, *Mère, Maman*; M wie Molly, das ist Amalie Heine, die erste Jugendliebe; M wie Mathilde, das ist Augustine Crescence Mirat, die französische Lebensgefährtin; M wie Mouche, das ist Elise Krinitz, die letzte Liebe des todkranken Dichters. Das große M prägt Heines Frauenbeziehungen. Alle seine großen Passionen benennt er – im Gleichklang mit der magischen Mutter-Initiale – mit neuen Namen und versucht so, sie in Besitz zu nehmen und zu seinen eigenen Geschöpfen zu machen. Die Prägung durch das große M aber hat Heine kein Glück gebracht – ganz im Gegenteil:

Aufrichtig gesagt: welch schreckliche Krankheit ist die Frauenliebe! Da hilft keine Inokulation, wie wir leider gesehen. Sehr gescheute und erfahrene Ärzte raten zu Ortsveränderung und meinen, mit der Entfernung von der Zauberin zerreiße auch der Zauber. Das Prinzip der Homöopathie, wo das Weib uns heilet von dem Weibe, ist vielleicht das probateste.
  So viel wirst du gemerkt haben, teurer Leser, dass die Inokulation der Liebe, welche meine Mutter in meiner Kindheit versuchte, keinen günstigen Erfolg hatte. Es stand geschrieben, dass ich von dem großen Übel, den Pocken des Herzens, stärker als andere Sterbliche heimgesucht werden sollte, und mein Herz trägt die schlechtvernarbten Spuren in so reichlicher Fülle, dass es aussieht wie die Gipsmaske des Mirabeau oder wie die Fassade des Palais Mazzarin nach den glorreichen Julitagen oder gar wie die Reputation der größten tragischen Künstlerin.

An seinem Lebensende, im Rückblick der »Memoiren«, diagnostiziert Heine sein Verhältnis zu Frauen – nicht ohne sarkastischen Einschlag – als pathologischen Befund, als Krankheit. Ihren Anfang sieht er in der »Inokulation der Liebe«, dem Impfstoff, mit dessen Hilfe die Mutter ihren Sohn gegen die Frauenliebe zu immunisieren gedachte. Doch sie hat das Gegenteil bewirkt. An Stelle der

Heilung tritt eine lebenslange Stigmatisierung, die »Pocken des Herzens«.

Mit dieser Metapher wird der Zusammenhang konstruiert zwischen der inneren Bindung an die Mutter und den Verletzungen, die Heine in seinen Frauenbeziehungen erlitten hat. Soviel gilt ihm jedenfalls als sicher: Frauenliebe, auch die zur Mutter, ist etwas höchst problematisches.

Von Heine und den Frauen handelt auch dieses Buch. Seinen Kern bilden die Liebesbeziehungen – so unterschiedlich sie auch immer changieren mögen zwischen Mutterliebe und Familienbanden, Jugendschwärmerei, Ehestand und Alterseros. Um diesen inneren Kreis gruppiert sich ein offener Reigen weiterer Frauenbeziehungen, die weniger emotional als vielmehr gesellschaftlich begründet sind: Heines Verbindungen zu den »chères amies et collègues«, den Gönnerinnen, Seelenfreundinnen, *Salonières* und Schriftsteller-Kolleginnen, in Deutschland wie in Frankreich. Hier geht es vor allem um berufliche und politische Kontakte, um wechselseitige Unterstützung, Gesinnungsgenossenschaft, Freundschaft, Bewunderung und Protektion, aber auch um Konkurrenz, Kritik, Missgunst und Neid. Denn trotz aller theoretischen Einsicht in die Notwendigkeit der Frauenemanzipation zeigt Heine sich in der Lebenspraxis latent überfordert vom intellektuellen Anspruch und gesellschaftlichen Auftreten jener Kolleginnen und Zeitgenössinnen, die sich – wie Rahel Varnhagen in Berlin, George Sand oder Principessa Belgiojoso in Paris – nicht mehr an die Spielregeln der tradierten Geschlechterrollen halten.

Diese beiden überwiegend biografisch bestimmten Themenkreise sind durch einen dritten ergänzt, der jenseits realer Lebensverhältnisse liegt: die Frauenfiguren und Frauenbilder, die Heine in seinem literarischen Werk entwirft. Sei es als Mythos, als Ideal- oder Feindbild, sei es als erotisches Wunsch-, als Zerr- oder Vexierbild, samt all den ironischen Brechungen, den Selbstdarstellungsstrategien und Spiegelfechtereien, die er für sein Schreiben und seine Wahrnehmung durch die literarische Öffentlichkeit entwickelt hat. Von diesen poetischen Fantasiebildern aus soll dort, wo das Sujet es nahe legt, der Bezug zum Diesseits realer Lebensverhältnisse von Fall zu Fall gewagt werden.

Wie Heine Frauen wahrnimmt, wie er auf sie reagiert und sich auf sie bezieht, das ist zum einen geprägt von seinen individuellen Erfahrungen seit Kindertagen. Erfahrungen, die im biografischen Zusammenhang sichtbar gemacht werden. Zum anderen ist es beeinflusst von den Weiblichkeitsentwürfen seiner Zeit.

Die bürgerliche Gesellschaft ist damals in Frankreich und – mit einer gewissen Verzögerung – auch in Deutschland, den beiden Ländern, in denen Heine lebt und schreibt, voll entwickelt. Nach Herkunft, Ausbildung und Selbstverständnis gehört er dieser neuen, nun gesellschaftlich tonangebenden Schicht an. Und bleibt dennoch zeitlebens ein Außenseiter. Stigmatisiert durch sein Judentum, das er als Makel empfindet, trotz aller Integrationsmöglichkeiten, die das napoleonische Zeitalter und der Assimilationswille seiner Mutter ihm eröffnen und obwohl er sich christlich hat taufen lassen. Die streng patriarchalische Struktur der jüdischen Gesellschaft, die den Lebensraum der Frauen auf Familie und Familienhaus begrenzt, prägt Heines Haltung – trotz seiner früher Distanzierung vom Judentum – zeitlebens mit. Die jüdische Tradition stützt und legitimiert Heines unverhohlen patriarchalisches Auftreten gegenüber den ihm nahe stehenden Frauen.

Zum Außenseiter macht er sich auch durch seine selbst gewählte Existenzform. Mit dem Schriftstellerberuf und dem Leben als deutscher Jude im französischen Exil, mit seiner demonstrativ gelebten und literarisch zur Schau gestellten Promiskuität, seiner späten Heirat und Kinderlosigkeit stellt Heine sich selbst ins Abseits, außerhalb der neuen bürgerlichen Normen. Diese propagieren – in Abkehr vom tradierten Modell des »Ganzen Hauses«, das für die Frau eine dem Mann gleichwertige Funktion als Herrin im Privatbereich der Großfamilie vorsah – nun das auf die Trias Vater-Mutter-Kind eingegrenzte Modell der Kleinfamilie samt einer neuen, polarisierten Geschlechterordnung. Sie definiert die Frau gegenüber dem Mann als das »Andere« und beider gesellschaftliche Rollen und Funktionen als Gegensätze. Der Körper, der ja die primären Zeichen des *sexus* trägt, wird dabei weitgehend ausgeblendet.

Auch mit diesem Tabu bricht Heine, indem er Körperlichkeit, vor allem ihre intimste Form, die Sexualität, immer wieder zum Thema seines Schreibens macht. Und einen Zusammenhang herstellt zwischen seiner eigenen kranken, keineswegs idealen körperlichen

Befindlichkeit und seiner künstlerischen Produktivität. Zwischen chronischem Kopfweh, Liebesleid, frustrierter Sexualität, Geschlechtskrankheiten mit tödlichem Ausgang und Impotenz des Dichter-Ichs einerseits und seinem Schreiben andererseits. »Aus meinen großen Schmerzen/Mach ich die kleinen Lieder« heißt es dazu – leitmotivisch – schon in Heines berühmt-berüchtigtem lyrischen Erstling, dem »Buch der Lieder«.

Die kulturellen Konstrukte von Weiblichkeit, die sich seit dem 18. Jahrhundert entwickelt haben und die auch Heines Frauenbild beeinflussen, nehmen das Prinzip der Geschlechterpolarität auf. Sie ordnen sich zu einer Typologie der Gegensätze, zwischen der gelehrten und der empfindsamen Frau, zwischen Engel und Dämon, *femme fragile* und *femme fatale*, zwischen Pygmalion-Mythos und Marmorfrau.

Die aufklärerische Idee von einer intellektuellen Gleichrangigkeit der Frauen erweist sich als kulturelles Ziel nicht realisierbar – nicht zuletzt wohl wegen eines erotischen Verdachts, der sich unterschwellig in den gesellschaftlichen Diskurs mischt: die Angst davor, dass die traditionellerweise sexuell als passiv definierte Frau, ist sie erst »gelehrt«, die ihr bisher gesetzten Grenzen überschreiten könnte. Das und die Vorstellung, dass Frauen als Gelehrte und Autorinnen den Männern gleichwertig behandelt werden könnten, wird – trotz aller Emanzipationsfordungen des Saint-Simonismus und Frühsozialismus – zum Alptraum künftiger Männergenerationen. Auch bei Heine begegnen wir einer ausgeprägten Furcht vor emanzipierten, ihm intellektuell gleichwertigen, wenn nicht gar überlegenen Frauen und ausgefeilten literarischen Abwehrstrategien gegen solch weibliche Dominanz. Obwohl er sich mit den politischen Emanzipationsforderungen solidarisiert.

Wie angenehm und ungefährlich erscheint dagegen doch das positive Gegenbild zum Schreckensgemälde der weiblichen Gelehrten, die empfindsame Frau, von der – im Idealfall – erwartet werden darf, dass ihre »schöne Seele« für einen harmonischen Ausgleich zwischen Pflicht und Neigung sorgt.

Tiefer geprägt sind Heines Frauenbilder und –fantasien jedoch von dem das ganze 19. Jahrhundert bis in die klassische Moderne dominierenden Gegensatzpaar Engel und Dämon, *femme fragile* und *femme fatale*. Im inneren Zusammenhang zwischen beiden, dem männlichen Wunschbild einer kindhaft-zerbrechlichen, instrumentalisierbaren Mädchenfrau und dem Schreckbild der rätselhaft-dämonischen, männermordenden Verführerin bildet sich die ganze Widersprüchlichkeit der bürgerlichen Konstruktion von Weiblichkeit ab. Ihre Tradition reicht zurück bis zu Antike und Bibel, zu Judith, Salome und Venus. Und als Venus, als Sphinx, Cleopatra und mythische Wasserfrau taucht die *femme fatale* denn auch in Heines literarischem Bildrepertoire auf. Im wirklichen Leben jedoch verschmelzen die scheinbar so gegensätzlichen Frauenbilder. Heines Frau Mathilde verkörpert – in einer brisanten Mischung aus naiver Kindfrau, sinnlicher Verführerin und dominanter Gefährtin – eine Synthese aus *femme fragile* und *femme fatale*, der er irreversibel verfallen ist.

»Geliebt habe ich nur Tote oder Statuen.« Mit diesem Bekenntnis bedient Heine ein weiteres Fantasma aus dem Bildrepertoire des 19. Jahrhunderts, das von der marmornen, der toten und der imaginierten, virtuellen Frau – geschaffen nach Männerfantasien, die – auf den Spuren des Pygmalion – meist antikem Vorbild folgen. Nach der antiken Sage verliebt sich Pygmalion in die Frauenstatue, die er selbst geschaffen hat und erweckt sie mit göttlicher Hilfe zum Leben. Dieser Mythos hat im 18. Jahrhundert Konjunktur. Zu Heines Zeit löst sich der Stoff aus den kunsttheoretischen Zusammenhängen des Idealismus und mutiert zum männlichen Wunschtraum, sich eine Frau ganz nach eigenen Vorstellungen und Bedürfnissen selbst zu schaffen.

Auch diesen Weiblichkeitsentwurf nimmt Heine auf, in seinen persönlichen Imaginationen und Obsessionen ebenso wie in seinen literarischen Figuren. Die leblos-schöne, aber kalte Marmorstatue erscheint Heine, wie der gesamten romantischen Kunst, als ideale Projektionsfläche. Der männliche Blick erst schafft sich die Wunschfrau, um sie anschließend durch ebenfalls männliche Erziehung zu domestizieren und kulturell aufzuwerten. Die Gefahren, die dem Mann von der ursprünglich triebhaften weiblichen Natur drohen, werden in diesem kulturellen Anpassungsprozeß eliminiert.

An seinem Ende steht die Frau in ihrer Funktion als Muse. Sie bezieht ihre Existenzberechtigung allein daraus, dem Mann durch ihre selbstlose Liebe, notfalls erkauft mit dem Opfer des eigenen Lebens, zur künstlerischen Produktivität zu verhelfen. Damit ist das Wort endgültig an die Stelle der tätigen Liebe getreten. »Worte! Worte! Keine Taten!« Eros hat sich entkörperlicht und gänzlich in Sprache transformiert.

Es ist schon viel geschrieben worden über Heine und die Frauen. Schon die zeitgenössische Presse hat das delikate Thema weidlich ausgeschlachtet; teils seriös, öfter jedoch in den Niederungen des Gesellschaftsklatsches. Die publizistische Neugier richtet sich vor allem auf Heines Pariser Lebensverhältnisse, seinen Alltag als Junggeselle und Ehemann sowie sein Leiden in der Matratzengruft. Die Berichterstatter nehmen – teils in idealisierender, häufiger jedoch mit kritisch-diffamierender Tendenz – die Spuren auf, die Heine als versierter PR-Stratege in eigener Sache bewusst gelegt hat, um einzuwirken auf sein Bild in der Öffentlichkeit. Grundton und Maßstab der zeitgenössischen Berichterstattung sind gestimmt auf die damals gängigen Vorstellungen von Dichterleben und Dichterlieben. Und diese sind geprägt vom Beziehungsmodell Goethe-Christiane. Der Schriftsteller erscheint hier als Genie, seine Gefährtin als weit unter ihm stehendes Werkzeug seines Genius, sei es als allseits versorgende Hausfrau, als Bettgenossin oder Muse.

Unüberhörbar jedoch macht sich schon in der zeitgenössischen Berichterstattung über Heines Frauenbeziehungen deren antisemitische Tendenz bemerkbar. Seine freche, promisk-angeberische Haltung gegenüber Frauen, gleich, ob sie sich biografisch oder literarisch artikuliert, rechnen die Kritiker konservativer Couleur schon damals weniger ästhetischen als rassischen Gründen zu. Die Leiden der Matratzengruft, als deren Ursache den Zeitgenossen ja eine Geschlechtskrankheit gilt, werden als Folge ausschweifenden Sexuallebens und als gerechte Strafe für einen Lebenswandel verstanden, der die Normen bürgerlicher Moral provokativ durchbrochen hat. Diese antisemitische Tendenz verschärft sich mit der politischen Entwicklung Deutschlands nach Heines Tod. Sie kulminiert in der NS-Diktatur, die den Dichter der »Loreley« totschweigt, sein Lied zum »Volksgut« macht und seine Schriften verbrennt. Wegen ihres intellektuell-dekadenten Inhalts und der jüdischen Herkunft des Autors.

Erst mit der Generationenwende von 1968 greifen Schriftsteller und Publizisten wie Peter Rühmkorf oder R.W. Leonhardt – zeitgleich mit einer neuen Hoch-Zeit der Heineforschung in Ost und West – Heines Frauenbeziehungen als Thema wieder auf. Sie verstehen sich als Kollegen Heines, ihm im kritischen publizistischen Geist ebenso nah wie im ambivalenten männlichen Selbstverständnis. Entsprechend kenntnis- und erfahrungsreich, klug beobachtet, brillant formuliert, wenngleich allzu identifikatorisch fallen die kollegialen Interpretationen denn auch aus. Sie kursieren auf jenem nicht unbedenklichen Transfer zwischen Dichtung und Wahrheit, zwischen literarischen und autobiografischen Aussagen, zu dem Heines Schreibstil und Schreibstrategie leicht verleitet. Das literarische Ich ist in seinen Texten omnipräsent und verführt dazu, den fiktiven, den Kunst-Charakter dieser Figur und ihre ausgeprägte Tendenz zum Rollenspiel zu übersehen. Dies kann gefährlich sein, besonders bei einem Thema wie Heines Frauenbeziehungen, das immer wieder in den Grenzbereich zwischen Biografie und Fiktion gerät. Und das zudem mit einem grundsätzlichen Defizit zu kämpfen hat. Die Frauen nämlich haben – von wenigen Ausnahmen abgesehen – im Verhältnis zum eloquenten Dichter kaum eine eigene Stimme. Sie werden lange Zeit nur als Beziehungsobjekte wahrgenommen und nicht als gleichwertige Partnerinnen mit eigenständigem Potential und mit Beziehungsinteressen, die denen des »ungezogenen Lieblings der Grazien« oft genug entgegenstehen.

Unmittelbar sichtbar werden die Frauen nur in Heines Briefwechsel. Nur hier kommen sie direkt zu Wort. Wenn auch nur selten und nur dort, wo ihre Rolle gesellschaftlich akzeptiert ist, wie die als Mutter, als Schwester, Freundin, Gönnerin oder Schriftstellerkollegin. Nur ein verschwindend geringer Teil der rund 3000 erhaltenen Briefe von und an Heine stammt von oder richtet sich an Frauen. Von Heines Lebenspartnerin Mathilde etwa, die des Schreibens kaum mächtig war, ist kein einziges eigenes Wort erhalten.

In der Heine-Forschung des letzten Jahrzehnts sind die Frauenbeziehungen zum selbstverständlichen Thema geworden. Auf neuer Materialgrundlage und mit neuen Untersuchungsansätzen, variabel in Analyse und Wertung, je nach Standpunkt und Generationszugehörigkeit der Autoren und – endlich – auch Autorinnen. Mehr als mit den biografischen Details, den Realfrauen in Heines Leben, befassen sich diese Untersuchungen mit seinen Frauenbildern. Und der neue, genderspezifische Forscherblick lässt manche tradierte Lehrmeinung und manches Credo aus publizistischen Edelfedern nun, nach mehr als einem Jahrhundert patriarchalisch dominierter Heine-Forschung, sehr alt aussehen.

Den neuesten Stand der Ermittlungen dokumentiert, kommentiert und analysiert dieses Buch. Es versteht sich als Feldforschung in einem noch immer brisanten Krisengebiet.

Danksagung

Mein Dank gilt den Mitarbeiterinnen und Mitarbeitern des Heinrich-Heine-Instituts Düsseldorf, vor allem seinem Direktor Prof. Dr. Joseph A. Kruse, Marianne Tilch und Dr. Christoph Hauschild für institutionelle Unterstützung und produktiven kollegialen Austausch. Dr. Ulrike Ehmann danke ich für die in vielfacher Hinsicht anregenden Gespräche, Gisela Kohlauf und Ulrich Mattejiet für die Übersetzungshilfe bei bisher nicht übertragenen Heine-Briefen aus dem Französischen, Tibor Racskai für vielfältige Zuarbeit.

München, im Juni 2005

Edda Ziegler

Erstes Kapitel

Rollenspiele und Familienbande

Heines Beziehung zu seiner Mutter

Paris, 3 Dezember 1853, Sonnabend

Liebe gute Mutter!

[...] Heute schreibe ich Dir, um Dir zu Deinem Geburtstage zu gratuli-ren, und ich denke wieder mit Lachen an Paulchens Gratulazion mit dem Blumentopf im vorigen Jahre. Der Himmel, liebe Mutter, möge Dir recht viele Freuden schenken, und Dich, wie bis jetzt, frisch und gesund erhalten. Die Kälte ist schon hier eingetreten, und ich denke mit Schrecken daran, wie Dir dieser Winter in Deinem kleinen Tau-benschlag zusetzen kann. Könnte ich nur zu Dir, um jede Lucke, wo ein Windzug möglich ist, zu verstopfen. Wir sprechen beständig von Dir, und meine Frau sagt, es sei ihr, als ob sie Dich erst gestern verlas-sen habe; mir aber ist zu Sinne, als ob ich beständig bei Dir wäre.

Was meine Gesundheit betrifft, so geht es mir wie gewöhnlich, und ich weiß wahrhaftig nicht, was ich dieser Antwort des Canonicus Kar-thümmelchen beizufügen hätte: Ich leide noch immer an Winden, und in Folge derselben an Krämpfen, die aber nicht, wie bei meinem seligen Vater, den Magen affiziren. Ich hoffe, daß Ihr alle in Heiterkeit und Eintracht lebt. Ich bin sehr ruhig, lasse fünf eine grade Zahl sein. Es ist mir nichts geglückt in dieser Welt, aber es hätte mir doch noch schlimmer gehen können. So trösten sich halbgeprügelte Hunde.

Ich hoffe Dir noch in diesem Jahre zu schreiben, und da Du weißt, daß ich nicht immer einen deutschen Sekretär zur Hand habe, so wirst Du mir gern verzeihen, wenn die Jahresgratulazion nicht zur rechten Zeit eintrifft.

Hier ist Alles ruhig, und ganz Paris ist mit Bauen beschäftigt. Alles wird umgerissen und neu gebaut, und man weiß kaum mehr, wo die alten Pißwinkel zu finden sind. Ich bin mit meiner Frau sehr zufrieden, und sie ist die treueste Seele, die man sich denken kann. Freilich am Ende, glaube ich, gibt es nur eine einzige Person, auf die der Mensch sich ganz verlassen kann, das ist nämlich die Mutter. Hier ist man ganz sicher – wer hieran zweifelt, für den wäre nichts rathsamer, als daß er diese Welt so bald als möglich verließe.

Fünfundzwanzig Jahre lang, seit seiner Emigration nach Paris im Mai 1831, besteht der Kontakt zwischen Heine und seiner Mutter nahezu ausschließlich aus Briefen. Nur zwei Mal haben sie sich in diesem Vierteljahrhundert gesehen. Hundert Briefe Heines sind erhalten und knapp dreißig der Mutter – einer der dauerhaftesten und intensivsten Briefwechsel in Heines umfassender Korrespondenz. Aus ihm spricht die Beziehung zwischen Mutter und Sohn ursprünglicher und weniger verstellt als aus Heines literarischen Texten und aus den Erinnerungen der Zeitgenossen. Auch, wenn der »liebe Harry« und »getreue Sohn« das Rollen- und Versteckspiel selbst in den Briefen nicht lassen kann.

»Getreuer Sohn« und »innig liebende Mutter«
Familienbriefe

Rein äußerlich gesehen, folgen beide Briefpartner den Konventionen des Familienbriefs. Man schreibt sich zu Familien- und Kalenderfesten, zu Neujahr, Geburtstagen, Taufen oder anderen aktuellen Familienereignissen. Heine bittet die Mutter immer wieder um Besorgungen in Hamburg, etwa bei seinem Verleger Campe oder um Büchersendungen aus einer der gut sortierten örtlichen Leihbibliotheken und revanchiert sich mit großzügigen Geschenken aus Paris, einem modischen Seidenkleid etwa oder edlen Wohnaccessoires.

Die Briefe sind immer gleich strukturiert und operieren mit immer denselben Versatzstücken. Bei der Mutter stehen die Nachrichten aus der Familie im Mittelpunkt und die Sorge darum, wie es dem Sohn in der Fremde wohl geht. Selten in literarischer, häufig in finanzieller, immer aber in gesundheitlicher Hinsicht. Die Frage nach dem beiderseitigen Wohlergehen leitet die Briefe ein. Es folgen aktuelle Informationen aus der Familie oder – dies ein Dauerthema auf Seiten Heines – zu Wohnsituation und Wohnungswechseln.

Dann kommt Heines Frau Mathilde an die Reihe. Für die Mutter ist sie, die Fremde, stets Adressantin freundlicher Grüße, auch wenn sie Mathilde kaum kennt und sich mit ihr schon aus sprachlichen Gründen schlecht verständigen kann. Und Heine macht Mathilde in den Briefen zur fiktiven Figur, zum Objekt wechselnder humoristisch-sarkastischer Kurzszenen seiner Ehe, in denen die Gefährtin ausnahmslos in der Rolle der – je nach Tagesform – mehr oder weniger braven Gattin und liebevollen Schwiegertochter erscheint. Im Briefschluß versichert man sich der gegenseitigen unveränderlichen Zuneigung und Treue und bittet um baldige weitere Nachrichten – »Dein getreuer Sohn«, »Deine Dich innig und herzlich liebende Mutter«.

Damit ist die Form des Familienbriefs aufs Schönste erfüllt. Der sprachlich unbeholfenen Mutter dient sie als notwendiges Formulierungs- und Ausdrucksgerüst, aus dem – trotz aller stilistischen Holprigkeit – ganz unverstellt die Sorge um den fernen Sohn spricht. Dieser dagegen nutzt seine hoch entwickelte Ausdrucksfähigkeit, um sich hinter der Briefkonvention zu verstecken und all das unausgesprochen zu lassen, worüber er die Mutter im Unklaren lassen will. Nämlich alles, was ihn – emotional, literarisch, existenziell – wirklich beschäftigt. Dass er sich vor ihr versteckt, dürfte der so klugen wie sensiblen Betty Heine nicht entgangen sein. Doch vielleicht hat sie Distanz und Schweigen des Sohns auch als entlastend erlebt. Denn, wie sie mit fatalistisch getönter Nüchternheit immer wieder anklingen lässt, »endern können wir ja doch nichts«.

Als Dritte am Briefwechsel beteiligt ist Heines einzige Schwester Charlotte, verheiratete Embden (1802–1899), die ihm unter den drei Geschwistern am nächsten steht. Sie ergänzt die Briefe der Mutter oft durch eigene Zusätze, deren Stil dem der Mutter sehr ähnelt. Heine bleibt der Schwester lebenslang in Zuneigung und Vertrauen verbunden. Sie läßt er – anders als die Mutter – teilhaben an seinen Sorgen und Geheimnissen.

Liebesheirat oder Vernunftehe?

Peira van Geldern und Samson Heine

Betty (jüdisch Peira) Heine, geborene van Geldern, war eine kluge und umsichtige, energische und ehrgeizige, vor allem aber eine vernünftige Frau – darin sind sich die Heine-Biografen einig. Unterschätzt wird dagegen ihre Sensibilität, die in der krisenhaften Situation nach dem Tod von Vater und Bruder 1796/97 auch körperlich manifest wird – und direkt in die Ehe mit dem in jeder Hinsicht gegensätzlichen Samson Heine mündet.

Betty van Geldern stammt aus einer angesehenen jüdischen Familie, die seit Anfang des 18. Jahrhunderts in Düsseldorf lebt. Die Vorfahren waren Ende des 17. Jahrhunderts aus Holland ins Herzogtum Jülich-Berg gekommen. Urgroßvater Jakob wird Hofkammeragent, Milizprovisor, Hofbankier und Hofjuwelier von Johann Wilhelm, des wegen seiner Prachtliebe bekannten Kurfürsten »Jan Wellem«. 1718 ist Jakob van Geldern als reichster Jude der Stadt registriert, einer der an deutschen Barockhöfen unentbehrlichen »Hofjuden«. Doch die Familie schafft es nicht, ihren hohen Standard aufrecht zu erhalten. In der Generation Bettys hat sie, aufgerieben durch Geld- und Erbkonflikte, ihre besten Zeiten schon hinter sich. Vater Gottschalk, ein angesehener Arzt, stirbt 1795; ein Jahr später überraschend auch sein Sohn Joseph, der kurfürstliche Leibarzt, der traditionsgemäß an der jüngsten, 1771 geborenen Tochter Peira Vaterstelle vertreten sollte. Damals ist die junge Frau noch unverheiratet, also unversorgt, und mit ihren 25 Jahren fast schon ein spätes Mädchen. Der Tod von Vater und Bruder treibt sie in eine schwere Lebenskrise mit deutlichen psychosomatischen Symptomen. Sie selbst beschreibt ihre Situation in einem Brief an die Freundin Hendelche Israel vom 27. Mai 1796.

Heftige Gemüthsbeunruhigungen verursachen mir auch immer körperliche Leiden, und dies ist die Schuld, daß Ihnen noch nicht nach dem Tod meines zweiten Vaters, meines Bruders geschrieben habe, denn die ängstliche Unruhe, und das immerwährende Nachtwachen hatte meine sonst unerschütterliche Gesundheit so zerrüttet, daß wenn mich nicht das strenge und scharfe Verbot der Ärzte, die liebevolle Sorgfalt meiner Geschwister, und die dringende Bitte meiner

*Freunde, vom Krankenbett entfernt hätte, so wäre ich sicher auch
eine Beute des Todes worden. [...]*

*Vergebens suchten meine Freunde mich mit dem Unglück meiner
Mitmenschen zu trösten; meines Nachbars Wunde heilet die meine
nicht. Vergebens sucht die Vernunft das vom tobenden Schmerze zer-
rissene Herz zu beruhigen, das nur da, wo es nicht mehr schlägt,
Ruhe zu finden glaubte. Umsonst war der laute Zuruf der Weld, daß
unsere Vermögensumständen uns den Beistand unserers Bruders
nicht nothwendig machte(n). Oh du kalte Weld, die du deine Gefühle
blos nach der Goldwage abwägst, und deinen Vergleich Summen zu
berechnen weißt! Ach es giebt wenig Trost für den Verlust eines zärth-
lichen Bruders, der kaum ein Jahr Hofmedicus und hiesiger Arzt
war, und schon ein Verdienst besaß, das sich täglich wenigstens auf
6 Kronthaler belief; dabei hinterließ er ein eben so großen und unge-
theilten Lob, wie mein Vater, und ein gleichen Ruhm und Ehre folgte
ihm ins Grab. Dies tröst(et) zwar ein wenig, aber es lindert nur und
heilt nicht.*

So formel- und fehlerhaft der Brief auch abgefasst sein mag, er
macht eines deutlich. Gefährdet sieht sich Betty durch den Verlust der traditionellen patriarchalischen Familienstruktur weniger
finanziell, als vielmehr emotional.

In dieser kritischen Situation taucht Samson Heine in Düsseldorf
auf. Auch er stammt aus einer jüdischen Familie, norddeutschen
Kaufleuten, die nach erfolgreichen Anfängen wechselvolle Schick-
sale erlebt haben. Der Vater, Chaim Heine, stirbt früh; seine Witwe,
die schöne Mathe Eve Popert, die er in zweiter Ehe geheiratet hat,
ist Tochter des wohlhabenden Altonaer Bankiers Meyer Samson
Popert. 1780 kehrt sie mit den sechs Söhnen nach Hamburg zurück.
Drei dieser Söhne machen dort Karriere als Bankiers und Wechsel-
makler und begründen so die Verbindungen der Heines nach
Frankreich, zu den großen jüdischen Bankiersfamilien wie Oppen-
heim und Rothschild.

Samson Heine, geboren 1764, gehört nicht zu den erfolgreichen
unter den Brüdern. Wir finden ihn in mehreren norddeutschen Städ-
ten, in Altona, Hamburg und Celle, wo er Armeelieferant gewesen
sein soll. 1796 verschlägt es ihn nach Düsseldorf, hier lernt er Betty
van Geldern kennen. Samson Heine ist ohne rechte Zukunftsper-

spektive, und seine Ankunft in Düsseldorf ist keineswegs so glorreich, wie der Sohn Harry es uns in den »Memoiren« nicht ohne ironisches Augenzwinkern weismachen möchte, wenn er den Vater »mit zwölf schönen Gäulen« in seine neue Heimatstadt einziehen lässt. Für die jüdische Gemeinde, die im Notfall finanziell für ihn aufzukommen hat, jedenfalls ist Samson Heine durchaus kein willkommener Zuwachs. Betty aber, verunsichert, schutzbedürftig, depressiv, wie sie sich fühlt, sieht in dem heiter-leichtlebigen, charmanten Kavalier offenbar ihren Retter, ihre Zukunft. Und sie setzt die Verbindung durch, gegen Familienbedenken und Widerstände der jüdischen Gemeinde. Denn die hat, wenn ein Fremder sich in ihrem Bereich ansässig machen will, ein gewichtiges Wort mitzureden.

Damals zählt die jüdische Gemeinde in Düsseldorf rund 400 Mitglieder. Sie leben nicht im Ghetto, sondern mitten unter den 16 000 Einwohnern der Residenzstadt. Und damit der jüdische Bevölkerungsanteil nicht wächst, gelten von alters her für Eheschließungen strenge Beschränkungen. Voraussetzung ist die Erlaubnis der Behörden. Sie wird nur erteilt, wenn es Vakanzen für die Gründung eines neuen jüdischen Haushalts gibt. Das aber haben die jüdischen Gemeindevorsteher festzustellen. Samson Heine, der ja kein Düsseldorfer Bürger ist, braucht außerdem eine Zuzugsgenehmigung, die die jüdische Gemeinde nur ungern erteilt, weil der Antragsteller damit »Schutzjude« wird und – gegebenenfalls – unter die Fürsorgepflicht der Gemeinde fällt. Samson Heines Vermögensverhältnisse aber sind unklar. Die Vorsicht der jüdischen Gemeindevorsteher wird sich durchaus als Weitsicht erweisen.

Am 1. Februar 1797, kaum ein Jahr nachdem sie sich kennen gelernt haben, heiraten Samson Heine und Betty van Geldern. Am 1. Juni 1797 macht der Düsseldorfer Neubürger sich mit einem Tuchhandel selbstständig. Das Kapital dazu kommt wohl ebenso aus der Familie van Geldern wie der Wohn- und Geschäftssitz für das junge Paar. Er liegt im Vorder- und Hinterhaus der Bolkerstraße 53, dem heutigen Heine-Haus, das jedoch nicht mehr der Originalbau der Heinezeit ist. Ein Teil davon wird später abgerissen und durch einen Neubau ersetzt, das Ganze im Zweiten Weltkrieg zerstört. Hier, in der Bolkerstraße 53, wird Heinrich Heine, genannt Harry, als erstes von vier Kindern, einer Tochter und drei Söhnen, im Dezember 1797 geboren.

Samson Heine betreibt ein Geschäft für »Ellen- und Modewaaren«, seine Spezialität ist »Velveteen«, englischer Baumwollsamt. Erfolg und Misserfolg sind mit den Höhen und Tiefen der napoleonischen Politik eng verknüpft. Anfangs profitiert die Firma von Napoleons liberaler Juden- und Wirtschaftspolitik, später leidet sie unter deren Folgen, der Kontinentalsperre, dem von Napoleon im Herbst 1806 verhängten Handelsverbot mit England, der Finanzkrise von 1810, durch die das Geld auf dem Kontinent knapp wird, und dem Preisverfall für Baumwollwaren, der bis 1817 anhält. Dieser wirtschaftlichen Krisensituation zeigt sich Samson Heine, den man sich wohl kaum als begnadeten Geschäftsmann vorzustellen hat, nicht gewachsen. Ab 1814 ist seine Arbeitskraft auch durch eine chronische Krankheit, ein epileptisches Psychosyndrom, geschwächt. Seit 1820 ist Samson Heine berufsunfähig. Das Geschäft geht bankrott, der Düsseldorfer Haushalt wird aufgelöst, die Familie muss die Heimatstadt Düsseldorf verlassen und lebt künftig in Oldesloe, Lüneburg und Hamburg – abhängig von Fürsorge und Unterstützung der wohlhabenden Verwandtschaft, vor allem von Samsons Bruder Salomon, dem Hamburger Millionär. Harry, der Älteste, ist damals schon ausgezogen, geht zur Berufsausbildung nach Frankfurt und Hamburg, später zum Studium nach Bonn, Berlin und Göttingen. Samson Heine stirbt 1828. Die Witwe erhält von ihrem Schwager lebenslang eine Jahresrente von 1000 Bancomark. Sie überlebt ihren Mann um 31 Jahre, genauso lang wie sie mit ihm verheiratet war.

Die Ehe von Heines Eltern wird gern als Liebesheirat gesehen, gestiftet von der emotionalen Anziehungskraft zwischen zwei sehr gegensätzlichen Charakteren: einerseits der durchsetzungsfähigen, disziplinierten, scheinbar immer konsequent und vernünftig handelnden Betty, andererseits dem liebenswürdigen, geselligen, bis zum Leichtsinn lebenslustigen Samson, von dem Heine später in seinen Memoiren schreibt, in »seinem Gemüthe war beständig Kirmeß«. Solche Gegensätze mögen anziehend wirken, weil die Partner im anderen die Wesenszüge finden, die sie selbst entbehren und aus denen sich – im Bedarfsfall – die eigenen Fähigkeiten ergänzen und komplettieren lassen. Aber das Beziehungsmodell enthält auch ein nicht unbeträchtliches Konfliktpotential.

Heinrich Heine. Ölgemälde von Colla, um 1822.

Liebesheiraten sind gegen Ende des 18. Jahrhunderts in Deutsch-
land unter Juden wie Christen eher die Ausnahme als die Regel.
Eine Ehe gilt mehr als Versorgungs- denn als Herzensangelegenheit.
Und die Umstände, unter denen Betty van Geldern sich mit Samson
Heine verbindet, machen auch hier eine Vernunftentscheidung
wahrscheinlicher als ein romantisches Herzensbündnis. Da ist zum

einen das Alter beider Partner. Sie sind, Samson mit 33, Betty mit 25 Jahren, unter damaligen Verhältnissen für eine Heirat längst überfällig. Da ist vor allem die aktuelle Krisensituation der jungen Frau, zusätzlich verschärft durch die unsichere politische und wirtschaftliche Lage ihrer Heimatstadt, die unter französischer Besatzung liegt. Betty, die viel Lebenszeit in die Versorgung des kranken Vaters investiert hat, steht nun, nach dem Verlust von Vater und Bruder, als Halbwaise da, unversorgt, ihrer familiären Aufgaben beraubt, ohne Lebensperspektive.

Die Ehe mit Samson bietet Betty eine solche Perspektive samt neuen Aufgaben. Hier kann sie – aufgewogen gegen Samsons optimistische Weltsicht und Leichtlebigkeit – all das einbringen, was ihm fehlt: eine bürgerliche Heimat im liberalen Rheinland, ein Vermögen, das zur Existenzgründung ausreicht und – nicht zuletzt – die Fähigkeiten, diese Existenzgründung als neue Aufgabe tatkräftig in die Hand zu nehmen.

Aufklärung, Ausbildung und Assimilation
Mütterliche Erziehungsziele

In die Hand nimmt sie auch die Erziehung der Kinder, ein Bereich, der nach dem traditionellen Modell des »Ganzen Hauses« in patriarchalen Gesellschaften ohnehin in den Zuständigkeitsbereich der Hausherrin und Mutter fällt. Um so mehr, wenn diese, sofern man Heines Memoiren glauben kann, als »gelehrte Tochter« erzogen wurde und eine Anhängerin von Rousseaus modernem Erziehungskonzept ist. Diesem folgend, soll sie – damals für die Oberschicht ungewöhnlich – ihre Kinder selbst gestillt haben. Jedenfalls scheint Betty Heine sehr genaue Vorstellungen von Zukunft und Karriere ihrer Kinder gehabt zu haben und hervorragende Fähigkeiten, ihre Pläne durchzusetzen. Selbst, wenn diese eher wechselhaft und mehr von Träumen als von Realitätserwägungen bestimmt erscheinen. So jedenfalls beschreibt Heine – in der für ihn typischen ironischen Brechung – die Karrierepläne, die die Mutter für ihn selbst hegt.

Erst, geblendet von Napoleons Siegen, wünscht sie ihm »die goldensten Epauletten oder die brodiertesten Ehrenchargen am Hofe des Kaisers«, d. h. eine Karriere im Dienst des *Empereurs*. Dann, nach Bonapartes Sturz, orientiert sie sich am Aufstieg des Hauses Rothschild: »Sie beschloß daher jetzt, dass ich eine Geldmacht werden sollte.« Als auch diese »merkantilische Seifenblase« mit dem Bankrott des Vaters geplatzt ist, wird Harry schließlich zum Jurastudium bestimmt.

Grundsätzlich folgen Bettys Erziehungsziele den damals fortschrittlichen Prinzipien eines aufklärerischen und liberalen Weltbildes. Sie kennt und nutzt für ihre Kinder die Chancen, die eine sich verbürgerlichende Gesellschaft bietet, die Möglichkeit des sozialen Aufstiegs durch persönliche Leistung, eine gute Ausbildung als Grundlage beruflichen Erfolgs.

Unabdingbare Voraussetzung dafür ist, wenn man, wie die Heines, jüdischer Herkunft ist, die Assimilation. Aus dem Wunsch nach bürgerlicher Integration heraus versteht Betty Heine ihr Judentum als Makel, was in den Reaktionen des Sohnes auf die Briefe der Mutter immer wieder spürbar wird. Und doch verhält sie sich emotional lebenslang nach dem tradierten Bild der jüdischen Mutter, die ihre Kinder letztlich nie freigibt und deren Leben in steter innerer Verbindung begleitet.

Dass Betty zwischen beiden Kulturen steht, lässt sich schon an der Schriftform des oben zitierten Briefs an die jüdische Freundin Hendelche erkennen, der zwar auf Deutsch abgefasst ist, jedoch recht holprig und in hebräischen Buchstaben. Und diese Zwischenstellung zeigt sich auch in der Schulbildung der Kinder. Betty Heine lässt sie zwar im Vor- und Grundschulalter die Kinderschule der Frau Hinderman und die jüdische Privatschule des Hein Hertz Rintelson besuchen, wo ihnen Grundkenntnisse des Hebräischen und der jüdischen Religion vermittelt werden. Letztlich aber geht es ihr darum, die innere Bindung an das Judentum zu lösen. Ab 1804 schickt sie Harry und nach ihm auch seine beiden Brüder auf christliche Schulen, zunächst in die Normalschule, dann ins humanistische Lyzeum im ehemaligen Franziskanerkloster in Düsseldorf, dessen Konzept, während Harry dort zur Schule geht, französischen Vorbildern angepasst wird. Zusätzlich erhält Harry ab 1809 privaten Französischunterricht. Privatstunden im Zeichnen, Tanzen und Musizieren sollen den Kindern die damals gängigen Kulturtechniken erschließen. Bemühungen, die, jedenfalls bei Harry, nur mäßig erfolgreich sind.

Die Lebensläufe der Kinder bestätigen aber letztlich das mütterliche Konzept. Gustav Heine (1803–1886) bringt es nach erfolglosen Versuchen als Kaufmann schließlich zum österreichischen Offizier und steigt als Gründer und Herausgeber des Wiener »Fremdenblattes« zum Millionär und Baron auf. Auch Maximilian Heine (1804–1879), Arzt am Zarenhof, wird nobilitiert. Schwester Charlotte (1802–1899), die Zweitgeborene, bleibt in Familiennähe in Hamburg, schließt dort eine gutbürgerliche Ehe mit einem weitläufigen Verwandten, dem Kaufmann Moritz Embden, zieht ihre Kinder auf und versorgt – ganz, wie man es traditionell von der einzigen Tochter erwartet – später die Mutter.

Mit der Schwester verbindet Harry lebenslang ein besonderes Vertrauensverhältnis. Mit ihr teilt er seine Sorgen und Geheimnisse; erörtert er seine eigene Zukunft und die der Familie, seinen Übertritt zum Christentum, sein schwieriges Verhältnis zur Hamburger Verwandtschaft; später seine labile Gesundheit, seine Ehe mit Mathilde und den Ausbruch seiner tödlichen Krankheit.

Harry, der Erstgeborene und Mutters Liebling, ist der Einzige unter den vier Kindern, der sich den mütterlichen Plänen nicht recht fügen mag. Er verlässt 1814, als sich der Bankrott des väterlichen Geschäfts bereits abzeichnet, das Lyzeum ohne Abschluß, und holt das Abitur erst 1819, zum Beginn des Jurastudiums, nach. Da sind die Anfänge einer ersten Berufskarriere nach mütterlichem Wunsch und väterlichem Vorbild, die Ausbildung zum Kaufmann und Anfänge eines Tuchhandels, bereits gescheitert. Das von Onkel Salomon finanzierte Studium schließt Harry, wenn auch nach einigen Schwierigkeiten und mit großer innerer Distanz zur Juristerei, 1825 mit der Promotion ab. Auch taufen läßt er sich in dieser Zeit und versteht dies als bewussten Akt der Assimilation – als »Entréebillett zur europäischen Kultur«. Bevor er sich dann, sechs Jahre später, von der juristischen Laufbahn endgültig ins freie Schriftstellertum und in die Distanz des französischen Exils verabschiedet.

»...ein zerlumpter, armer Teufel!«
Die Gefahren der Poesie

Als Mann der Feder und des Wortes hat sich Bettys Ältester derjenigen Kulturtechnik verschrieben, von der ihn die Mutter dezidiert

fernzuhalten suchte, dem Lesen und dem Schreiben. Seit Schüler-
zeiten ist er – den mütterlichen Verboten zum Trotz – ein leiden-
schaftlicher Leser; seit Studententagen ein ebenso leidenschaftli-
cher und dazu erfolgreicher Schreiber. Betty Heine aber hat zur
Literatur ein gebrochenes Verhältnis. Sie hat, so jedenfalls schildert
es Heine in seinen Memoiren, »Angst vor Poesie, entriß mir jeden
Roman, den sie in meinen Händen fand, erlaubte mir keinen Besuch des Schauspiels, versagte mir alle Teilnahme an Volksspielen,
überwachte meinen Umgang, schalt die Mägde, welche in meiner
Gegenwart Gespenstergeschichten erzählten, kurz, sie tat alles
mögliche, um Aberglauben und Poesie von mir zu entfernen.«

Bettys Heines Verhältnis zur Literatur ist gebrochen, schon allein
wegen ihrer Herkunft und ihres Geschlechts. Als Jüdin hat sie –
trotz ihrer angeblich »gelehrten Erziehung« und Sprachkenntnisse –
die deutsche Sprache nie korrekt sprechen und schreiben gelernt,
wovon ihre Briefe beredtes Zeugnis geben. Aber auch die vernunft-
geleitete Aufklärung, deren Ideen sich Betty verschrieben hat, sucht
literarische Bildung von den Frauen fern zu halten, zum Beispiel,
indem sie ihre Lektüre als »Lesesucht«, ihr Schreiben als unweiblich
diffamiert.

Durch die Literatur und die literarischen Ambitionen des Sohnes sieht die Mutter zudem ihre bürgerlichen Aufstiegs- und Erziehungsziele gefährdet – und das nicht ohne Grund. Als abschre-
ckendes Beispiel hat sie ihren älteren Bruder Simon van Geldern
vor Augen. Er lebt als skurriler Außenseiter in dem vom Vater
geerbten Düsseldorfer Häuschen, der »Arche Noah«, und geht
dort, abseits aller ehrgeizigen Berufs- und Integrationsziele seiner
Schwester, ganz den eigenen Liebhabereien nach, vor allem anderen dem Schreiben:

*Von rastlosem Fleiße, überließ er sich hier allen seinen gelehrten
Liebhabereien und Schnurrpfeifereien, seiner Bibliomanie und be-
sonders seiner Wut des Schriftstellerns, die er besonders in politischen
Tagesblättern und obskuren Zeitschriften ausließ.*

Was Simon van Geldern geschrieben und wo er es, wenn überhaupt, veröffentlicht hat, ist unbekannt. Der junge Harry jedenfalls
findet auf dem Dachboden des Onkels mit seinen Büchern, Schrif-

ten und Familienstücken, besonders dem Notizbuch eines Großonkels, genannt der »Morgenländer«, den entscheidenden Kindheitsort. Eine für ihn höchst anziehende Gegenwelt jenseits des mütterlichen Einflusses, in der nicht Ehrgeiz und Leistung regieren, sondern die Fantasie.

Schließlich haben Bettys Versuche, ihren Ältesten von der Literatur fernzuhalten, ihre Ursache auch in den Vorurteilen gegen den in der Zeit um 1800 gängigen Dichterbegriff:

dass ich ein Dichter werden möchte; das wäre das Schlimmste, sagte sie immer, was mir passieren könne. Die Begriffe, die man damals mit dem Namen Dichter verknüpfte, waren nämlich nicht sehr ehrenhaft, und ein Poet war ein zerlumpter, armer Teufel, der für ein paar Taler ein Gelegenheitsgedicht verfertigt und am Ende im Hospital stirbt.

Diese Vorstellungen, die weiterwirken bis ins biedermeierliche Bild des »armen Poeten« à la Spitzweg, beziehen sich auf ein veraltetes schriftstellerisches Selbstverständnis aus der Zeit, bevor das Berufsschriftstellertum sich entwickelt. Seine Voraussetzung ist ein freier Buchmarkt, und dieser entsteht in Deutschland in eben der Zeit, in der Betty Heine ihre Kinder aufzieht. Die Generation Heines ist die erste, der die neuen Möglichkeiten professionellen Publizierens offenstehen. Doch auch die neuen Chancen der Schriftstellerei als Brotberuf sind sehr begrenzt – und sie bedeuten in der Regel den Verzicht auf jene bürgerliche Laufbahn, auf die Bettys Erziehung ausgerichtet ist. Außerdem suchen auf diesem neuen Markt viele Juden ihr berufliches Fortkommen, weil ihnen der Zugang zu Staatsämtern noch immer gesetzlich verwehrt ist. Was ein weiterer Grund für Betty Heines Animositäten gegen die Poesie und ihre Verfertiger sein dürfte.

Heine aber wird – trotz aller mütterlichen Ängste und Vorbehalte – unter den deutschen Berufsschriftstellern einer der ersten und erfolgreichsten. Er entscheidet sich für ein Leben als freier Schriftsteller und verlässt Deutschland, um den Zensurmaßnahmen des Deutschen Bundes zu entkommen, die seinen literarischen Erfolg behindern. Damit distanziert Heine sich endgültig von den mütterlichen Aufstiegs- und Integrationswünschen. Seine Entscheidung veranlasst wiederum die Mutter – so jedenfalls möchte der Sohn es verstanden wissen – »die Oberleitung« über sein Leben endlich aufzugeben. Zumindest äußerlich.

»Ich denke immer an die alte, die alte Frau, die Gott erhalte!«
Die Mutter als innere Instanz

Dass die Mutter ihrem Harry auch während der Zeit seines fünfundzwanzigjährigen Exils intensiv verbunden bleibt, zeigen ihre Briefe. Zum Beispiel jener, den sie ihm im Dezember 1833 schreibt, zwei Wochen nach einem Brand in ihrer Wohnung, den sie nur mit knapper Not überlebt hat. Sie hat dabei neben vielen Wertsachen und namhaften Geldbeträgen auch das Porträt des 30jährigen Harry verloren, ein Gemälde von Georg Friedrich Reichmann, das er den Eltern 1828 aus München hatte schicken lassen. Und dieser Verlust schmerzt sie ganz besonders.

[...] ich hatte grade meine Miehte liegen und da es anfangs des Monats war auch mein Monats Geld und auch noch die 68 Marck von Dir liegen so daß bey nahe 600 Marck baares Geld verlohren, aber nichts schmerzt mich als der verlust Deines Potreis, gustav hatte mir auch sein bild sehr schön in Uniform gemalt geschickt und Max hatte sich auch abnehmen laßen, ich gestehe Dein Bild schmerz mich am meiste, und ich wolte mich über nichts grämen hätte ich nur Dein Bild retten können, weil es Dir so sehr ähnlich sahe, und ich mich stunde lang mit dir wan ich alleine war durch anschauen unterhalten konte, und ich mich recht glücklich bey und mit meine drey liebe Söhne fühlte, Hauptsächlich aber machte mir Dein Bild Freude, über Deine Manuskripte kan ich mich noch mit dem gedancke trösten daß vielleicht etwas darunter war, was ein mal Dein ruhm hätte schmällern können, aber über Dein Bild bin Untröstlich, doch habe ich heute Brief von charlotte gehabt, worin sie mir meldet daß Du Gott lob so wohl aussiehest, Du kanst Dich also jetz noch schöner Malen laßen.

Der Brief macht nicht nur deutlich, dass Harry der unangefochtene Liebling der Mutter ist, sondern auch, dass sie mit ihm in ständigem inneren Kontakt lebt. Das Porträt dient ihr als bildliches

Gegenüber für den immer währenden inneren Dialog mit dem Sohn.

Dass die Intensität dieser Bindung mit der Zeit nicht nachlässt, darf man aus einer Briefformulierung einundzwanzig Jahre später folgern. Nach deutlichen Ermahnungen an den Sohn, er möge doch Konflikte mit seiner Frau vermeiden (von denen Heine ihr immer wieder berichtet hatte), scheut sich Betty Heine nicht, die ehelichen Verhältnisse mit der Mutterliebe zu vergleichen, was – wer hätte anderes erwartet? – zugunsten letzterer ausgeht. Denn »lerne doch vergessen, alles ist vergänglich was die Menschen heute gut finden finden sie Morgen für nicht gut, darum trage nichts nach, und dencke alles ist verenderlich nur Mutterliebe bleibt sich immer gleich«.

Damit verfestigt Betty Heine die alles dominierende Bedeutung der Mutterliebe, wie Heine sie in einem seiner frühen Gedichte beschrieben hat, einem Sonett aus der Zeit der unglücklichen Liebe zu Amalie, veröffentlicht im »Buch der Lieder«.

Im tollen Wahn hatt ich dich einst verlassen,
Ich wollte gehn die ganze Welt zu Ende,
Und wollte sehn, ob ich die Liebe fände,
Um liebevoll die Liebe zu umfassen.

Die Liebe suchte ich auf allen Gassen,
Vor jeder Türe streckt ich aus die Hände,
Und bettelte um gringe Liebesspende –
Doch lachend gab man mir nur kaltes Hassen.

Und immer irrte ich nach Liebe, immer
Nach Liebe, doch die Liebe fand ich nimmer,
Und kehrte um nach Hause, krank und trübe.

Doch da bist du entgegen mir gekommen,
Und ach! was da in deinem Aug geschwommen,
Das war die süße, langgesuchte Liebe.

Ob darin auch eine dauerhafte erotische Bindung an die Mutter erkennbar ist, wie es gelegentlich gedeutet wurde, sei dahingestellt.

Jedenfalls lebt auch im Sohn die Beziehung zur Mutter als innere Instanz fort.

Das darf aus einem von Heines bekanntesten Gedichten geschlossen werden, den »Nachtgedanken« aus den »Neuen Gedichten« von 1844. Die Bindung an die Mutter erscheint dort jedenfalls als unauflöslich. Das belegen Formulierungen wie »Die alte Frau hat mich behext,/Ich denke immer an die alte,/Die alte Frau, die Gott erhalte!« oder »Die Mutter liegt mir stets im Sinn«. Zugleich wird die Mutter, in einer raffinierten Verschränkung von persönlichem Gefühl und politischer Thematik, zum Symbol für das gute, das sehnsüchtig vermisste Deutschland erhoben. Als Gegenmittel gegen »die deutschen Sorgen«, zu denen sich Mutter- und Vaterlandsliebe unheilvoll vereint haben, aber figuriert in idealisierter Form – »schön wie der Morgen« – Heines Frau, die Französin Mathilde.

Nachtgedanken

Denk ich an Deutschland in der Nacht,
Dann bin ich um den Schlaf gebracht,
Ich kann nicht mehr die Augen schließen,
Und meine heißen Tränen fließen.

Die Jahre kommen und vergehn!
Seit ich die Mutter nicht gesehn,
Zwölf Jahre sind schon hingegangen;
Es wächst mein Sehnen und Verlangen.

Mein Sehnen und Verlangen wächst.
Die alte Frau hat mich behext,
Ich denke immer an die alte,
Die alte Frau, die Gott erhalte!

Die alte Frau hat mich so lieb,
Und in den Briefen, die sie schrieb,
Seh ich, wie ihre Hand gezittert,
Wie tief das Mutterherz erschüttert.

Die Mutter liegt mir stets im Sinn.
Zwölf lange Jahre flossen hin,
Zwölf lange Jahre sind verflossen,
Seit ich sie nicht ans Herz geschlossen.

Deutschland hat ewigen Bestand,
Es ist ein kerngesundes Land,
Mit seinen Eichen, seinen Linden,
Werd ich es immer wiederfinden.

Nach Deutschland lechzt ich nicht so sehr,
Wenn nicht die Mutter dorten wär;
Das Vaterland wird nie verderben,
Jedoch die alte Frau kann sterben.

Seit ich das Land verlassen hab,
So viele sanken dort ins Grab,
Die ich geliebt – wenn ich sie zähle,
So will verbluten meine Seele.

Und zählen muß ich – Mit der Zahl
Schwillt immer höher meine Qual,
Mir ist, als wälzten sich die Leichen,
Auf meine Brust – Gottlob! sie weichen!

Gottlob! durch meine Fenster bricht
Französisch heitres Tageslicht;
Es kommt mein Weib, schön wie der Morgen,
Und lächelt fort die deutschen Sorgen.

Rollenspiel und Realität

Das Wiedersehen

Eine Reise nach Deutschland, nie jedoch die dauerhafte Rückkehr, hat Heine sich immer wieder vorgenommen. Vor allem anderen, weil er die Mutter wiedersehen will. Geschäftliche Gründe kommen hinzu – Verhandlungen mit seinem Verleger Campe um den Druck neuer Arbeiten, vor allem um die Edition der Gesamtausgabe, mit

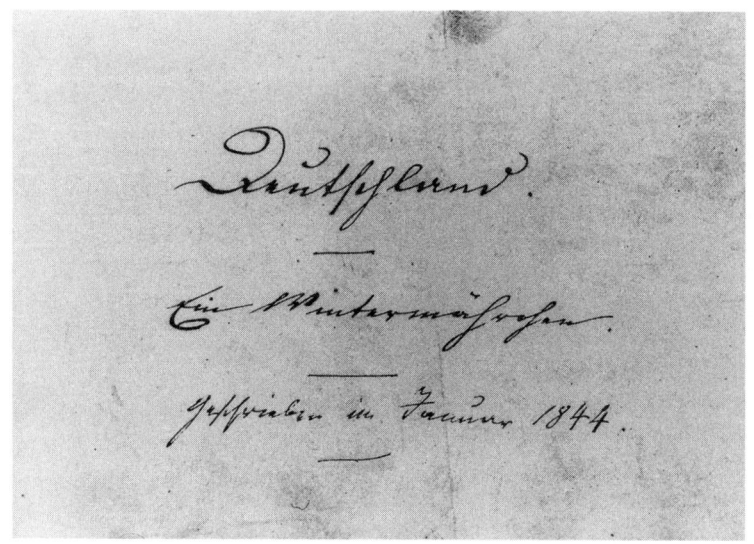

Titelblatt »Deutschland. Ein Wintermährchen. Geschrieben im Januar 1844«.
Manuskript von Heines Hand.

der Heine seine Frau finanziell abzusichern plant. Des weiteren der persönliche Kontakt zu Onkel Salomon, von dessen Zuwendungen er finanziell abhängig ist. Ausgeführt wird der Reiseplan erst, als Heine durch aktuelle Ereignisse unter Zeitdruck gerät. Die Mutter ist bei der großen Hamburger Feuersbrunst von 1842 erneut in Lebensgefahr geraten, Onkel Salomon ernsthaft erkrankt.

Ende Oktober 1843 tritt Heine seine erste Deutschlandreise an, mit dem Hauptziel Hamburg, und bleibt dort bis zum 16. Dezember. Im Sommer darauf, vom 16. Juli bis 21. Oktober, wiederholt er den Besuch in Hamburg, den die Schwester Charlotte für ihn vorbereitet hat. Diesmal ist er in Begleitung Mathildes, die aber bereits nach zwei Wochen wieder abreist. Zu einer dritten, für 1846 geplanten Reise kommt es aus politischen Gründen nicht mehr. Preußen sichert dem mit Publikationsverboten belegten Schriftsteller – im unmittelbaren Vorfeld der Revolution von 1848 – kein freies Geleit mehr zu; seine Verhaftung droht. Nach 1848, als die politische Lage sich wieder entspannt hat, erlaubt Heines Gesundheitszustand eine Reise nicht mehr.

Als Heine die Mutter nach zwölf Jahren endlich wiedersieht, erscheint sie ihm stark verändert: »Sie ist«, schreibt er, »durch Alter und Sorgen zusammengeschrumpft. Ängstlich wie sie ist, regt die geringste Kleinigkeit sie schmerzlich auf. Ihr größtes Übel ist ihr Stolz. Sie geht nirgends hin, da sie nicht die Mittel hat, bey sich Besuch zu empfangen. Seit dem Brande bewohnt sie zwey kleine Zimmer; es ist ein Jammer.«

Im Versepos »Deutschland. Ein Wintermärchen«, dem literarischen Ertrag dieser Deutschlandreise, stellt Heine das Wiedersehen mit der Mutter sehr distanziert und stark stilisiert dar, anders als die starke emotionale Bindung, die sich in den Briefen spiegelt, es erwarten lässt. Das Gespräch mit der Mutter beim Begrüßungsessen nach seiner Ankunft in Hamburg, das in Caput XX geschildert wird, erscheint als stark ritualisiertes Frage- und Antwortspiel, in dem jede persönliche Wendung zugunsten einer politischen Thematik ausgespart bleibt und es offenbar zu den unausgesprochenen Spielregeln gehört, dass der Sohn die »verfänglichen Fragen« der Mutter auf raffinierte Weise *nicht* beantwortet.

Und als ich zu meiner Frau Mutter kam,
Erschrak sie fast vor Freude;
Sie rief: »mein liebes Kind!« und schlug
Zusammen die Hände beide.

»Mein liebes Kind, wohl dreizehn Jahr
Verflossen unterdessen!
Du wirst gewiß sehr hungrig sein –
Sag an, was willst du essen?

Ich habe Fisch und Gänsefleisch
Und schöne Apfelsinen.«
So gib mir Fisch und Gänsefleisch
Und schöne Apfelsinen.

Und als ich aß mit großem Apptit,
Die Mutter ward glücklich und munter,
Sie frug wohl dies, sie frug wohl das,
Verfängliche Fragen mitunter.

»Mein liebes Kind! und wirst du auch
Recht sorgsam gepflegt in der Fremde?
Versteht deine Frau die Haushaltung,
Und flickt sie dir Strümpfe und Hemde?«

Der Fisch ist gut, lieb Mütterlein,
Doch muß man ihn schweigend verzehren;
Man kriegt so leicht eine Grät in den Hals,
Du darfst mich jetzt nicht stören.

Und als ich den braven Fisch verzehrt,
Die Gans ward aufgetragen.
Die Mutter frug wieder wohl dies, wohl das,
Mitunter verfängliche Fragen.

»Mein liebes Kind! in welchem Land
Läßt sich am besten leben?
Hier oder in Frankreich? und welchem Volk
Wirst du den Vorzug geben?«

Die deutsche Gans, lieb Mütterlein,
ist gut, jedoch die Franzosen,
Sie stopfen die Gänse besser als wir,
Auch haben sie bessere Saucen. –

Und als die Gans sich wieder empfahl,
Da machten ihre Aufwartung
Die Apfelsinen, sie schmeckten so süß,
Ganz über alle Erwartung.

Die Mutter aber fing wieder an
Zu fragen sehr vergnüglich,
Nach tausend Dingen, mitunter sogar
Nach Dingen, die sehr anzüglich.

»Mein liebes Kind! wie denkst du jetzt
Treibst du noch immer aus Neigung
Die Politik? Zu welcher Partei
Gehörst du mit Überzeugung?«

Die Apfelsinen, lieb Mütterlein,
Sind gut, und mit wahrem Vergnügen
Verschlucke ich den süßen Saft,
Und ich lasse die Schalen liegen.

Dass jede persönliche Wendung strikt gemieden und jedes anzügliche Thema mit den verbalen Ausweichmanövern des Schreibens unter Zensur umgangen wird, die bis ins Private hineinwirken, das mag seine Ursache in der politischen Intention des »Wintermärchens« haben. Es bleibt dennoch auffällig. Denn andere Partien des Gedichts handeln durchaus auch von privaten Erfahrungen. So mag es erlaubt sein, das Aussparen aller persönlichen Fragen gerade in der Begegnung mit der Mutter zumindest als symptomatisch für die Haltung des literarischen Ichs im »Wintermärchen« zu verstehen. Und dieses steht Heines eigenen Erfahrungen so fern nicht. Ebenso wenig wie die metaphorische Verbindung von politischer Thematik und Mutterthematik, wie spätestens das Gedicht »Nachtgedanken« sie belegt. Diese Verbindung wird im »Wintermärchen« nun wieder aufgenommen; ebenso wie das Rollenspiel zwischen Mutter und Sohn, das sich im Briefwechsel zwischen ihnen entwickelt hat. Auch dort stellt die Mutter indiskrete Fragen, und der Sohn weicht in seinen Antworten in die Unverfänglichkeit von Konventionen aus. Im »Wintermärchen«, indem er sich hinter der Metaphorik des Essens verschanzt. Wobei Essen, Ernährung und Versorgung zu den zentralen Themen jeder Mutter-Kind-Beziehung gehören.

Letztlich bleibt zu fragen, ob es nur die Rücksicht auf die mütterliche Ängstlichkeit ist, die Heine bei der lange ersehnten Wiederbegegnung persönlich so zurückhaltend auftreten lässt? Oder doch auch der Wunsch, der Mutter keinen zu tiefen Einblick in seine Existenz zu geben und so das aus der räumlichen Distanz geschaffene Bild von sich und seinem Leben besser aufrecht erhalten zu können?

Dass zwischen den beiden Welten der Hamburger Familie und des Pariser Exils erhebliche Diskrepanzen bestehen, ist Heine wohl bewusst. Wenn er seinem Bruder Maximilian im Frühjahr 1843, wenige Wochen vor der ersten Deutschlandreise, schreibt: »Nach Deutschland gehe ich nie und nim(mer)mehr zurück. Ich lebe hier umfriedet, wenigstens in Bezug auf äußere Berührungen«, so lässt sich das auch als wohlüberlegte Distanz zur Familie deuten.

In der direkten Begegnung lassen sich die Konflikte, die brieflich und literarisch elegant umgangen werden, nicht mehr vermeiden. Das wird während der realen Aufenthalte in Hamburg, spätestens beim zweiten Besuch 1844 offensichtlich. Familiäre Auseinandersetzungen, etwa mit dem Schwager Moritz Embden, sind hier unausweichlich. Vor allem muß Heine sich mit dem schwerkranken Onkel Salomon um die Fortzahlung seines Legats zu verständigen suchen. Der Streit, der darüber entsteht, setzt sich fort in jenem Erbschaftsstreit, der Heine nach dem Tod des Onkels über Jahre hin beschäftigen wird. Konflikte gibt es auch mit Mathilde. Hinter ihrer vorzeitigen Abreise könnte – von der Familiendynamik her gesehen – vielleicht doch mehr stecken als die kindliche Trotzreaktion einer sozial und bildungsmäßig abständigen Pariser Grisette, als welche die Episode gemeinhin dargestellt wird. Nämlich ein weiteres Indiz für die Widersprüche zwischen Wunschbild und Wirklichkeit. Zwischen den von Heine brieflich und publizistisch verbreiteten Vorstellungen von sich selbst und seiner Existenz und den Realitäten, die sich nun, bei der persönlichen Begegnung, als davon sehr verschieden erweisen. Es sind schwierige Verhältnisse, unter denen Heine und seine Mutter einander zum letzten Mal sehen.

Von der Inokulation der Liebe und den Pocken des Herzens
Mutterliebe als Krankheit

»Inokulation der Liebe« – Mutterliebe, eingesetzt als Impfstoff gegen die Krankheit Frauenliebe, zwar erfolglos, doch mit weit reichenden Konsequenzen; so stellt Heine das Verhältnis zu seiner Mutter an seinem Lebensende in den »Memoiren« dar. Schonungslos und nüchtern diagnostiziert er die Folgen seiner letztlich unaufgelösten Bindung an die Mutter. Und er stellt einen unmittelbaren Zusammenhang her zwischen ihr und seinen Frauen- und Liebesbeziehungen. Die »Pocken des Herzens«, die stigmatisierenden Verletzungen also, die er daraus davongetragen hat, versteht er als Folge der mütterlichen Liebe und als Preis, den er für diese überstarke Bindung zu zahlen hat.

Der Preis ist hoch. Harry bleibt – trotz äußerer Trennung und Abgrenzung von den mütterlichen Lebenszielen – von der Mutter lebenslang emotional abhängig. Letztlich hält er fest an der Rolle des Sohnes, des Kindes. So kann er Mutters Liebling bleiben, auch ihr unartiger Liebling, eine Rolle, die ihr Pendant in Heines literarischem Image als unartiger Liebling der Grazien hat, und von der es nicht weit ist in die anarchistische Freiheit des Narren. Dies sind die Rollen, die Betty bereits von ihrem Bruder Simon kennt, schon bei Harrys Vater toleriert hat und die der Sohn von beiden übernimmt.

Der Mutter sichert solch kindliches Verhalten die Kontrollmacht, wie einst über den Ehemann, so jetzt über den Sohn. Auch, wenn sie sich, wie Heine schreibt, über seine »wirkliche Denkart«, das heißt über seinen Intellekt, »nie eine Herrschaft angemaßt« haben sollte. Das Verharren in der Sohnesrolle öffnet Heine viele Schlupflöcher und Verstecke: als gehorsamer Sohn, unartiger Liebling oder genialischer Narr, der die Mutter gelegentlich auch liebevoll-drastisch als »alte liebe Katze«, »liebes altes Mausel« und »alte Schachtel« anreden darf. Doch dieses Rollenspiel funktioniert nur aus der Distanz; sei es die räumliche Entfernung des Pariser Exils, die mediale Brechung durch Briefkonvention oder die literarischen Strategien der Selbstdarstellung und Camouflage.

Am Umgang mit dem Thema Krankheit, einem der Hauptthemen des Briefwechsels zwischen Mutter und Sohn, lässt sich zeigen, wie dies Rollenspiel funktioniert.

Heine selbst – und darauf kommt es in diesem Zusammenhang an, unabhängig von allen postum unternommenen Diagnoseversuchen – glaubt, an Syphilis zu leiden. Syphilis gilt als Folge eines ausschweifenden Sexuallebens, als »Krankheit der glücklichen Männer«. Sie ist damals unheilbar. Man geht davon aus, dass Heine sich als Student zweimal infiziert hat.

Die Symptome von Heines Krankheit treten erstmals 1832 auf, als Lähmungen im linken Arm, ab 1837 auch in den Augen, mit Sehstörungen und Einschränkungen beim Lesen und Schreiben. Ab Mai 1846 verschlechtert sich sein Zustand dramatisch; im Mai 1848 bricht er endgültig zusammen; ab September ist er ganz gelähmt und für immer auf fremde Hilfe angewiesen. Den Anfang dieses Endstadiums beschreibt Heine in einem Brief vom 12. September

1848 an seinen Bruder Max, den Arzt, als trost- und hoffnungsloses »Unleben«.

Seit 12 Tagen lebe ich hier auf dem Lande, elend und unglücklich über alle Maßen. Meine Krankheit, hat zugenommen in einem fürchterlichen Grade. Seit acht Tagen bin ich ganz und gar gelähmt so daß ich nur im Lehnsessel und auf dem Bette seyn kann; meine Beine wie Baumwolle und werde wie ein Kind getragen. Die schrecklichsten Kämpfe. [...] Diktiren peinigend wegen der gelähmten Kinnladen.

So viel ist gewiß, daß ich in den letzten 3 Monaten mehr Qualen erduldet als jemals die spanische Inquisition ersinnen konnte. Dieser lebendige Tod, dieses Unleben, ist nicht zu ertragen, wenn sich noch Schmerzen dazu gesellen. [...] Wenn ich auch nicht gleich sterbe, so ist doch das Leben für mich auf immer verloren und ich liebe doch das Leben mit so inbrünstiger Leidenschaft. Für mich giebt es keine schöne Berggipfel mehr, die ich erklimme, keine Frauenlippe, die ich küsse, nicht mal mehr ein guter Rinderbraten in Gesellschaft heiter schmausender Gäste; meine Lippen sind gelähmt wie meine Füße, auch die Eßwerkzeuge sind gelähmt ebensosehr wie die Absonderungskanäle. Ich kann weder kauen noch kacken, werde wie ein Vogel gefüttert. Dieses Unleben ist nicht zu ertragen.

Ähnlich offen spricht er sich auch gegenüber seinem Bruder Gustav und seinem Verleger Campe aus. Alle, die ihm eng verbunden sind, wissen Bescheid, nur die Mutter nicht. Sie lässt er bewusst im Unklaren. Und da Harry von Jugend an kränklich, empfindlich und reizbar ist, gehört die Klage über diverse Krankheiten seit jeher zu den Grundmotiven seiner Briefe. Zumal Heine seine Kränklichkeit als Movens und Ursache seiner literarischen Produktivität versteht, nach dem Motto »Ich bin der krankste von euch allen« (1834).

Deshalb mag es der Mutter nicht aufgefallen sein, als die Krankheitsberichte in den Briefen aus Paris sich mehren. Zumal sie eindeutig verharmlost werden. »Sagen Sie ihr nicht«, bittet er Fanny Lewald im März 1848, »wie elend ich daliege. Ich schiebe in meinen Briefen mein Diktiren immer nur auf meine Augen, und schreibe dann, daß ich meiner Augen wegen wenig ausgehe, weil Sonnenschein und Lampenlicht mich gleichmäßig blenden. Warum soll man ihr die Sorge um mich machen?«

Auch die Schwester, die er offen über seinen Zustand informiert hat, soll der Mutter Ausmaß und Ernsthaftigkeit seines Leidens weiterhin verheimlichen.

Erst 1851 erfährt sie, dass ihr Sohn todkrank ist. Und zwar nicht von ihm direkt, sondern über Julius Campe, der Heine in Paris besucht hat. Danach gehen beide mit dem heiklen Thema etwas offener um. Der Name der verhängnisvollen Krankheit aber wird zwischen ihnen nie genannt, ebenso wenig wie ihre »peinliche« Herkunft, die Ansteckung beim Geschlechtsverkehr. Zu diesem Zeitpunkt ist Heines Leiden in der Matratzengruft bereits Gegenstand öffentlicher Diskussion, ausgelöst von wahren oder auch fingierten Augenzeugenberichten in Zeitungen und Zeitschriften. Es ist mehr als unwahrscheinlich, dass diese Informationen die bis ins Alter wache und allseits interessierte Betty Heine nicht erreicht haben sollen. Dies allerdings behauptet der Heine-Chronist Alfred Meißner in einer Aufzeichnung aus dem Jahre 1850:

»Wie muß sie Ihres Zustandes wegen unglücklich sein!«

»Meines Zustandes wegen?« antwortete Heine. »O, was das betrifft, herrscht zwischen uns ein eigenthümliches Verhältniß. Meine Mutter hält mich für so wohl und gesund, als ich damals war, als ich sie zuletzt sah. Sie ist alt und liest keine Zeitung, die wenigen alten Freunde, die sie besuchen, sind in ähnlicher Lage. Ich schreibe ihr oft, so gut ich's kann, in heiterer Laune, erzähle ihr von meiner Frau, sage ihr, wie gut ich es habe. Da es ihr auffällt, daß nur die Unterschrift von mir ist, und alles Uebrige von der Hand des Sekretärs, so heißt es immer, daß ich etwas Augenleiden habe, das bald vergehen werde, mich aber verhindere, selbst Alles zu schreiben. Und so ist sie glücklich. Daß übrigens ein Sohn so krank und elend werden kann, wie ich bin, das glaubt ohnehin keine Mutter.«

Heine schwieg und ich sah mit bewegter Seele zu, wie er seinen, mit tröstlichem Bericht und erkünstelter Heiterkeit erfüllten Brief versiegeln und zur Post abgehen ließ.

Dieser Bericht, der ein Gespräch mit Heine wiedergibt, gilt wohl nicht zu Unrecht als stark simplifizierend und verkürzend. Dennoch enthält er einen wahren Kern. Denn Mutter und Sohn blenden die Tatsache von Heines Krankheit zum Tode nach wie vor aus.

Er mit den immer wiederkehrenden Versicherungen, es gebe in seinem Zustand »keine Veränderungen«; sie, indem sie bis zuletzt vorgibt, an seine baldige Genesung zu glauben. So verdrängen beide, in ihren alten Rollen verharrend, die reale Situation.

»So viel wirst Du gemerkt haben, teurer Leser, dass die Inokulation der Liebe, welche meine Mutter in meiner Kindheit versuchte, keinen günstigen Erfolg hatte. Es stand geschrieben, dass ich von dem großen Übel, den Pocken des Herzens, stärker als andere Sterbliche heimgesucht werden sollte.« Dort, wo Heine frei ist, in seinem Denken und Schreiben, weiß er, dass seine Liebesfähigkeit durch die Bindung an die Mutter nachhaltig gestört ist. Er hat diese Bindung wohl letztlich als Krankheit verstanden, eine Krankheit, die er zwar für die Bedingung seiner Kreativität hält, die für ihn aber, auf dem Umweg über seine problematischen Frauenbeziehungen, tödlich verläuft.

Heinrich Heine. Jugendbildnis, um 1825.

Zweites Kapitel

Liebe, Leid und Musenkuss
Amalie

Sie liebt mich nicht' *Mußt lieber Christian dieses* letzte *Wörtchen
ganz leise, leise aussprechen. In den ersten Wörtchen liegt der ewig
lebendige Himmel, aber auch in dem letzten liegt die ewig lebendige
Hölle. – Könntest Du Deinem armen Freunde nur ein bischen ins
Gesicht sehen, wie er so ganz bleich aussieht und gewaltig verstört
und wahnsinnig, so würde sich Dein gerechter Unmuth, wegen des
langen Stillschweigens, sehr bald zur Ruhe legen; am Besten wär es
zwar wenn Du einen einzigen Blick in seine inn're Seele werfen
könntest [...]*

*Einen kleinen Spaß will ich Dir erzählen. Du weißt, Christian, von
demselben Augenblick an als ich Dich zum ersten Mahle sah ward
ich unwillkürlich zu Dir hingezogen, und ohne mir selber davon
Rechenschaft geben zu können, warst Du mir immer ganz unendlich
lieb und theuer Ich glaube Dir in dieser Hinsicht schon längst davon
gesprochen zu haben: wie ich oft in Deinen Gesichtszügen und vor-
züglich in Deinen Augen* Etwas *bemerkte was mich auf einer unbe-
greifliche Art zugleich von Dir abstieß und zugleich wieder gewalt-
sam zu Dir hinzog, so daß ich meinte im selben Augenblick liebendes
Wohlwollen und auch wieder den bittersten, schnöden, eiskalten
Hohn darin zu erkennen. Und siehe! dieses nemliche räthselhafte
Etwas habe ich auch in Mollys Blicken gefunden. Und eben dieses ist
es was mich auch so ganz confus macht. Denn obgleich ich die
unläugbarsten, unumstößlichsten Beweise habe: daß ich nichts
weniger als von ihr geliebt werde – Beweise die sogar Rector Schall-
meyer für grundlogisch erkennen, und kein Bedenken tragen würd*

seinem eignen Systeme obenan zustellen, – so will doch das arme lie-
bende Herz noch immer nicht sein concedo geben, und sagt immer:
was geht mich deine Logic an, ich habe meine eigne Logic. –
Ich habe sie wiedergesehen –

> *»Dem Teufel meine Seele,*
> *Dem Henker sey der Leib,*
> *Doch ich allein erwähle*
> *Für mich das schöne Weib.«*

Hu! Schauderst Du nicht Christian? Schaudre nur, ich schaudre
auch – Verbrenn den Brief Gott sey meiner armen Seele gnädig. Ich
habe diese Worte nicht geschrieben. – Da saß ein bleicher Mensch auf
meinem Stuhl, der hat sie geschrieben. Das kommt weil es Mitter-
nacht ist. – 0 Gott! Wahnsinn sündigt nicht – Du! Du! hauche nicht
zu stark, da hab ich eben ein wunderhüpsches Kartenhaus aufge-
schichtet, und ganz oben auf steh Ich und halte sie im Arm. –
– Sieh, Christian, nur Dein Freund konnte seinen Blick zum Aller-
höchsten erheben, (erkennst Du ihn hieran?); freylich scheint es auch
als wenn es sein Verderben seyn wird. Aber Du kannst Dir auch kaum
vorstellen, lieber Christian, wie mein Verderben so herrlich und lieb-
lich aussieht! – Aut Caesar, aut nihil war immer mein Wahlspruch.
Alles *an* Allem.
Ich bin ein wahnsinniger SchachSpieler. Schon beym ersten Stein
habe ich die Königinn verloren, und doch spiel ich noch, und spiele –
um die Königinn. Soll ich weiter spielen? –

[…] Das ist auch eine herzkränkende Sache, daß sie meine schöne
Lieder, die ich nur für Sie gedichtet habe so bitter und schnöde ge-
müthigt und mir überhaupt in dieser Hinsicht sehr häßlich mit-
gespielt hat. – Aber solltest Du es wohl glauben, die Muse ist mir
demohngeachtet jetzt noch weit lieber als je. Sie ist mir eine getreue
tröstende Freundinn geworden, die ist so heimlich süß und ich liebe
sie recht inniglich.

[…] Ich dichte viel; denn ich habe Zeit genung, und die ungeheure
Handelsspekulationen *machen mir nicht viel zu schaffen; – Ob*
meine jetzigen Poesien besser sind als die frühere weiß ich nicht; nur

das ist gewiß, daß sie viel sanfter und süßer sind; wie in Honig
getauchter Schmerz. Ich bin auch gesonnen sie balde (das kann
indessen doch noch viele Monathe dauren) in Druck zu geben. [...]

Ich lebe hier ganz isolirt, aus obigen Andeutungen kannst Du Dir
dies sehr leicht erklären. Mein Oheim lebt auf dem Lande. Dort geht
es sehr geziert und geschwänzelt zu, und der freye unbefangene Sän-
ger sündigt sehr oft gegen die Etiquette. Diplomatisches Federvieh,
Millionäre, hochweise Senatoren etc. etc. sind keine Leut für mich.
Der homerisch göttliche herrliche Blücher aber war unlängst hier,
und ich habe das Glück gehabt in seiner Gesellschaft zu speisen bey
Onkel; so ein Kerl macht Freude. – –
    Der Neffe vom großen (???) Heine ist zwar überall gern gesehen
und empfangen; schöne Mädchen schielen nach ihm hin, und die
Busentücher steigen höher, und die Mütter kalkulieren, aber – aber –
bleib allein; Niemand bleibt mir übrig als ich selbst.

Der Brief des achtzehnjährigen Harry an seinen Freund Christian
Sethe vom 20. November 1816 bezeichnet das Ende seiner ersten
großen Liebe. Sie gilt seiner Hamburger Cousine Amalie, von ihm
Molly genannt. Amalie ist die zweitjüngste Tochter seines Onkels
Salomon Heine. Inhalt und dramatisch hochstilisierter Ton des
Briefs stehen in keinem Verhältnis zur faktischen Realität dieser Lie-
besgeschichte. Denn sie ist kurz und platonisch. Aber nicht folgenlos – zumindest literarisch. Das wenige, was an gesicherten Fakten
bekannt ist über dieses Liebesverhältnis, wenn man es denn überhaupt so nennen kann, geht auf Heines Briefe zurück; die Briefe an
Christian Sethe, den Vertrauten seiner Liebesnöte, die knappen
Botschaften an Amalie selbst, später ein Brief an August Varnhagen,
in dem Heine seine unglückliche Liebe reflektiert.

    Die Haltung der Geliebten lässt sich daraus nur mittelbar er-
schließen. Äußerungen von Amalie selbst sind nicht bekannt. Ihr
Bild strahlt nichts aus von der Anziehungskraft, die sie auf Heine
offenbar hatte. Sie wirkt mollig, bieder, wenig reizvoll – ein weiteres
Indiz dafür, dass sich diese Liebe mehr in der Phantasie als in der
Wirklichkeit abgespielt haben muss. Und dass es dem Liebenden
vielleicht weniger um eine Beziehung zu einem lebendigen Gegenüber geht als um ein passendes Liebesobjekt.

»Die Welt ist dumm und fade und riecht nach
vertrockneten Veilchen.«

Enttäuschte Schwärmerei

Die Geschichte selbst ist schnell erzählt. Im Juni 1816 kommt der
junge Heine nach Hamburg zu einer Lehre im Bankhaus Heckscher
& Co, an dem sein Onkel beteiligt ist. Der Lehrling wohnt bei der
Witwe Robertus auf der »Großen Bleiche«, im Haus des Onkels in
Ottensen ist er nur gelegentlich zu Gast. Amalie ist verreist, als
Harry in Hamburg ankommt. Und noch bevor er sie, die er zuletzt
zwei Jahre vorher in Düsseldorf getroffen hat, wiedersieht,
schwärmt er für sie, erklärt sie zu seiner Muse und verliebt sich
umgehend in das zwei Jahre jüngere Mädchen, als sie einander im
Sommer 1816 wieder begegnen.

Amaliens Vater tut alles, um den armen Verwandten von seiner
Tochter fern zu halten, ebenso von ihren Schwestern, für die Harry
ebenfalls schwärmt. Zuerst für Friederike, der er schon 1815 einen
schmachtenden Albumseintrag widmet; später, 1823, für die so
schöne wie kühle Therese, die jüngste der Schwestern.

Schon Ende Oktober weiß Heine, dass Amalie seine Neigung
nicht erwidert; ein Jahr später, am 19. November 1817, trägt er sich
in ihr Stammbuch ein; zu Neujahr 1818 schenkt er ihr Adolf Müll-
ners Schicksalstragödie »Die Schuld«, versehen mit der Widmung
»Ich wünsche Ihnen viel Glück zum neuen Jahre. Amen.« Die große
Liebe reduziert sich damit, alles in allem, auf einen Flirt von rund
zehn Wochen, bei dem es nicht einmal bis zum »Du« gekommen
ist.

Amalie heiratet 1821 den ostpreußischen Gutsbesitzer Jonathan
Friedländer. Von der Verlobung erfährt der verschmähte Liebhaber,
bevor er Anfang Februar 1821 von einem Besuch aus Hamburg
abreist. Später hat Heine die Cousine mehrfach wiedergesehen. Sie
stirbt 1838, mit nur 39 Jahren.

Ein Brief Heines an Varnhagen vom Oktober 1827, geschrieben
anlässlich eines dieser Wiedersehen mit Amalie, zeigt, dass die
Gefühle von Liebe und Enttäuschung noch immer lebendig sind –
trotz aller Versuche, sich von der alten Geschichte zu distanzieren,
vor allem durch ironische Brechung, die ohne Abwertung ihres
Objekts nicht auskommt:

Salomon Heine, der arrivierte Bankier. Ölgemälde von Colla, um 1822.

»Ich bin im Begriff diesen Morgen eine dicke Frau zu besuchen, die ich in elf Jahren nicht gesehen habe, und der man nachsagt ich sey einst verliebt in sie gewesen«, schreibt er am 19. Oktober 1827. *»Sie heißt Me Friedländer aus Königsberg, so zu sagen eine Cousine von mir. [...] Die Welt ist dumm und fade und unerquicklich und riecht nach vertrockneten Veilchen.«*

Inzwischen aber hat die unglückliche Liebe zumindest literarische Früchte getragen. Gleichzeitig nämlich erscheint das »Buch der

Lieder«, was der junge Autor mit Genugtuung anmerkt: »Die gute
Frau«, schreibt er weiter, »hat sich sehr geeilt und ist gestern just an
dem Tage angelangt, wo auch die neue Ausgabe meiner ›jungen Leiden‹ bei Hoffmann und Campe ausgegeben worden ist.«

Damit ist Amalie von der Muse über die große Liebe zur Kunst-
figur mutiert.

Junge Leiden in der »Affrontenburg«
Die unmögliche Liebe zu Amalie

Dass der junge Heine sich in die reiche, gesellschaftlich arrivierte
Cousine verliebt, dass sie ihm – stellvertretend – Inbegriff und Ziel
erotischer wie gesellschaftlicher Phantasien und Sehnsüchte wird,
ist in der Lebenssituation des 18jährigen Jünglings ohne abge-
schlossene Schul- oder Berufsausbildung, ohne klare Lebensziele,
aber mit einer heimlichen Neigung zur Literatur, nur zu verständlich und vorhersehbar. Vorhersehbar wie das Scheitern dieser Liebe.

Amaliens Vater ist der Bankier Salomon Heine, der erreicht hat,
was wenige Juden erreichten, nämlich die Integration in die Hamburger High Society. Warum sollte der millionenschwere Aufsteiger
seine Tochter einem Schmarotzer und Windbeutel wie Harry geben,
einen jungen Mann ohne Beruf, ohne kaufmännische Interessen
und Talente, ohne Vermögen und berufliche Zukunft? Einem jungen Mann, dessen Vater dabei ist, in einen Bankrott zu schlittern,
der auch für Salomon nicht folgenlos bleiben wird. Lebenslang, ja
über seinen Tod hinaus wird er, wie die jüdische Familiensolidarität
es verlangt, die Familie des Bruders zu unterstützen haben.

Und wie sollte Harry sich nicht in Amalie (oder eine ihrer drei
Schwestern) verlieben, die alles das haben, was er nicht hat, und
die ihn mit einer Heirat von vielen schier unlösbaren Lebensproble-
men befreien könnten, so wie die Prinzessin im Märchen den
armen Hirtensohn? Zum Beispiel von der Notwendigkeit der
Berufswahl und des Geldverdienens, von der mütterlichen Forderung sozialen Aufstiegs und gesellschaftlicher Integration – ganz zu
schweigen von den sexuellen Nöten, die den achtzehnjährigen
Heine vermutlich bedrängten.

Darüber, wie Amalie auf die Avancen des Düsseldorfer Cousins
reagiert hat, wissen wir wenig. Höchstens, dass sie seine Gedichte

missachtet hat. Es ist auch nichts davon bekannt, dass es eines väterlichen Machtworts bedurft hätte, um den Flirt zu beenden.

Ob eine Liebesheirat, wenn es denn eine geworden wäre, den Vorstellungen im Hause Salomon Heine, des traditionalistischen jüdischen Aufsteigers, entsprochen hätte, ist fraglich. Denn die Liebesheirat ist damals ein modernes Modell, das sich erst mit dem Konzept der biedermeierlichen Kleinfamilie entwickelt und nur langsam gegen die tradierte Vorstellung vom »Ganzen Haus« durchsetzt. Einem Mann des Geldes und Vertreter des jüdischen Patriarchats wie Salomon Heine aber dürfte es wohl eher darum gegangen sein, seine Töchter gut zu versorgen, das heißt, um eine gute Partie.

Die Villa des Bankiers am Elbufer, in allerbester Lage vor den Toren Hamburgs, war zweifellos ein offenes, geselliges Haus hanseatischer Lebenskultur – für den jungen Heine wird sie aber zum Ort der Enttäuschung und Demütigung. Hier wird er nicht nur in seiner Liebe abgewiesen, sondern fühlt sich auch noch – als Außenseiter – persönlich diffamiert und verleumdet.

Fast vierzig Jahre später noch stilisiert Heine die hier erlebten »Affronte« zur »Affrontenburg«, einem Gedicht, das seither als Leittext der Heine-Biografik gilt.

Affrontenburg

> *Die Zeit verfließt, jedoch das Schloß,*
> *Das alte Schloß mit Turm und Zinne*
> *Und seinem blöden Menschenvolk,*
> *Es kommt mir nimmer aus dem Sinne.*

> *Ich sehe stets die Wetterfahn,*
> *Die auf dem Dach sich rasselnd drehte.*
> *Ein jeder blickte scheu hinauf,*
> *Bevor er nur den Mund auftäte.*

> *Wer sprechen wollt, erforschte erst*
> *Den Wind, aus Furcht, es möchte plötzlich*
> *Der alte Brummbär Boreas*
> *Anschnauben ihn nicht sehr ergötzlich.*

Die Klügsten freilich schwiegen ganz –
Denn ach, es gab an jenem Orte
Ein Echo, das im Wiederklatsch
Boshaft verfälschte alle Worte.

Inmitten im Schloßgarten stand
Ein sphinxgezierter Marmorbronnen,
Der immer trocken war, obgleich
Gar manche Träne dort geronnen.

Vermaledeiter Garten! Ach,
Da gab es nirgends eine Stätte,
Wo nicht mein Herz gekränket ward,
Wo nicht mein Aug geweinet hätte.

Da gabs wahrhaftig keinen Baum,
Worunter nicht Beleidigungen
Mir zugefüget worden sind
Von feinen und von groben Zungen.

Die Kröte, die im Gras gelauscht,
Hat alles mitgeteilt der Ratte,
Die ihrer Muhme Viper gleich
Erzählt, was sie vernommen hatte.

Die hats gesagt dem Schwager Frosch –
Und solcherweis erfahren konnte
Die ganze schmutzge Sippschaft stracks
Die mir erwiesenen Affronte. [...]

Am Ende der Allee erhob
Sich die Terrasse, wo die Wellen
Der Nordsee, zu der Zeit der Flut,
Tief unten am Gestein zerschellen.

Dort schaut man weit hinaus ins Meer.
Dort stand ich oft in wilden Träumen.
Brandung war auch in meiner Brust –
Das war ein Tosen, Rasen, Schäumen –

Ein Schäumen, Rasen, Tosen wars,
Ohnmächtig gleichfalls wie die Wogen,
Die kläglich brach der harte Fels,
Wie stolz sie auch herangezogen.

Mit Neid sah ich die Schiffe ziehn
Vorüber nach beglückten Landen –
Doch mich hielt das verdammte Schloß
Gefesselt in verfluchten Banden.

»Aus meinen großen Schmerzen mach ich die kleinen Lieder.«
Das Amalien-Erlebnis – eine literarische Initialzündung?

Wie tief hat die unglückliche Liebe zu Amalie den jungen Heine wirklich getroffen, und wieweit ist sie als Urgrund und Auslöser von Heines lyrischer Produktion anzusehen? Diese Frage hat die Heine-Forscher immer wieder beschäftigt, und sie ist bis heute vielfach umstritten. In dieser Debatte geht es vor allem darum, sich von einer ungebrochen biografischen Deutung von Heines Liebeslyrik zu distanzieren.

Umstritten ist die Bedeutung des Amalien-Erlebnisses zum einen, weil Heine selbst stets ein Geheimnis um diese Liebe gemacht und ihre Bedeutung dabei im Unklaren gelassen hat. Nie hat er anderen gegenüber Amaliens wirklichen Namen genannt, nicht einmal auf ausdrückliche Nachfragen hin, wie die von Fanny Lewald von 1850, und sich selbst hat er strenges Stillschweigen über die Beziehung auferlegt. (Der oben zitierte Brief an Varnhagen ist die einzige Ausnahme.) Eine Zurückhaltung, die wohl weniger als Rücksicht auf die längst verstorbene Cousine zu verstehen ist als vielmehr als Rücksicht Heines auf sich selbst. Die Geheimniskrämerei hat einen so profanen wie plausiblen Grund. Indiskrete Enthüllungen über die Cousine oder alles, was Onkel Salomon und Cousin Carl, sein Erbe, dafür halten konnten, hätten möglicherweise die finanzielle Unterstützung durch die Hamburger Verwandten gefährdet, von der sich Heine zeitlebens nicht unabhängig macht.

Und außerdem: das Thema »unglückliche Jugendliebe« hat sich inzwischen zum Erfolgsmotiv seiner Lyrik verselbständigt. Es lebt aus der Fantasie und kann durch Mystifizierung nur gewinnen.

Umstritten ist zum anderen, ob ein so kurzes Liebesverhältnis mit so wenig Wirklichkeit überhaupt dazu taugt, auf ihm die Liebeserfahrung und -haltung eines ganzen Lebens zu begründen und so Urgrund und Ursache von Heines literarischem Schaffen zu konstituieren. Gegen eine allzu große Bedeutung der realen Verhältnisse spricht aber auch, dass Heines Liebeslyrik vom realen Erlebnis relativ unabhängig, weil in hohem Grad stilisiert erscheint, und reale Personen sich dort, zum Teil durch Klischees, vor allem aber mit Hilfe der reichlich verwendeten Traummotive, unversehens in Kunstfiguren verwandeln. Solche »Fantasieliebe« gilt als charakteristisch für die romantische Dichtung.

Als weiteres Argument gegen eine allzu tiefe Bedeutung des Amalien-Erlebnisses wird schließlich auch der große zeitliche Abstand zwischen der realen Beziehung und der Entstehung der frühen Liebesgedichte bis zu fünf Jahren später, ins Feld geführt. Beim Abschied aus Hamburg im Juni 1819, als der Liebestraum bereits anderthalb Jahre ausgeträumt ist, hat Heine erst rund 30 Gedichte geschrieben.

Fazit der Debatte: Das Amalien-Erlebnis gilt nach wie vor als Anlass und Inspiration für Heines Liebeslyrik, zumindest die im »Buch der Lieder«. Sie entfernt sich von ihrem biografischen Ausgangspunkt jedoch schnell und verselbständigt sich zum Kunstprodukt. Dafür spricht auch die bewusste Mystifizierung des realen Erlebnisses durch den Autor selbst. Die Geliebte erscheint in diesen Gedichten, die fast immer von unerwiderter Liebe handeln, nie als aktives Gegenüber, sondern stets nur als Liebesobjekt, wahrgenommen aus der Perspektive eines männlichen lyrischen Ich.

Im Amalien-Erlebnis, dem Paradebeispiel einer von vornherein aussichtslosen Liebe, zeichnet sich bereits das Muster ab, das Heines Haltung gegenüber Frauen lebenslang prägt. Da ist einerseits die unmögliche Liebe zu Frauen aus einer ihm unerreichbar scheinenden, höheren Welt; gleich, ob der unüberwindliche Abstand nun gesellschaftlich, wirtschaftlich, intellektuell oder durch die familiäre Konstellation verursacht ist. Und da sind andererseits, als Ersatz für diese unmögliche Liebe, die real-erotischen Beziehungen zu von ihm so genannten »Weibspersonen« aus den unteren Gesell-schaftsschichten; Mädchen und Frauen ohne Bildung, Wissen, geistige oder wirtschaftliche Unabhängigkeit, die dazu benutzt werden, die dringlichsten sexuellen Bedürfnisse zu befriedigen. Womit auch die sinnliche Liebe selbst abgewertet wird.

Aus dieser ambivalenten emotionalen Grunddisposition entsteht mit dem Schmerz zugleich die Lust am Schmerz und aus ihr der kreative Impuls: »Aus meinen großen Schmerzen,/Mach ich die kleinen Lieder«, heißt es im »Lyrischen Intermezzo«, einem der vier Zyklen des »Buchs der Lieder«. Es gilt als die Liebesdichtung Heines schlechthin.

Die dort versammelten Gedichte sind ab 1815 entstanden, ganz ohne erkennbare literarische Vorbereitung und Entwicklung. Mag sein, dass sie sich einen möglicherweise austauschbaren Anlaß gesucht haben, um sich zu verbalisieren. Dass Heine seinen ersten literarischen Erfolg dem unverbesserlichen Hang zu unglücklicher Liebe verdankt, hat er dort mehrfach thematisiert. So auch im folgenden Gedicht, das in einer Art Schlussgebärde die im Zyklus »Heimkehr« angesprochenen Distanzierungs- und Wandlungsprozesse zwischen Erlebnis und Literarisierung zusammenfaßt:

»*Sag, wo ist dein schönes Liebchen,*
Das du einst so schön besungen,
Als die zaubermächtigen Flammen
Wunderbar dein Herz durchdrungen?«

Jene Flammen sind erloschen,
Und mein Herz ist kalt und trübe,
Und dies Büchlein ist die Urne
Mit der Asche meiner Liebe.

Drittes Kapitel

Paarporträt mit Hausvesuv
Heines Lebenspartnerin Mathilde

Es gibt nur ein einziges Bild, das Heine und seine Frau Mathilde gemeinsam zeigt; das Doppelporträt von Eduard Kietz, entstanden 1851. Es präsentiert das Paar in einer scheinbar sehr privaten Situation, in der soignierten Häuslichkeit des Salons, eng aneinandergelehnt auf einem Divan. In der linken Bildhälfte, in Draufsicht positioniert, sitzt der kranke Heine, im Schlafrock, leidend in Haltung und Ausdruck, so wie die Öffentlichkeit ihn damals aus Zeitungsberichten kennt. Die monoton blasse beige-braune Tönung von Gewand, Haut und Haar unterstreicht den Eindruck des Leidens. Heines Blick ist gesenkt. Er wirkt in sich gekehrt, zurückgezogen und nimmt keinen Kontakt nach außen auf. Trotz seiner Krankheit ganz Patriarch, überragt er Mathilde, die sich seitlich an ihn lehnt und ihm – mit Profil zum Betrachter – den Rücken zukehrt. Sie wendet sich von ihm ab. In der rechten Hand hält sie eine Kaffeetasse, in der linken eine Zeitschrift, aus der sie ihm vorliest. Was sie in den Jahren der Krankheit – trotz ihres Desinteresses an jeder Form von Lektüre – auch gelegentlich getan haben soll. Das Kolorit ist dunkel gehalten. Licht fällt allein auf Mathildes Büste. Sie ist betont durch das helle Schultertuch und das hausfraulich bieder und zugleich kokett geraffte Häubchen. Mathilde posiert hier, ganz »Dame des Hauses«, als solid-elegante Pariser Bürgerin.

Dargestellt wird ein trautes Paar. Er fast körperlos durchgeistigt; sie, obwohl von der Platzierung im Bild her ganz »Frau an seiner Seite«, mit der Ausstrahlung partnerschaftlicher Ebenbürtigkeit, um

Heinrich und Mathilde Heine im Doppelporträt. Gemälde von E. B. Kietz, 1851.

nicht zu sagen Dominanz und – vermittelt durch das Vorlesen – geistiger Gemeinschaft. Diese scheinbar intime Szene suggeriert Authentizität. Doch das vermeintlich authentisch Private entlarvt sich – auch durch die Kühle, die das Bild ausstrahlt – schnell als genrehafte Bildkonvention, hinter der sich viele Widersprüche verbergen.

Die Botschaft des Doppelporträts
Das Bild des Paares und die Heine-Rezeption

Wie drastisch der Unterschied zur dokumentierten Realität dieser Beziehung ist, wird deutlich im Vergleich mit den realitätsnäheren beiden erhaltenen Fotoporträts von Mathilde aus der Zeit um 1838. Sie lassen nichts von der fiktiven Eleganz der Pariser Bürgerin erkennen, sondern zeigen Mathilde als bäuerlich anmutende mollige Grisette und kleinbürgerliche Matrone. Genrehaft wirkt auch das bürgerlich-solide Salonambiente, zu dem Heines »Matratzengruft« in Kietz' Porträt stilisiert ist. Mit der Darstellung Mathildes als Leserin bzw. Vorleserin schließlich deutet der Maler ein entscheidendes Manko der Beziehung, das Fehlen gemeinsamer geistiger Interessen, ins Gegenteil um und blendet die tiefgreifende geistige Differenz zwischen den Partnern aus – und auch die mentale Differenz. Die klassizistisch kühle Frauengestalt des Gemäldes verrät nichts von Mathildes unberechenbarem Temperament. Der »Hausvesuv«, wie Heine sie nannte, scheint gebändigt. Was er, wie man weiß, lebenslang nicht war. Mit Eruptionen von destruktiver Gewalt war jederzeit zu rechnen.

So wirkt Kietz' Gemälde mit an der Idealisierung dieser Beziehung, ein Verfahren, durch das – schon zu Lebzeiten Heines und unter seiner aktiven Teilnahme – der Blick auf die Realität vielfach verstellt worden ist. Ja, das Bild wirkt geradezu paradigmatisch für die verwirrende Rezeption, der die Beziehung Heines zu Mathilde bei Zeitgenossen wie Nachwelt ausgesetzt war.

Beeinflusst wird die öffentliche Darstellung des Paares auch von den tradierten kulturellen Vorstellungen von Künstlerbeziehungen, besonders Dichterlieben und –ehen. Drei unterschiedliche Rollenbilder sind dort für Dichter-Gefährtinnen vorgesehen. Zum einen das gängige, traditionelle als Dienerin am – durchaus umfassend verstandenen – leiblichen Wohl des Meisters, ein Bild, das vom Verhältnis des Dichterfürsten Goethe zu Christiane Vulpius geprägt ist und die Wahrnehmung nicht nur der Zeitgenossen, sondern auch der Literaturwissenschaft bis ins 20. Jahrhundert hinein dominiert.

Als innovativ dagegen versteht sich das zweite Rollenbild, die romantische Vorstellung von der Frau als Muse und gleichgestellten Partnerin, deren emotionales und geistiges Potential symbiotisch befruchtend auf das literarische Werk des Dichters zurück wirkt.

Als negatives Gegenbild dazu könnte man, als drittes, das Bild der Xanthippe verstehen, der – wahrscheinlich zu Unrecht – als zänkisch und bösartig verschrienen Frau des Sokrates. Ihre von Unabhängigkeit statt Symbiose und Unterordnung bestimmte Haltung gegenüber dem Partner entspricht keiner der tradierten und als positiv gewerteten Vorstellungen.

Heine selbst hat seine Beziehung zu Mathilde wohl in der Goetheschen Tradition gesehen, so sehr er und seine Generation ansonsten bemüht ist, sich vom Übervater der Klassik abzugrenzen. Klassischer Bildtradition entspricht auch seine Fantasie, ein zweiter Pygmalion zu sein, ein Künstler also, der eine Frauenfigur liebt, die er selbst nach seinen eigenen Wunschvorstellungen geschaffen und der er Leben »eingehaucht« hat.

Die romantische Idee einer geistigen Partnerschaft mit der Gefährtin spukt zwar durch Heines literarische Imaginationen und mag auch in seinen Erziehungsversuchen an Mathilde ihren Niederschlag gefunden haben. Doch ist bekannt, dass Heine sich nie auf ein intimes Verhältnis zu einer geistig ebenbürtigen Frau eingelassen hat. Dies wird an den sehr distanzierten Beziehungen zu den Schriftstellerkolleginnen in Deutschland und Frankreich noch zu zeigen sein.

Auch vom dritten, konträren Frauenbild, dem der streitbaren, unangepassten Xanthippe, wird noch zu reden sein. Denn nach allem, was von Mathilde überliefert ist, entspricht vieles in ihrem Wesen und Verhalten diesem Modell; mehr jedenfalls, als bisher wahrgenommen worden ist.

Es ist viel geschrieben worden über die Beziehung zwischen Heine und Mathilde, von Zeitgenossen und Nachwelt, Freunden und Feinden, einstigen und heutigen Schriftstellerkollegen sowie Heine-Forschern – fast ausschließlich von Männern. Kluges und Einfühlsames, häufiger jedoch Voyeuristisches, Idealisierendes oder auch Diffamierendes – je nach Interessenlage und Selbstverständnis der Schreiber. Deren Interessen aber – und das gilt vor allem für die Zeitzeugen – erscheinen weniger vom Wunsch nach möglichst genauer Information als von persönlichen oder politischen Motiven und Vorurteilen geprägt. So entstand eine Mischung aus Journalistenklatsch, Verdächtigungen Metternichscher Spione und den von ihnen ausgelösten Gegenreaktionen, aus subjektiver Memoirenliteratur, Liebedienerei und berechnender Verklärung durch willfährige Schreiberlinge – eine Mischung, die Eitelkeit und Konkurrenzkämpfe auf dem literarischen Markt ebenso bedient wie antisemitische Vorurteile oder zeitlos virulente Männerfantasien. Hinzu kommen die literarischen und publizistischen Stilisierungen, mit denen der Autor selbst die Realitäten seiner Ehe zu verdecken und seine wechselhaften Öffentlichkeitsstrategien durchzusetzen versucht.

All das schränkt die Aussagekraft der Zeitzeugnisse stark ein. Die Realität der schwierigen Partnerschaft zwischen Heine und Mathilde ist in der Gemengelage dieser fast zweihundertjährigen Rezeptionsgeschichte nur noch schwer auszumachen, zumal die Fakten von Fiktion überwuchert werden. So sind die persönlichen Lebensdaten von Heines Frau, ihre Herkunft, ihr amtlicher Geburtsname, ihr Geburtsort und -tag erst 1994 nachgewiesen worden.

Unter all den wirklichen und selbst ernannten Zeugen der Beziehung bleibt letztlich Heine selbst der verlässlichste, und zwar in den Briefen, die er an seine Frau schreibt. Sie sind das einzige authentische Zeugnis, zumindest für seine Sicht der Dinge. Nur sie zeigen ihn im unverstellten Kontakt zu ihr – anders als die Briefe an Dritte, die für die Öffentlichkeit bestimmten Äußerungen und das literarische Werk. Die Gegenseite, Mathildes Sicht, ist durch keinerlei Zeugnisse dokumentiert. Die wenigen Gegenbriefe, zu denen sich die Analphabetin, die von Abneigung gegen alles Schriftliche erfüllt war, aufgerafft hat, sind nicht erhalten. Ihr Verhältnis zu Heine und ihr Verständnis der Beziehung lässt sich also nur mittelbar erschließen.

Unerlässlich ist schließlich der Rückgriff auf die Mathilde-Bilder in Heines Werk, auch wenn das Verfahren, biografische Verhältnisse mit Hilfe literarischer Texte zu begründen, wegen des fiktionalen Charakters dieser Texte nur bedingt anwendbar ist.

Doch zunächst die Fakten, soweit sie heute als gesichert gelten.

Pariser Szenen

Von der Grisette zur Ehefrau

Zur dauerhaften Liebe und Gefährtin Heines wird eine Frau, deren Wesen zu seiner eigenen Existenz im denkbar größten Gegensatz steht: Augustine Crescence Mirat, die Heine Mathilde nannte.

Heine lernt die junge Frau 1833 in Paris kennen. Augustine Mirat ist ein Bauernmädchen aus der Umgebung von Paris, das es früh in die Großstadt verschlagen hat, eine typische Angehörige des damals entstehenden Agrarproletariats. Sie stammt aus dem Weiler Le Vinot de la Trétoire bei Melun im Département Seine et Marne, rund 50 km östlich von Paris. Am 15. März 1815 kommt sie als uneheliches Kind der verwitweten Bäuerin Crescence Brigitte

Grisette in ihrer Dachkammer und junger Lebemann (»far-niente«)
in seinem Cabinet, zwei gegensätzliche Pariser Gesellschaftstypen,
kennzeichnend für die jeweiligen Geschlechterrollen.

Mirat, die dort einen Hof bewirtschaftet, zur Welt. Das Mädchen
wächst vaterlos auf, ohne Erziehung, Bildung und Ausbildung. Etwa
fünfzehnjährig wird es zur Tante nach Paris geschickt, um in deren
Schuhgeschäft zu arbeiten, und führt dort das Leben einer Grisette.
Die Grisetten, deren Name auf ihre einfache graue Berufskleidung
zurückgeht, sind junge Arbeiterinnen (Putzmacherinnen, Näherin-
nen, Floristinnen usw.), bekannt für ihre leichtlebige, männlichen
Avancen gegenüber aufgeschlossene Art. Sie werden nicht unmittelbar mit Prostituierten gleichgesetzt, sind aber auch keine »ehrba-
ren« Frauen. Augustine kann als typische Vertreterin dieser im Paris
des 19. Jahrhunderts verbreiteten weiblichen Lebensform gelten.
Heine will die junge Frau – so seine eigene Version der Begegnung –
im Schuhladen der Tante kennen gelernt haben. Dieser soll sich in
der Panorama-Passage befunden haben, einer jener modernen
Ladengalerien, die mit der baulichen Umgestaltung der Stadt seit
Napoleon entstanden. Die in der Nähe des Justizpalasts gelegene
Passage war schon damals mit Gasbeleuchtung ausgestattet und als
Standort von Freudenmädchen stadtbekannt.

Heine scheint sich in die 18 Jahre jüngere Schöne spontan verliebt zu haben. Mit ihrem vollen Gesicht, ihrem dunkelbraunen
Haar, den großen dunklen Augen und der viel bewunderten Figur

entsprach Mathilde ganz dem damaligen Schönheitsideal. Charakteristisch und oft beschrieben ist Mathildes hohe »Grasmückenstimme«, die auf Heine offenbar faszinierend wirkte, auf andere aber einen kindlichen, um nicht zu sagen infantilen Eindruck machte, vor allem in fortgeschrittenem Alter. Heine jedoch bleibt von der üppigen Schönheit von Mathildes Körper, ihrem naiven, kindlichen Charme, vor allem aber ihrer ungebärdigen Vitalität, ihrem stürmischem Temperament nachhaltig fasziniert – Eigenschaften, unter denen er zwar oft leidet, die er aber doch als produktiven Kontrast zur eigenen Hypochondrie und skeptisch-gebrochenen Lebenshaltung empfindet.

Heine selbst hat man sich damals, Anfang der 1830er Jahre, als ein »feine, stille, vornehme freundliche Gestalt« vorzustellen. So jedenfalls beschreibt ihn der Schriftsteller Ludolf Wienbarg, im Rückblick auf die gemeinsame Hamburger Zeit, in der er Heine kennen lernte:

Damals war der Dichter, ohne mager zu sein, nichts weniger als fett, was er erst später, nach der Verdauung so vieler satyrischer Opfer und an der Seite seiner Mathilde wurde. Er trug sich sauber, doch einfach; Pretiosen habe ich nie an ihm gewahrt. Ein schönes, weiches, dunkelbraunes Haar umgab sein ovales, völlig glattes Gesicht, in welchem eine zarte Blässe vorherrschte. Zwischen den einander genäherten Wimpern seiner wohlgeschlitzten, mehr kleinen als großen Augen dämmerte für gewöhnlich ein etwas träumerischer Blick, der am meisten den Poeten verrieth, in der Anregung drang ein heiteres kluges Lächeln hindurch, in das sich auch wohl ein wenig Bosheit schlängeln konnte, doch ohne einen stechenden Ausdruck anzunehmen. Faunisches war nicht in ihm und an ihm. Die ziemlich schwache Nasenwurzel verrieth, physiognomischen Grundsätzen zufolge, Mangel an Kraft, Großheit, auch mochte die mäßig gebogene Nase nach unten etwas schlaff abfallen. Die faltenlose Stirn leicht und schön gewölbt, die Lippen fein, das Kinn rundlich, doch nicht stark.

Seit Oktober 1834 – so Heine in seinen Briefen – sind Heine und Augustine einander in einer dauerhaften Liebesbeziehung verbunden, wenn diese auch häufig von Streit getrübt ist und anfangs immer wieder durch Trennungen unterbrochen wird. Ab Frühjahr

1836 gilt Mathilde, wie Heine sie nun nennt, als seine offizielle Geliebte, und als solche wird sie – nicht ohne sein Zutun – von seinem Schriftstellerkollegen August Lewald auch dem deutschen literarischen Publikum vorgestellt. Am »Zusammenleben ohne Trauschein« nimmt damals in Paris – darin sind sich die Zeitzeugen einig – niemand moralischen Anstoß, jedenfalls nicht bei einem arrivierten Literaten. Im prüderen Deutschland dürfte diese als so progressiv wie verrucht geltende Lebensform Heines Ruf als literarischer Provokateur sogar gefestigt haben.

Nach siebenjährigem Zusammenleben wird die Ehe 1841 dann doch legalisiert. Den Anlass bildet Heines Duell mit Salomon Strauß. In diesem aufsehenerregenden Ehrenhandel war der Streit mit Ludwig Börne kulminiert: Heine hatte Salomon Strauß und seine Frau Jeanette Strauß-Wohl wegen ihrer angeblichen *ménage à trois* mit Börne öffentlich bloßgestellt. Die Heirat zwischen Heinrich und Mathilde ist die erste einer Reihe von rechtlichen und finanziellen Sicherungsmaßnahmen, mit denen der Schriftsteller für die Zukunft seiner Frau vorsorgt. Amtliche Dokumente werden bei der Eheschließung nicht vorgelegt. Mathilde hatte zuvor beim Pariser Friedensrichter, bestätigt von sieben Zeugen, folgende Angaben gemacht und mit dieser Mischung aus wahren und falschen Daten das Verwirrspiel um ihre Identität nachhaltig unterstützt: Sie heiße Mathilde Crescence Mirat, kenne weder den Todestag noch den Todesort ihres Vaters, Nicolas Mirat, und ebenso wenig den derzeitigen Aufenthaltsort ihrer Mutter. Damit umging Mathilde Aussagen über ihre uneheliche Geburt und auch die notwendige Zustimmung der Mutter zu ihrer Verheiratung. Dass diese in der Pariser Kirche Saint-Sulpice auch den Segen der katholischen Kirche erhält, versteht Heine als Zugeständnis an Mathildes Frömmigkeit. Die Ehe bleibt kinderlos.

Vergebliche Liebesmüh

Erziehung als Kontrolle und soziale Anpassung

Heine bemüht sich über die Jahre um die Bildung und Erziehung seiner Frau. Ab Februar 1839 besucht sie auf seinen Wunsch hin zwei Jahre lang, sechs Tage pro Woche, das Mädchenpensionat der Madame Darte in Chaillot, um ihre Kenntnisse in Hauswirtschaft, gesellschaftlicher und allgemeiner Bildung sowie der deutschen Sprache zu verbessern. Hinzu kommt Privatunterricht in Deutsch und Französisch. Im Pensionat in Chaillot hält sich Mathilde offiziell auch während Heines beider Deutschlandreisen 1843/44 auf.

Diese Bildungsanstrengungen fruchten freilich letztlich nichts. Mathilde lernt nie soviel Deutsch, dass sie sich auch nur grob verständigen kann. Sie bleibt das naiv-ungehobelte Bauernmädchen ohne jeglichen intellektuellen Anspruch, als das Heine sie kennen gelernt hat; interessiert ausschließlich am Wohlleben im Hier und Jetzt. Dazu gehören für sie gutes und reichliches Essen, schöne Kleider, von Zeit zu Zeit ein ausgedehnter Einkaufsbummel, Besuche in Restaurants, Tanzcafés und Vaudeville-Theatern, Orten, wo sie ihre aufwendige Garderobe zur Schau stellen kann, ebenso wie beim Flanieren auf den Pariser Boulevards und den Promenaden der Badeorte. Überall dort soll Heine sich gern mit Mathilde gezeigt haben. Ihre gesellschaftliche Anpassung durch Heranbildung zur »Dame des Hauses« aber muss als misslungen gelten. Mathilde ist für derlei Ambitionen einfach das falsche Objekt.

An Heines literarischer Existenz, seinem Schreiben und seinem Erfolg nimmt Mathilde keinen Anteil, an seinen intellektuellen deutschen Besuchern zeigt sie kein Interesse. Das Paar hat kaum gemeinsame freundschaftliche Kontakte, nicht zuletzt, weil Mathilde wegen ihrer intellektuellen und gesellschaftlichen Unbildung und auch ihres unberechenbaren Temperaments in Heines Bekanntenkreis schwer vermittelbar ist. So soll es der Komponist Meyerbeer, mit dem Heine gut bekannt ist, bewusst vermieden haben, zusammen mit Mathilde gesehen zu werden. Dies wiederum veranlasst den Schriftsteller, seine Gesprächspartner lieber allein im öffentlichen Raum von Cafés, Restaurants und Theatern zu treffen. Auf diese Weise lassen sich seine privaten Lebensumstände leichter bedeckt halten, woran Heine aus verschiedenen Gründen gelegen ist.

Die Schriftstellerin Fanny Lewald, eine der wenigen Freundinnen des Hauses und eine kluge Beobachterin, die Mathilde durchaus wohlgesonnen ist, beschreibt die Ehe so:

Ich will gern glauben, daß Frau Heine gethan hat, was sie konnte, und ihren Mann geliebt hat, so gut sie es konnte; aber in ihr irgend etwas mehr zu sehen als die allerleerste Aeußerlichkeit, dazu habe ich es bei gutem Willen niemals bringen können; und ich habe Mädchen aus dem Pariser Volk gekannt, die ihr an Herzensbildung, an Feinheit des Empfindens, an guten Manieren unverhältnismäßig überlegen gewesen sind. Es war ein guter, edler Zug in Heine, daß er seine Frau in den Augen der Anderen zu heben suchte, denn er muß sehr viel entbehrt haben neben ihr, wenn mein Empfinden mich nicht getäuscht hat, was ich nicht glaube.

Monsieur et Madame Henri Heine

Alltagsleben in Paris

Vom Alltag des Paares ist wenig bekannt. Es lebt offenbar in kleinbürgerlich-ehrbarem Ambiente, finanziell bescheiden und zurückgezogen, jedoch mit reichlich Dienstpersonal. Außer Magd und Köchin beschäftigt man ab 1843 eine Gesellschafterin, Mathildes Freundin Pauline Rouge, mit der sie bis zu ihrem Tod zusammen bleibt; ab 1850 kommen dazu verschiedene Krankenpflegerinnen.

Heine wechselt, so lange er gesund ist, seine Wohnungen häufig. Insgesamt sind 16 Pariser Adressen bekannt; alle in guten Gegenden, anfangs am linken Seineufer, dann, seit er mit Mathilde zusammenlebt, im geliebten Faubourg Montmartre, unter seinesgleichen, in der Nachbarschaft von Literaten und Künstlern. Später folgt er – soweit seine finanzielle Situation es erlaubt – bei der Wohnungswahl dem Trend des Pariser Bürgertums nach Westen, in Richtung der Champs-Elysées.

Die Wohnungen des Paares sind, wie Heine es aus der Zeit seiner Studenten- und Hotelexistenz gewöhnt ist, alle möbliert. Sie umfassen meist drei bis vier Zimmer und sind trotz der gutbürgerlichen Lage preisgünstig. Denn das Paar logiert – auch wegen des Straßen-, Handwerker- und Nachbarschaftslärms, auf den Heine höchst empfindlich reagiert – möglichst nach hinten hinaus, in den wenig repräsentativen, weil unbequemen oberen Stockwerken. In keiner dieser Wohnungen bleiben die beiden länger als vier Jahre. Oft zieht man, meist auf Heines Wunsch, mit den wenigen eigenen Habseligkeiten schon nach wenigen Monaten weiter. Mathilde hat dies Leben im Dauerprovisorium offenbar klaglos ertragen.

Den Sommer verbringt das Paar in der Regel außerhalb der Stadt, am liebsten am Meer, vor allem im normannischen Seebad Granville, wie es dem großbürgerlich-aristokratischen Lebensstil und Heines Gewohnheit seit der Hamburger Zeit entspricht. Wenn das Geld knapp ist, zieht man einfach aufs Land, nach Le Cudray im Département Seine et Marne und nach Montmorency, oder man reist in die Pyrenäen, nach Bagnères de Bigorre, Barèges, Cauterets oder Tarbes. Diese Sommerfrischen dienen vor allem Heines Gesundheit. Nicht immer begleitet Mathilde ihren Mann. Insgesamt jedoch sind solche vorübergehenden räumlichen Trennungen, wie während Heines Kuraufenthalten und seinen beiden Deutschlandreisen, selten.

1844 begleitet Mathilde ihren Mann auf dessen ausdrücklichen, immer wieder geäußerten Wunsch nach Hamburg, um die dortige Verwandtschaft kennen zu lernen. Ihr, vor allem der Mutter, hat er in seinen Briefen regelmäßig von der Gefährtin berichtet, wenn auch in geschönter Form. So wie er umgekehrt in den Hamburger Briefen an Mathilde viel und nur Positives von seiner Familie erzählt. Das Familientreffen jedoch erweist sich dann als höchst prekär. Es scheitert nicht nur an Mathildes mangelnden Deutschkenntnissen. Offenbar hat sich ihr Verhalten auch in Hamburg als gesellschaftlich schwer vermittelbar erwiesen. Jedenfalls stimmt Heine – entgegen seinen ursprünglichen Vorstellungen – Mathildes Wunsch zu, vorzeitig und allein nach Paris zurückzukehren. Als Erklärung für diese plötzliche Abreise schützt er der Verwandtschaft gegenüber eine lebensgefährliche Erkrankung ihrer Mutter vor.

Eheduell

Konflikte und Eifersucht

Spätestens zu diesem Zeitpunkt, an dem die Eheleute bereits seit längerem in getrennten Zimmern schlafen, treten in der Ehe erhebliche Schwierigkeiten zutage. Die Beziehung besteht nun über ein Jahrzehnt, in dem sich Mathildes jugendliche Üppigkeit zu matronenhafter Korpulenz gesteigert hat. Mit 35 Jahren wiegt sie, bei kleiner Statur, 180 Pfund; so berichtet Heine in den Briefen an die Mutter. Und auch sein eigener Körper zeigt Alterserscheinungen. Nicht nur Mathilde, sondern auch er selbst hat während des Zusammenlebens massiv zugenommen und wirkt mehr als wohlgenährt. 1839, mit 42 Jahren, ist er gänzlich ergraut.

Zur Belastung für die Ehe wird die physische und psychische Labilität beider Partner. Bei Heine sind es chronische Nervenleiden und Migräne, die ihn von Jugend an empfindlich, sensibel und reizbar, depressiv und hypochondrisch machen. Dazu kommen ab 1832 schon Lähmungserscheinungen als Vorboten jener tödlichen Krankheit, über deren Verlauf er sich früh im Klaren ist.

Auch Mathilde leidet an häufigen Kopfschmerzen, von Heine als »Grunzvögelchen« verharmlost. Ab Mitte der 1840er Jahre mehren sich die Symptome dessen, was Heine ironisch-resignativ seinen »Hausvesuv« nennt oder auch als »Wahnsinn« bezeichnet: Mathildes Launenhaftigkeit, Anfälle von Jähzorn und Aggressivität gegenüber Freunden, Nachbarn, Besuchern, die sich von ihr unversehens vor die Tür gesetzt sehen. Ein besonders drastischer Fall ist Mathildes Wutausbruch gegen Heines Arzt Dr. Leopold Wertheim, der durch ihre Schläge ein blaues Auge davontrug, worauf er die Behandlung einem Kollegen übergeben haben soll. In ihrem Verhalten, so lästig und gesellschaftlich unangemessen es auch gewesen sein mag, wird etwas sichtbar von Mathildes Willensstärke, Kraft und Lebensenergie.

Zu Konflikten führt immer wieder die beiderseits wohl nicht grundlose Eifersucht. Bei Heine nährt sie sich aus grundsätzlichem Misstrauen gegen Mathildes Lebensstil und ihre Koketterie, wie seine Briefe noch zeigen werden. Er selbst scheint seiner Frau immer wieder konkreten Anlass zu Eifersuchtsszenen gegeben zu haben. Etwa durch ein *Tête à tête* mit der Näherin Frisette bei einem heimlichen Theaterbesuch, wobei er von Mathilde und ihrer Freundin Pauline überrascht wurde; durch einen Flirt in einem Modeladen in der rue Faubourg-Montmarte und angeblich auch durch eine Affäre mit der Frau seines Übersetzers Loeve-Veimars 1836. Im Jahre 1838, während eines Krankenhausaufenthalts von Mathilde, soll Heine Techtelmechtel mit der Schauspielerin und Sängerin Jenny Caroline Olivier und mit Pauline Treuenthal, einer Gesellschafterin von Betty Rothschild, angezettelt haben. Ganz abgesehen von den verbal erotisch gefärbten, wenn auch sexuell gänzlich harmlosen Beziehungen zu Damen der Pariser Gesellschaft, wie George Sand, Prinzessin Belgiojoso und Caroline Jaubert.

Eine Gefahr sieht Mathilde noch in den letzten Lebensjahren ihres Mannes in der attraktiven Krankenpflegerin Marietta, die Heine in den Jahren nach 1848 beisteht. Jedenfalls wird ihr von Mathilde gekündigt, weil Heine ihr angeblich zu nahe gekommen ist. Nur Elise Krinitz, eine Bekannte aus Heines letzten Lebensmonaten und seine letzte Liebe, wird von der eifersüchtigen Ehefrau geduldet. Vielleicht, weil der Gesundheitszustand des Gatten zu diesem Zeitpunkt sexuelle Eskapaden nicht mehr befürchten lässt.

Mathilde, die zwischen Lebensrealität und literarischer Fiktion kaum zu unterscheiden vermochte, soll sogar auf die Liebesszenen in Heines Texten eifersüchtig reagiert haben – jedenfalls in den Anfängen ihrer Beziehung. So behauptet es zumindest Heine in einem Brief an August Lewald: »…eifersüchtig wie sie ist, will sie auch nicht einmal, daß ich vor ihrer Regierung einer andern gehuldigt haben sollte; ja, ich mußte ihr versprechen, daß ich hinfüro auch keine Liebesphrasen an erfundene Idealgestalten in meinen Büchern richten wolle.«

Der Patriarch und die Verschwenderin

Ehekrieg ums liebe Geld?

Ein Stein des Anstoßes ist für Heine die Verschwendungs- und Putzsucht seiner Frau. »Sie hat das ganze Kapital ihrer Ersparnisse […] zu einem Kaschemir verwendet; dieser Schal kleidet sie ganz vortrefflich und gibt ihrem dicken Hintern einen sehr imposanten Anblick«, berichtet Heine seinem Bruder Gustav, halb stolz, halb verzweifelt darüber, dass Mathilde 1851, nach zehn Ehejahren, ihr ganzes Kapital in einen echten Kaschmirschal, damals Statussymbol modebewusster Pariser Damen, investiert. Solch leichte Hand im Geldausgeben steht für ihn im krassen Widerspruch zu der patriarchalischen Vorsorge für Alter, Krankheit und vor allem für Mathildes Witwenstand, die Heine in seiner Ehe entwickelt hat. Er, der in seinen Jugendjahren selbst in Finanzsachen recht nachlässig und wenig geschickt war, ist in reifem Alter zum haushälterischen Bürger mutiert. Angesichts seiner unheilbaren Erkrankung unternimmt er ab Mitte der 1840er Jahre beträchtliche Anstrengungen, um das gemeinsame Leben und die Existenz seiner Frau über seinen absehbaren Tod hinaus zu sichern. Zum einen mit seinen Einnahmen als Berufsschriftsteller und Angehöriger der Familie Heine, zum anderen mit der Verwertung seines literarischen Nachlasses.

Ende 1843 schließt Heine mit Campe den lange verhandelten Vertrag für die Gesamtausgabe seiner Werke ab, der im Juli 1848, zufällig fast zeitgleich mit dem Beginn seiner Bettlägerigkeit, in Kraft tritt. Der Vertrag sichert ihm und seiner Witwe bis zu deren Tod eine Jahresrente von 1200 Bankomark. Zum anderen verhandelt Heine mit seinem Millionärsonkel Salomon Heine und dessen Erben Carl Heine jahrelang und in zähem Kleinkrieg über die weitere Auszahlung der immer wieder umstrittenen Rente. Ganz so, wie er es in den Briefen an Mathilde mehrfach als klassisch-patriarchalische Gattenpflicht bezeichnet: »Es ist die Pflicht eines jeden Ehemannes, für die finanzielle Versorgung seiner Frau im Falle seines Todes vorzusorgen und die Witwe keinem Streit auszusetzen. Das ist kein Verdienst sondern eine Pflicht.«

Mit einem Testament, das er 1843 aufsetzt, in mehreren Entwürfen und Ergänzungen bis zur letzten Fassung vom November 1851 fortschreibt und so den sich wandelnden wirtschaftlichen und familiären Gegebenheiten anpaßt, regelt Heine seine Verhältnisse post mortem, für seine Frau, die er als Alleinerbin einsetzt. Schon 1853 erhält sie Bankvollmacht.

Mathilde aber bleibt im Umgang mit Geld von solchem Sicherheitsdenken unbeeindruckt. Heine selbst nennt sie immer wieder eine »Verbrengerin«. Wobei der vermeintliche Vorwurf des haushälterischen Gatten sich oft mit zärtlichen Untertönen mischt, die hinter dem Tadel den Besitzerstolz auf die attraktive und deshalb eben auch kostspielige Gefährtin und ihre Launen spüren lassen. Fraglich erscheint, ob Mathildes Hang zum Geldausgeben wirklich Anlass und Auslöser für die handgreiflichen Auseinandersetzungen zwischen den Partnern gewesen ist – ein Verhalten, das, wenn Heines Aussagen wörtlich zu nehmen sein sollten, beide offenbar als alltäglich und nicht weiter bedenklich empfunden haben. In diesem Zusammenhang betrachtet, wirkt Heines sarkastische Formulierung vom »Eheduell« mit Mathilde verblüffend realistisch. Das Wortspiel entsteht allerdings schon 1841, zur Zeit der Eheschließung, die ja durch ein Duell veranlasst war.

Trotz solcher Alltagskonflikte und tiefgreifender Differenzen in grundsätzlichen Lebensfragen besteht die Ehe bis zu Heines Tod.

Heinrich Heine. Zeichnung von E. B. Kietz, 1851.

Die Krankheit der glücklichen Männer?

Mit Mathilde in der Matratzengruft

Ab Mai 1846 verschlechtert sich Heines Gesundheitszustand dramatisch. Zwei Jahre später, ab Mai 1848, ist er ganz gelähmt. Die fast sieben Leidensjahre in der »Matratzengruft zu Paris«, wie Heine selbst sein Krankenlager nennt, haben begonnen.

An welcher Krankheit Heine litt, ist letztlich nicht geklärt. Er selbst diagnostiziert sie als »Krankheit der glücklichen Männer«, d. h. Syphilis, mit der er sich als Student in Göttingen zweimal angesteckt hat. Und er weiß, dass seine Krankheit unheilbar ist. Medizinhistorische Diagnosen deuten auf zwei Befunde: *Lues cerebrospinalis,* Hirn- und Rückenmarkssyphilis, die in Heines Fall nur

Rückenmark, Augen und Kopfnerven befiel, und *Tabes dorsalis,* Rückenmarksschwindsucht, die, was selten ist, ohne mentale Einschränkungen verläuft. Die oft unerträglich starken Schmerzen werden ab 1850 mit Morphium gelindert. Heine ist zum Pflegefall und damit dauerhaft von anderen abhängig geworden – eine neue Situation, auch in der Beziehung zu Mathilde. Doch sie erscheint in dieser Krankengeschichte nur als Randfigur.

Das Paar lebt nun noch zurückgezogener als bisher, zumal Mathilde auch jetzt viele Besucher vergrault. Auf die Sonderrolle, die sich Elise Krinitz, die Mouche, in Heines letztem Lebensjahr – offenbar mit stillschweigender Billigung Mathildes – verschafft, wird noch zurückzukommen sein.

Von den Krankenzimmern in den beiden Wohnungen, in denen das Paar damals lebt, erzählen Berichte der Zeitgenossen. In der rue d'Amsterdam ist das Krankenlager in einem kleinen, verdunkelten, nur spärlich möblierten Raum untergebracht, den Siegmund Engländer beschrieben hat:

»Eintretend stand ein enges Bett auf der linken Seite Platz für einen großen Korb neben der Wand lassend, in welchen Heine, wenn er mit verschlossenen Augen mit einem Bleistift auf Folio Bogen geschrieben hatte, diese Papiere warf. Rechts befand sich ein Sofa, und mehr als einmal sah ich die Magd ihn wie ein kleines Kind vom Bett auf das Sofa tragen, um sein Lager etwas besser herzurichten.«

Das Krankenzimmer in der Avenue Matignon, der letzten Wohnung des Paares, liegt im fünften Stock nach hinten hinaus und ist erfüllt von tropischer Hitze, von Dämpfen und Gestank. Die Pflege liegt in den Händen wechselnder Wärterinnen, zuletzt vier Jahre lang der treusorgenden Catherine Bourlois. Den Tageslauf schildert 1854 der Journalist Ernst Kossack:

Der Dichter liegt noch immer in seinem gegen das Tageslicht abgesperrten Gemach, dessen widerwärtige Atmosphäre, da es nur selten gelüftet werden kann, die aus freier Luft Eintretenden qualvoll berührt. An jedem Morgen wird in eine offen gehaltene Wunde im Nacken eine Dosis Morphium gestreut, um die Schmerzen des Kranken in die Grenzen des Erträglichen zu bannen. Eine nahrhafte Diät hält die Kräfte des Kranken aufrecht. Er genießt Morgens ein aus

Milch, Chocolade und Reis zubereitetes warmes Getränk, und zu Mittag gebratenes Geflügel, Kalbskoteletts, leichtes Gemüse u. dgl. m. Eine Flasche feinen Bordeauxweines muß im Verlaufe des Tages die ermattenden Lebensgeister auffrischen. Neben seinem Bette liegt ein Päckchen loser Blätter im Oktavformat, und etwa zwanzig zugespitzte Fabersche Bleistifte. Wenn sich Heine aufgelegt und stark genug zum Arbeiten fühlt, beschreibt er die Blätter mit dicken halbzollgroßen Buchstaben, und wechselt die Bleistifte, wenn sie stumpf geworden sind.

Mit Wärterin, Köchin, Vorleserin und der Freundin Elise Krinitz kümmern sich in Heines letzten Lebensmonaten insgesamt fünf Frauen um das Wohl des Kranken; hinzu kommt zeitweise ein Sekretär.

Im November 1855 kommen die beiden Geschwister, der Arzt Gustav Heine und die Lieblingsschwester Charlotte, alarmiert durch die Berichte vom fortgeschrittenen Krankheitszustand des Bruders, zu einem längeren Besuch. Dass es das letzte Wiedersehen der Geschwister sein wird, ist keinem der Beteiligten bewusst; wohl auch Heines damaligen Arzt Dr. Gruby nicht. Charlotte bleibt länger als vier Wochen in Paris. In ihren Erinnerungen hat sie ein, aus Gründen der Familienehre sicher geschöntes, Bild vom Krankenalltag in der avenue Matignon und vom Zusammenleben des Paares hinterlassen.

Wieviel Zeit Mathilde selbst mit ihrem kranken Mann verbracht und wieweit sie sich an der Pflege beteiligt hat, darüber ist wenig bekannt. Hervorgetan hat sie sich als Krankenpflegerin offenbar nicht. Als Dr. Wertheim sie darauf hinweist und ein fachkundige Betreuung des Kranken anmahnt, wirft sie ihn, wie schon erwähnt, handgreiflich hinaus.

Am 17. Februar 1856 morgens um 4.45 Uhr stirbt Heine. Bei ihm ist nur die Wärterin Catherine Bourlois. Sie weckt die Ehefrau nicht einmal, weil sie Mathildes unbeherrschte Art und hysterisches Lärmen angesichts des Todes fürchtet. Heine wird, wie von ihm selbst testamentarisch festgelegt, ohne religiöses Zeremoniell im römisch-katholischen Teil des Friedhofs von Montmartre begraben. Damit seine Frau einst bei ihm liegen kann. Sie überlebt ihn – als wohlversorgte Witwe – um 27 Jahre. Auf dem Grabstein erscheint sie nachgeordnet, klein und unpersönlich als »Frau Heine«.

Gedächtnisfeier

Keine Messe wird man singen,
Keinen Kadosch wird man sagen,
Nichts gesagt und nichts gesungen
Wird an meinen Sterbetagen.

Doch vielleicht an solchem Tage,
Wenn das Wetter schön und milde,
Geht spazieren auf Montmartre
Mit Paulinen Frau Mathilde.

Mit dem Kranz von Immortellen
Kommt sie mir das Grab zu schmücken,
Und sie seufzet: Pauvre homme!
Feuchte Wehmut in den Blicken.

Leider wohn ich viel zu hoch,
Und ich habe meiner Süßen
Keinen Stuhl hier anzubieten:
Ach! sie schwankt mit müden Füßen.

Süßes, dickes Kind, du darfst
Nicht zu Fuß nach Hause gehen;
An dem Barrieregitter
Siehst du die Fiaker stehen.

Mathilde hat sich nach Heines Tod nicht wieder verheiratet. Dass sie, noch bevor er unter der Erde ist, mit einem Liebhaber ihrem Vergnügen nachgegangen sei, ist ein Gerücht. Der Mann, der bei den nun anstehenden juristischen und finanziellen Verhandlungen an ihrer Seite steht und als ihr Bevollmächtigter auftritt, ist der Schriftsteller Henri Julia. Er hat sich wohl selbst zu ihrem Helfer ernannt, vor allem für die Betreuung und Verwertung des Nachlasses, bis Mathilde ihm 1864 das Mandat entzieht. Dass sie für die nun anstehenden Transaktionen, von deren Erfolg schließlich ihre materielle Existenz abhängt, Unterstützung sucht, liegt nahe. Denn ihr fehlt in Finanzfragen jede Erfahrung. Heine hat sie in Geldsa-

Mathilde Heine. Fotografie, um 1860.

chen jahrzehntelang unmündig gehalten, mit der Behauptung, dass ihr das Geld allzuleicht zwischen den Fingern zerrinne. Außerdem hat sie hautnah miterlebt, wie schwierig sich die Verhandlungen um Honorare, Verträge, Rücklagenbildung und künftige Rentenzahlungen immer wieder gestalteten. Deshalb traut Mathilde auch keinem der Vertragspartner und der vielen nach und nach auftauchenden »freundschaftlichen« Vermittler, weder dem deutschen noch dem französischen Verleger, am allerwenigsten aber der Hamburger Verwandtschaft.

1869 verkauft Mathilde nach langwierigen Verhandlungen mit verschiedenen Interessenten einen Teil des Nachlasses für 10 000 Francs an Julius Campe jr., den Sohn und Nachfolger des Hamburger Verlegers. Schon vorher hat Michel Lévy Frères, Heines französischer Verlagspartner, für 17 500 Francs die Rechte an einer französischen Ausgabe von Heines Briefwechsel erworben. Das umstrittenste Nachlass-Objekt, das Manuskript der »Memoiren« bzw. das, was vom Mythos und Drohobjekt »Memoiren« realiter vorhanden ist, wird erst nach Mathildes Tod 1884 verkauft. Henri Julia, der es an sich gebracht hat, erzielt dafür insgesamt 16 000 Francs für die Buchausgabe und den Vorabdruck in der Familienzeitschrift »Die Gartenlaube«.

Die von Heine fürsorglich veranlassten Rentenzahlungen für Mathilde gehen – entgegen allen Befürchtungen – regelmäßig ein. So ist sie in der Lage, den aus der Ehe gewohnten Lebensstandard zu halten. Die Witwe lebt zunächst jahrelang in einer kleinen Wohnung in Les Batignolles, rue d'Ecluse, später in der rue de Passy. Umsorgt von der Freundin und Gesellschafterin Pauline, mit der sie eine offenbar sehr stabile Beziehung verbindet, geht Mathilde ihren gewohnten Vergnügungen nach, so lange die weiter zunehmende Korpulenz und das Rheuma es erlauben. Vor allem anderen kümmert sie sich um ihre Tiere, ihre einzige Leidenschaft. Mathilde soll – so berichtet der Neffe Ludwig von Embden, der sie gelegentlich besucht – neben Cocotte, dem geliebten, einst zum Familienbesuch bis nach Hamburg transportierten Papagei, eine Vogelhecke mit bis zu 60 Kanarienvögeln besessen haben sowie drei weiße Bologneserhunde.

Mathilde stirbt im Februar 1883, angeblich an Heines Todestag, 82jährig an einem Schlaganfall. Sie hinterlässt ein Vermögen von rund 17 000 Francs.

»*Mon amour, ma petite melone sentimentale.*«

Heine im Briefgespräch mit Mathilde

»Meine liebste Frau, mein liebster Schatz, mein liebster Engel, meine Vielgeliebte, mein armes Kind, meine gute Frau, meine empfindsame kleine Melone, mein Schäfchen…« – »Du bist die einzige Freude meines Lebens.« Das sind die Koseworte, mit denen Heine die Briefe an seine Frau beginnt, als er während der Hamburg-Reisen 1843 und 1844 von ihr getrennt ist. Gemeinsames Kennzeichen dieser Liebesformeln: das Besitz anzeigende Fürwort. Er selbst unterzeichnet als »ton pauvre chien«, dein armer Hund.

Im Spätherbst 1843 reist Heine, erstmals seit er Deutschland 1831 verlassen hat, wieder in die Heimat. Ende Oktober erreicht er Hamburg, wo er sechs Wochen bleibt. Am 16. Dezember trifft er wieder in Paris ein. Im Jahr darauf, im Juli 1844, wiederholt er den Besuch, diesmal begleitet von seiner Frau samt Cocotte, ihrem geliebten Papagei. Schon in den Briefen von 1843 ist Heine bemüht, ihr diese Reise schmackhaft zu machen. Denn Mathilde soll der Familie endlich persönlich vorgestellt werden, nachdem das Zusammenleben mit ihr seit Jahren Thema der Familienkorrespondenz ist. Doch das Unternehmen Familienzusammenführung muss, wie schon erwähnt, als misslungen gelten. Nach zwei Wochen reist Mathilde unter einem Vorwand allein zurück nach Paris, in die Obhut der Madame Darte in Chaillot. Heine folgt ihr, seiner geschäftlichen Besprechungen wegen, erst Mitte Oktober.

19 Briefe hat er seiner Frau in diesen Trennungswochen geschrieben, auf Französisch, pünktlich jeweils zu den Abfahrtszeiten des Dampfschiffs nach Le Havre, der schnellsten Postverbindung. Heines Sprachkenntnisse erscheinen darin weitaus besser als ihr Ruf. Mathildes Antworten auf seine Briefe bleiben spärlich, obwohl er, der unter der Trennung sehr leidet, sie nachdrücklich einfordert. Erhalten ist keine davon. Ebenso wenig wie weitere Korrespondenz zwischen den Partnern, so dass das Briefgespräch dem heutigen Leser noch einseitiger erscheinen muß als es de facto ohnehin war.

Den wichtigsten Grund für Mathildes Schreibabstinenz benennt Heine selbst. Es ist ihre Unfähigkeit zum schriftlichen Ausdruck: »Ich weiß gut,« schreibt er Anfang September 1844, als er wieder einmal vergeblich auf Antwort wartet, »dass Du nicht gern schreibst, dass Briefeschreiben Dir höchst langweilig ist, dass es Dich ärgert, Deiner Feder nicht die volle Freiheit geben zu können – aber Du weißt ja sehr gut, dass ich Deine Gedanken errate, wie schlecht auch immer sie ausgedrückt sein mögen.«

Darüber hinaus darf mit Heine selbst angenommen werden, dass Mathilde die Trennung von ihrem Mann nicht annähernd so schwer fällt, wie ihm die von ihr und dass sie die Zeit in Paris auch ohne ihn genossen hat. So sieht er es jedenfalls für die Zeit nach seinem Tod voraus: »Was meine Frau betrifft«, schreibt er im Juni 1850 an die Mutter, »so hat sie ein zu glückliches Naturell, als daß sie mich nicht am Ende entbehren könnte.«

Heines Briefe entsprechen nach Anlage, Themen und Grundhaltung dem Typus des Familienbriefs, wie wir ihn aus der Korrespondenz mit Mutter und Schwester kennen. Das thematische Spektrum ist begrenzt: Zunächst erkundigt sich Heine nach Mathildes Wohlergehen und berichtet vom eigenen Befinden, was in der Regel auf Klagen über den chronischen Kopfschmerz hinausläuft. Ein wichtiges Thema sind die leidigen, aber notwendigen »affaires«, die seine Kopfschmerzen noch verschlimmern: die Geschäfte mit Verleger Campe und die Verhandlungen mit Onkel Salomon, die allein ihn hindern, seiner Frau sofort nach Paris zu folgen. Denn: »Diese Trennung wird dir künftig ziemlichen Gewinn bringen.«

Regelmäßig erzählt Heine von der Hamburger Familie und stellt sich dabei als deren Star und Liebling in den Mittelpunkt – mehr als es dem Grad der Anerkennung durch die Verwandtschaft nachweislich entspricht. »Ich werde hier von allen umschmeichelt. Meine Mutter ist glücklich; meine Schwester ist überglücklich und mein Onkel sieht in mir alle möglichen guten Eigenschaften. Ich bin auch sehr liebenswert. Doch was ist das für eine harte Arbeit!«, heißt es nach der Ankunft in Hamburg im November 1843. Kurz darauf berichtet er von zwei großen Soireen, die seine Nichte Madame de Voss und sein Onkel Henry Heine zu seinen Ehren gegeben haben: »Gestern war eine Soirée mit Tanz bei meinem Onkel Henry. Mein Gott, wie glücklich wäre ich gewesen, dich dort herumwirbeln zu sehen mit deinem dicken Hintern!«

Die Liebe zu Mathilde, seiner »einzigen Freude auf dieser Welt«, steht im Mittelpunkt der Briefe. Um sie, seine Sehnsucht nach und seine emotionale Abhängigkeit von ihr, seine Eifersucht und die Angst, sie zu verlieren, kreisen Heines Briefgedanken. »Ich will nicht mehr von Dir getrennt sein. Wie schrecklich!«, schreibt er unmittelbar nach ihrer vorzeitigen Abreise aus Hamburg Ende August 1844, ohne jede Spur von Vorwurf über Mathildes brüskierendes Verhalten. Und zwei Wochen später: »Das Wichtigste, was ich Dir mitzuteilen habe, ist daß ich Dich liebe bis zum Wahnsinn, meine liebe Frau« – ein Bekenntnis, das er, da er es in Deutsch formuliert, sogleich mit einer Erziehungsmaßnahme verbindet: »Ich hoffe, dass Du die deutsche Sprache noch nicht vergessen hast.«

Quälend erlebt Heine seine Eifersucht. Es beunruhigt ihn zutiefst, nicht zu wissen, was Mathilde während seiner Abwesenheit in Paris tut und treibt: »Was macht meine Frau jetzt gerade, die tollste der Tollen?« – »Ich denke ständig an Dich, meine liebe nonotte.

Es ist wirklich eine große Anstrengung für mich, dass ich Dich allein in Paris gelassen habe, in diesem schrecklichen Abgrund! Vergiß nicht, daß mein Auge immer auf Dich gerichtet ist.Ich weiß alles, was Du machst, und das, was ich im Augenblick nicht weiß, werde ich später erfahren.«

Mit Drohungen, Vernunftargumenten und erzieherischen An-weisungen versucht Heine, Mathilde zu zähmen und zu kontrollie-ren, wohl, um so seinen Eifersuchtsgefühlen entgegenzusteuern und im Eheduell wieder Oberhand zu gewinnen.

Auch aus der Ferne ist er bemüht, sie zu vernünftiger Arbeit und sinnvoller Freizeitgestaltung anzuhalten. Nicht zufällig hat er sie für die Trennungszeit in der ländlich abgeschiedenen Pension der Madame Darte untergebracht: »Halte Dich so ruhig wie möglich in Deinem Loch, arbeite, studiere, langweile Dich auf ehrsame Art, spinne Wolle, wie die gute Lukrezia, die Du im Theatre Odeon gese-hen hast.«

Zugleich warnt Heine Mathilde eindringlich vor den Nachstel-lungen und Verunglimpfungen charakterloser deutscher Journalis-ten. Die fürchtet er vor allem seines eigenen literarischen Rufs wegen: »Meine liebe Freundin, ich wiederhole die ausdrücklichen und inständigsten Befehle, was Deine derzeitige Lebensweise angeht, jetzt, wo Dir in Paris niemand begegnet. Du weißt, wie schlecht die Welt ist.«

Ein singuläres Aperçu, das sich Heines Erziehungsprogramm für Mathilde zuordnen läßt, ist sein Auftrag vom 19. November 1843 aus Hamburg, in Paris zwei Hüte als Geschenk für Schwester und Nichte zu besorgen. Er schildert das Gewünschte detailliert und mit einer verblüffenden Sachkenntnis in Modefragen, die er sich wohl beim Shopping mit Mathilde oder vielleicht auch durch Gespräche mit seiner Schwester angeeignet hat. Im übrigen ist der Auftrag im Ton eines wohlwollenden, aber strengen Lehrmeisters gegenüber einem unwissenden Kind gehalten:

»Heute will ich Dir einen Auftrag erteilen. […] Geh zu Deiner Mo-distin und suche die zwei modischsten Hüte aus, die Du finden kannst. Wenn sie nichts auf Lager haben, was Dir gefällt, gib die Hüte in Auftrag. Sie brauchen nicht allzu aufwendig zu sein, nicht mit allzu vielen Spitzen garniert, und es macht nichts, wenn sie nicht aus

Samt sind; wenn sie nur nach der neuesten Mode sind und elegant und Effekt machen. Keine gedeckten Farben; die Farben sollen hell sein, weiß oder rosé oder andere Farben außer blau, was meine Schwester nicht mag. Ich glaube, daß auch grün keine vorteilhafte Farbe ist. Meine Nichte hat einen kleinen Kopf und ihr Hut soll nicht allzu ausladend sein; eher etwas Niedliches. Du kannst Dich auch auf das Gedächtnis von Aurétia verlassen, die die Kleine gesehen hat. Meine Schwester hat einen langen und schmalen Kopf und ihr Haar, frisiert à l'Anglaise, fällt bis auf die Schultern. Ihr Hut sollte also tiefer sitzen als der meiner Nichte und er sollte innen nicht allzu üppig garniert sein wegen ihres gelockten Haars [...] Erledige Deinen Auftrag gut.«

Am Tag darauf wird dieser revidiert und auf einen Hut für die Schwester reduziert – nicht ohne den Hinweis an die «Verbrengerin«, dass das Geschenk nicht allzu teuer werden dürfe.

Gänzlich außen vor bleibt in den Briefen an Mathilde der Schriftsteller Heine. So, wie er in den Briefen an die Mutter von seinen wahren Gefühlen, von seinen Ängsten und seiner Krankheit schweigt, so schweigt er seiner Frau gegenüber von seiner gesamten geistigen Existenz. Sein literarisches Werk erscheint im Briefgespräch mit ihr ausschließlich als Broterwerb und Einnahmequelle, sein neues Buch, die »Neuen Gedichte« mit »Deutschland. Ein Wintermärchen«, der so berühmt gewordene literarische Ertrag der Deutschland-Reisen, wird mit nicht mehr als zwei knappen Sätzen erwähnt.

Die Selbstbezichtigung als »ton pauvre chien«, mit der Heine einen höchst ambivalent erscheinenden, weil abwertenden Kosenamen Mathildes für sich übernimmt, ist, wenn man ihn ernst nimmt, wohl nicht anders denn als Zeichen seiner Unterwürfigkeit, ja Abhängigkeit von ihr zu verstehen. Unter den variantenreichen Kosenamen, die er für seine Frau findet, fällt neben dem scherzhaft-abwertenden »meine empfindsame kleine Melone« vor allem »mon brebis«, mein Schaf, auf und zwar im Zusammenhang mit dem nachgelassenen Gedicht, »Ich war, O Lamm, als Hirt bestellt, Zu hüten dich auf dieser Welt«, das sich auf Mathilde bezieht.

Ich war, O Lamm, als Hirt bestellt
Zu hüten dich auf dieser Welt.
Hab dich mit meinem Brod geäzt,
Mit Wasser aus dem Born geletzt.
Wenn kalt der Wintersturm gelärmt
Hab ich dich an der Brust erwärmt.
Hier hielt ich fest dich angeschlossen
Wenn Regengüsse sich ergossen
Und Wolf und Waldbach um die Wette
Geheult im dunkeln Felsenbette.
Du bangtest nicht, hast nicht gezittert
Selbst wenn den höchsten Tann zersplittert
Der Wetterstral – in meinem Schooß
Du schliefest still und sorgenlos.

Mein Arm wird schwach, es schleicht herbey
Der blasse Tod! Die Schäferey,
Das Hirtenspiel, es hat ein Ende.
O Gott ich leg in deine Hände
Zurück den Stab – behüte du
Mein armes Lamm, wenn ich zur Ruh
Bestattet bin – und dulde nicht
Daß irgendwo ein Dorn sie sticht –
O schütz' ihr Vließ vor Dornenhecken
Und auch vor Sümpfen, die beflecken,
Laß überall zu ihren Füßen
Das allerbeste Futter sprießen
Und laß sie schlafen sorgenlos,
Wie einst sie schlief in meinem Schooß!

Im Bild des Lamms wird die Schutzbedürftigkeit und Abhängigkeit Mathildes poetisch überformt. Und – in der Metapher von Dorn, Vließ und Sumpf – auch die eifersüchtige Sorge des Gatten, Mathilde könne nach seinem Tod auf sexuelle Abwege geraten. »Brebis«, wörtlich: das Schaf, dagegen enthält, bei aller Zärtlichkeit, auch die wenig schmeichelhafte Assoziation einer gewissen Beschränktheit, ja Dummheit, was zweifellos einer Entwertung gleichkommt.

Mathilde im Bilde

Eine literarische Revue

Venus und Proserpina, Cleopatra und Julia, armes Lamm, süßes, dickes Kind, keifende Vettel und Pygmalions Geschöpf – in einer Revue höchst gegensätzlicher Bilder und Figuren erscheint Mathilde in Heines literarischem Werk.

Den Anfang macht, noch bevor Heine seine Geliebte kennenlernt, eine fiktive Mathilde: die so schöne wie kluge englische Lady Mathilde aus den »Reisebildern«. Es folgen, in den Anfangsjahren der Beziehung, lockere thematische Bezüge auf sie, eingekleidet in allgemeine Kommentare und Reflektionen über Liebesgefühle, Ehestand und den Wandel, dem sie im Lauf der Zeit unterworfen sind. In den einschlägigen Prosaarbeiten, »Die Romantische Schule« von 1835, »Shakespeares Mädchen und Frauen« von 1838 und »Die Göttin Diana«, 1846, greift Heine auf ein damals allgemein bekanntes Reservoir einschlägiger literarischer oder mythologischer Themen und Figuren zurück. Später, vor allem in den Gedichten aus den Krankheitsjahren, treten spiegelnde und verarbeitende Reaktionen auf konkrete Lebenssituationen in den Vordergrund; meist der Abschied und der bevorstehende Tod.

Die Intentionen, die hinter den Mathilde-Bildern stehen, reichen von der Selbstdarstellung des Dichter-Ichs in narzisstischen Größenfantasien über Wunschvorstellungen, die als ästhetischer Gegenentwurf zu einer als höchst ambivalent erlebten Beziehungswirklichkeit formuliert werden bis zu deren nüchtern-luzider Reflexion. Hinzu kommt Heines strategische Intention, die reale Mathilde und die realen Beziehungsverhältnisse für die Öffentlichkeit glättend zu überschreiben und zu korrigieren.

Beginnen wir mit Heines Urbild aller Mathilden, der schönen, klugen, blasphemischen englischen Lady aus den Reiseerzählungen über Lucca im dritten und vierten Band der »Reisebilder« von 1828 und 1830. In ihr vermutet man die Namenspatronin, nach der Heine seine Geliebte in Mathilde umbenannt hat.

Warum aber begnügt er sich nicht mit ihren angestammten christlich-bürgerlichen Vornamen Augustine Crescence? Warum schafft er sich eine eigene Figur, literarisiert seine Geliebte und instrumentalisiert sie damit auch?

Mit Lady Mathilde wird eine Figur aktiviert, die erstmals schon in den literarischen Fragmenten zu Heines Englandreise als Liebespartnerin auftaucht. Dort nämlich deutet sich eine romantische Affäre zwischen einem »blöden deutschen Dichter« und einer Engländerin an. Diese trifft der Ich-Erzähler nun im beliebten italienischen Kurort Bagni di Lucca wieder, den auch Heine selbst auf seiner Italienreise aufgesucht hat. Engländer stellen damals unter den ausländischen Kurgästen der Bagni di Lucca das Hauptkontingent; Engländerinnen gehobenen Standes führen die noch kleine Gruppe allein reisender Frauen an. Diesen Typus der modernen, gesellschaftlich und geistig unabhängigen, erotisch aufgeschlossenen Frau mit leicht spleenigem Einschlag verkörpert auch Lady Mathilde. Damit taugt sie zur idealen Partnerin für die kritisch-blasphemischen Religionsgespräche, in die der Erzähler sie verwickelt. Es sind freie Gespräche von gleich zu gleich.

Mit der Figur der Lady Mathilde verbindet sich also der Anspruch auf eine nicht nur erotische, sondern auch intellektuell erfüllte Beziehung in einer gleichwertigen Partnerschaft. Ein Anspruch, der zunächst einmal als krasser Widerspruch zur realen Partnerschaft mit Mathilde erscheint. Mit ihr wären solche Gespräche niemals möglich gewesen. Zum einen, weil ein thematisch so differenzierter Dialog ihre geistigen Interessen und Fähigkeiten weit überstiegen hätte, zum anderen, weil ein derart kritischer Standpunkt gegenüber der römisch-katholischen Kirche mit Mathildes naiver Frömmigkeit völlig unvereinbar war. Doch dieser Widerspruch ist nur die halbe Wahrheit. Denn die reale Mathilde ist zwar keine intellektuell ebenbürtige Partnerin, aber eine, die emotional unabhängig ist, resistent gegen Heines Wünsche und Erziehungsversuche und – anders als die Heine-Biografen dies bisher gesehen haben – durchaus autark in der Fähigkeit, ihr Leben zu bewältigen. Und eines muß Heine von dieser speziellen Form der Eigenständigkeit jedenfalls nicht fürchten: intellektuelle Konkurrenz.

Vielleicht kann Heine deshalb den Anspruch auf gleichwertige Partnerschaft, der im Namen Mathilde aufgerufen ist, zumindest literarisch aufrecht erhalten. Und ihn – ganz so, wie es in der fiktionalen Gesprächssituation mit Lady Mathilde vorgeführt wird – mit der Vorstellung eines gemeinsamen Italienaufenthalts verbinden:

»Wenn wir dann in Italien sein werden...« Das Sehnsuchtsland deutscher
Künstler und Bürger. Ansicht des damals viel besuchten Bergstädtchens
Olevano von F. Horny, 1822.

»Ich habe die Hoffnung nicht aufgegeben, Dich soweit zu bringen, daß Du eines Tages meine Begeisterung für die schönen Künste teilst [...]«, schreibt er noch 1844 in einem der Briefe aus Hamburg. *»Wenn wir dann in Italien sein werden, wirst Du die Malerei lieben, wie du jetzt schon die Musik liebst. Ja, mein Engel, ich träume die ganze Zeit von Italien, und in Gedanken weile ich mit Dir bald in Neapel, bald in Rom.«*

Mit der Überformung Mathildes zur literarischen Figur schafft Heine zugleich ein idealisiertes öffentliches Bild der Beziehung, hinter dem er die Wirklichkeit und damit auch das gesellschaftlich wohl wenig repräsentative reale Vorleben der Geliebten verschwinden lassen kann. An dessen Stelle soll – so der patriarchalisch-narzisstische Anspruch – das von ihm selbst geschaffene Geschöpf treten; Mathilde, Heines Besitz und weibliches alter ego.

Doch kehren wir zurück zu den Anfängen dieses Literarisierungsprozesses: Das Thema Ehe – und damit, wenn auch noch ungenannt, Mathilde – taucht erstmals auf in »Die romantische Schule«, Heines kritisch-subjektiver Darstellung der damaligen deutschen Gegenwartsliteratur. Dort nimmt er unter anderem die Lyrik Ludwig Uhlands ins Visier, mit dem Ziel, sich als moderner Zeitschriftsteller von derlei restaurativer Ritterromantik deutlich abzugrenzen.

Vor zwanzig Jahren, ich war ein Knabe, ja damals, mit welcher überströmenden Begeisterung hätte ich den trefflichen Uhland zu feiern vermocht! Damals empfand ich seine Vortrefflichkeit vielleicht besser als jetzt; er stand mir näher an Empfindung und Denkvermögen. Aber so vieles hat sich seitdem ereignet! Was mir so herrlich dünkte, jenes chevareleske und katholische Wesen, jene Ritter die im adligen Turnei sich hauen und stechen, jene sanften Knappen und sittigen Edelfrauen, jene Nordlandshelden und Minnesänger, jene Mönche und Nonnen, jene Vätergrüfte mit Ahnungsschauern, jene blassen Entsagungsgefühle mit Glockengeläute und das ewige Wehmutgewimmer, wie bitter ward es mir seitdem verleidet!
[...] ich habe unterdessen viel gehört und gesehen, gar viel, ich glaube nicht mehr an Menschen ohne Kopf, und der alte Spuk wirkt nicht mehr auf mein Gemüt. Das Haus, worin ich eben sitze

und lese, liegt auf dem Boulevard Mont-Martre; und dort branden die wildesten Wogen des Tages, dort kreischen die lautesten Stimmen der modernen Zeit; das lacht, das grollt, das trommelt; im Sturmschritt schreitet vorüber die Nationalgarde; und jeder spricht französisch. – Ist das nun der Ort, wo man Uhlands Gedichte lesen kann? Dreimal habe ich den Schluß des oberwähnten Gedichtes mir wieder vordeklamiert, aber ich empfinde nicht mehr das unnennbare Weh, das mich einst ergriff, wenn das Königstöchterlein stirbt und der schöne Schäfer so klagevoll zu ihr hinaufrief: Willkommen, Königstöchterlein!

> *Ein Geisterlaut herunterscholl,*
> *»Ade, du Schäfer mein!«*

Vielleicht auch bin ich für solche Gedichte etwas kühl geworden, seitdem ich die Erfahrung gemacht, daß es eine weit schmerzlichere Liebe gibt, als die welche den Besitz des geliebten Gegenstandes niemals erlangt, oder ihn durch den Tod verliert. In der Tat, schmerzlicher ist es, wenn der geliebte Gegenstand Tag und Nacht in unseren Armen liegt, aber durch beständigen Widerspruch und blödsinnige Capricen uns Tag und Nacht verleidet, dergestalt, daß wir das, was unser Herz am meisten liebt, von unserem Herzen fortstoßen, und wir selber das verflucht geliebte Weib nach dem Postwagen bringen und fortschicken müssen:
> *Ade, du Königstöchterlein!*

Ja, schmerzlicher als der Verlust durch den Tod ist der Verlust durch das Leben, z. B. wenn die Geliebte, aus wahnsinniger Leichtfertigkeit, sich von uns abwendet, wenn sie durchaus auf einen Ball gehen will, wohin kein ordentlicher Mensch sie begleiten kann, und wenn sie dann, ganz aberwitzig bunt geputzt und trotzig frisiert, dem ersten besten Lump den Arm reicht und uns den Rücken kehrt …
> *Ade, du Schäfer mein!*

Die Gründe für den hier geschilderten literarischen Wertewandel erscheinen jedoch ganz unliterarisch. Das Autor-Ich argumentiert mit der Veränderung der politischen Verhältnisse und – damit verbunden – auch der seiner individuellen Existenz, vor allem aber mit seinen neuen Erfahrungen aus der ersten dauerhaften Liebesbeziehung seines Lebens. Auf sie bezieht sich die Uhland-Passage ganz direkt, indem sie die konkreten Lebens- und Wohnverhältnisse des jungen Paares in Paris unverstellt spiegelt. Die geschilderte Szene spielt in einem Zimmer am boulevard Montmartre, dort, wo in der rue Cadet, einer Seitenstraße der rue Faubourg-Montmartre, damals auch Mathildes Wohnung liegt. Es ist der Ort, an dem das junge Paar die stürmische und durchaus nicht immer harmonische Anfangsphase seiner Liebe lebt. Schon damals schwankt Heine, wie wir aus seinen Briefen und den Berichten seiner Vertrauten wissen, in seinen Gefühlen gegenüber der Geliebten zwischen emotionaler Anziehung und Abwehr – eine Haltung, die sich später verfestigt. Von den wirklichkeitsfernen romantischen Gefühlen Uhlandscher Ritter und ihrer Damen jedenfalls hat sich das Autor-Ich der »Romantischen Schule«, das wird aus dem Bezug auf die Realität seines Liebeslebens deutlich, inzwischen gründlich distanziert.

Resignativ wirken denn auch die entsprechenden Kommentare zu »Shakespeares Mädchen und Frauen«; besonders deutlich die zu »Antonius und Cleopatra« und »Romeo und Julia«.

Akute Geldnot hat Heine veranlasst, sich 1838 auf ein höchst lukratives Angebot des französischen Verlegers Delloye einzulassen. Dieser plant einen Band mit Stahlstichen der Frauenfiguren aus Shakespeares Dramen, und Heine soll kurze Begleittexte zu den einzelnen Porträts verfassen. Ein solcher Bildband ist damals neu auf dem deutschen Buchmarkt und verspricht sehr gute Absatzchancen. Zum einen wegen des zugkräftigen, leicht erotisch unterfütterten Sujets, zum anderen wegen der internationalen Verwertbarkeit. Entsprechend gut ist das Honorarangebot, das Delloye Heine macht.

Und dieser versteht es, die stark quellenabhängigen Bildbeschreibungen zu einem glänzend formulierten, auf seine eigene Zeit bezogenen Feuilleton zu arrangieren. Als locker-geistreicher Cicerone führt er plaudernd durch die Galerie von Shakespeares Mädchen und Frauen und erlaubt sich dabei Exkurse zu ganz unterschiedlichen aktuellen Themen. Darunter – wie könnte es anders sein – auch sein Dauerthema: die Krankheit Frauenliebe.

Die Abbildungen selbst kommen der Tendenz zur Aktualisierung entgegen. Denn sie zeigen Shakespeares literarische Heldinnen trotz ihrer heroisch antikisierenden Kostümierung ganz als Bürgerinnen und Halbweltdamen der Pariser Juli-Monarchie. Im Porträt der ägyptischen Herrscherin Cleopatra aus »Antonius und Cleopatra« und der Beziehung zwischen Romeo und Julia knüpft der Cicerone scheinbar launig, doch letztlich sarkastisch in der bekannt kontrastiv-brüskierenden Weise an aktuelle eigene Lebens- und Liebeserfahrungen an.

Cleopatra erscheint ihm als Inbegriff der natur- und triebhaften Eva, als »antike Pariserin«, womit die Assoziation zur modernen Pariserin Mathilde eröffnet ist:

Die egyptische Zauberin hält nicht bloß sein Herz, sondern auch sein Hirn gefangen, und verwirrt sogar sein Feldherrntalent. [...]

Sie betrügt ihn aufs niederträchtigste, um im Schiffbruche seines Glücks ihre eigenen Güter zu retten, oder gar noch einige größere Vorteile zu erfischen ... Sie treibt ihn in Verzweiflung und Tod durch Arglist und Lüge ... Und dennoch bis zum letzten Augenblicke liebt er sie mit ganzem Herzen; ja, nach jedem Verrat, den sie an ihm übte, entlodert seine Liebe um so flammender. Er flucht freilich über ihre jedesmalige Tücke, er kennt alle ihre Gebrechen, und in den rohesten Schimpfreden entladet sich seine bessere Einsicht, und er sagt ihr die bittersten Wahrheiten [...]

Aber auch sie, die egyptische Schlange, wie liebt sie ihren römischen Wolf! Ihre Verrätereien sind nur äußerliche Windungen der bösen Wurmnatur, sie übt dergleichen mehr mechanisch aus angeborener oder angewöhnter Unart ... aber in der Tiefe ihrer Seele wohnt die unwandelbarste Liebe für Antonius, sie weiß es selbst nicht, daß diese Liebe so stark ist, sie glaubt manchmal diese Liebe überwinden oder gar mit ihr spielen zu können, und sie irrt sich, und dieser Irrtum wird ihr erst recht klar in dem Augenblick, wo sie den geliebten Mann auf immer verliert [...]

Diese Cleopatra ist ein Weib. Sie liebt und verrät zu gleicher Zeit. Es ist ein Irrtum zu glauben, daß die Weiber, wenn sie uns verraten, auch aufgehört haben uns zu lieben. Sie folgen nur ihrer angebornen Natur; und wenn sie auch nicht den verbotenen Kelch leeren wollen, so möchten sie doch manchmal ein bißchen nippen, an dem Rande

lecken, um wenigstens zu kosten, wie Gift schmeckt. Nächst Shake-
speare, in vorliegender Tragödie, hat dieses Phänomen niemand so
gut geschildert wie unser alter Abbé Prévost in seinem Romane
»Manon de Lescaut«. Die Intuition des größten Dichters stimmt hier
überein mit der nüchternen Beobachtung des kühlsten Prosaikers. [...]
   Dieses launische, lustsüchtige, wetterwendische, fieberhaft kokette
Weib, diese antike Pariserin, diese Göttin des Lebens, gaukelt und
herrrscht über Egypten, dem schweigsam starren Totenland. [...]
   Wie witzig ist Gott!

Auf Entidealisierung durch Bruch und Kontrast ist auch der Kommentar zu »Romeo und Julia« angelegt, dem berühmtesten, einander bis in den Tod verbundenen Liebespaar der Literaturgeschichte.
Der Kommentator aber betont nicht die Einmaligkeit dieser großen
Leidenschaft, sondern ihren Wiederholungscharakter. Denn – so
Heine – Julia ist ja gar nicht Romeos erste große Liebe, sondern nur
seine zweite:

Ach, wenn man zum zweitenmal im Leben von der großen Glut
erfaßt wird, so fehlt leider dieser Glaube an ihrer Unsterblichkeit,
und die schmerzlichste Erinnerung sagt uns, daß sie sich am Ende
selber aufzehrt ... Daher die Verschiedenheit der Melancholie bei der
ersten Liebe und bei der zweiten ... Bei der ersten denken wir, daß
unsere Leidenschaft nur mit tragischem Tode endigen müsse, und in
der Tat, wenn nicht anders die entgegendrohenden Schwierigkeiten
zu überwinden sind, entschließen wir uns leicht mit der Geliebten
ins Grab zu steigen ... Hingegen bei der zweiten Liebe liegt uns der
Gedanke im Sinne, daß unsere wildesten und herrlichsten Gefühle
sich mit der Zeit in eine zahme Lauheit verwandeln, daß wir die
Augen, die Lippen, die Hüften, die uns jetzt so schauerlich begeistern,
einst mit Gleichgültigkeit betrachten werden ... Ach! dieser Gedanke
ist melancholischer als jede Todesahnung! ... Das ist ein trostloses
Gefühl, wenn wir im heißesten Rausche an künftige Nüchternheit
und Kühle denken, und aus Erfahrung wissen, daß die hochpoeti-
schen heroischen Leidenschaften ein so kläglich prosaisches Ende
nehmen!

Auch dieser desillusionierte Abstieg von der Poesie der ersten himmelstürmenden Leidenschaft zur prosaischen Erfahrung ihrer Endlichkeit mag die Selbsterfahrung des Kommentators aus der Beziehung zu Mathilde spiegeln.

Doch nicht genug der großen Liebespaare. Im Ballettlibretto »Die Göttin Diana«, ebenfalls einer gut bezahlten Gelegenheitsarbeit, die Heine 1846 für den Londoner Operndirektor Benjamin Lumley entwirft, tritt in einem Ensemble hochsymbolischer Figuren Frau Venus selbst mit ihrem Geliebten Tannhäuser auf. Die Szene im Vierten Tableau des Balletts spielt auf dem Venusberg, hier vorgeführt als paradiesischer Ort der Lebens- und Sinnenlust. Venus und Tannhäuser erscheinen dort als Protagonisten einer vor allem auf sexueller Anziehungskraft beruhenden Paarkonstellation:

Die Musik drückt das süßeste dolce far niente aus, geht aber plötzlich über in die wollüstigsten Freudenlaute. Dann erscheint Frau Venus mit dem Tannhäuser, ihrem Cavaliere serviente. Diese beiden, sehr entblößt und Rosenkränze auf den Häuptern, tanzen ein sehr sinnliches Pas-de-deux, welches schier an die verbotensten Tänze der Neuzeit erinnert. Sie scheinen sich im Tanze zu zanken, sich zu verhöhnen, sich zu necken, sich mit Verspottung den Rücken zu kehren, und unversehens wieder vereinigt zu werden durch eine unverwüstliche Liebe, die aber keineswegs auf wechselseitiger Achtung beruht. Einige andere Personen schließen sich dem Tanz jener beiden an, in ähnlich ausgelassener Weise, und es bilden sich die übermütigsten Quadrillen.

Diese tolle Lust wird aber plötzlich unterbrochen. Schneidende Trauermusik erschallt. Mit aufgelöstem Haar und den Gebärden des wildesten Schmerzes stürzt herein die Göttin Diana, und hinter ihr wandeln ihre Nymphen, welche die Leiche des Ritters tragen. Letztere wird in der Mitte der Szene niedergesetzt, und die Göttin legt ihr mit liebender Sorgfalt einige seidene Kissen unter das Haupt. Diana tanzt ihren entsetzlichen Verzweiflungstanz, mit allen erschütternden Kennzeichen einer wahren tragischen Leidenschaft, ohne Beimischung von Galanterie und Laune. Sie beschwört ihre Freundin Venus, den Ritter vom Tode zu erwecken. Aber jene zuckt die Achsel, sie ist ohnmächtig gegen den Tod. Diana wirft sich wie wahnsinnig auf den Toten, und benetzt mit Tränen und Küssen seine starren Hände und Füße.

Was der Liebesgöttin Venus nicht gelingt, das vermögen Apollo und Bacchus/Dionysos. Dianas Geliebter wird durch die Kreativität Apolls, mehr noch aber durch die vitalen Erneuerungskräfte des Dionysos wieder zum Leben erweckt. Das Ganze endet in einer »Glorie der Verklärung«.

Glorifiziert wird jedoch nicht das Paar Venus-Tannhäuser, sondern Diana und ihr junger deutscher Ritter. Denn ihre Verbindung rangiert – im alten Gegensatz zwischen hoher und niederer Liebe – über der zwischen Venus und Tannhäuser. Dianas reine Liebe wird deshalb auch mit Erlösung und Wiedergeburt belohnt, die zwischen Tannhäuser und Venus dagegen als höchst irdisch abgewertet. Reduziert auf triviale Gefühle wie Frivolität, sinnlicher Überdruß und sexuelle Hörigkeit, Streit, gegenseitige Geringschätzung und Verachtung. Solch kontrastive Brechungen durch ironische Distanz pflegt Heine seit seiner Jugendlyrik, seit dem »Buch der Lieder«, als dauerhaft wirksame Provokation. Die Venus-Tannhäuser-Szene, Abbild eines klassischen Liebespaares der deutschen Mythologie in desillusioniertem Alltagszustand, nimmt diese Form romantischer Ironie wieder auf. Heine hat das Thema – die Qualen sexueller Abhängigkeit und sinnlichen Überdrusses – schon im großen »Tannhäuser«-Gedicht von 1836, veröffentlicht in den »Neuen Gedichten«, angesprochen. Das Fazit dieser Liebe lautet dort:

> *»Tannhäuser, unglückselger Mann,*
> *Der Zauber ist nicht zu brechen.*
>
> *Der Teufel, den man Venus nennt,*
> *Er ist der Schlimmste von allen;*
> *Erretten kann ich dich nimmermehr*
> *Aus seinen schönen Krallen.*
>
> *Mit deiner Seele mußt du jetzt*
> *Des Fleisches Lust bezahlen,*
> *Du bist verworfen, du bist verdammt*
> *Zu ewigen Höllenqualen.«*

Im Diana-Libretto greift Heine das Thema nun erneut auf. Und hier wie dort wird die Beziehung zu Mathilde im Mythos gespiegelt, idealisiert und schließlich abgewertet. So, wie es der realen Entwicklung entspricht. Denn die Partnerschaft Heine-Mathilde ist mittlerweile aus mythischer Überhöhung längst ins alltäglich-reale Beziehungschaos über- und darin fast untergegangen.

Zur Bühnenreife hat es dieses kuriose Tänzerpaar übrigens nie gebracht. Heines Libretto wird nie als Ballett realisiert.

In seinen Gedichten greift Heine nur in seiner mittleren Schaffensperiode auf mythisch-literarische Transformation zurück, und zwar im Zyklus »Unterwelt«, veröffentlicht 1844 in den »Neuen Gedichten«. Der Zyklus, entstanden in der Zeit um Heines Heirat, zeichnet die Ehe, kaum ist sie vollzogen, als negativ besetzten Endzustand in Plutos Schattenreich, d. h. als Hölle. Und ins Reich der Schatten, auf das auch die ausgeprägte Licht-Dunkel-Metaphorik verweist, sieht sich Heine durch seine fortschreitende Erblindung auch immer mehr verbannt.

Das Leben dort wird aus der Perspektive dreier mythologischer Figuren geschildert: der Plutos, des Gottes der Unterwelt, der seiner Frau Proserpina und der von Proserpinas Mutter Ceres, Göttin der Fruchtbarkeit. Keine der drei ist zufrieden mit dem neuen Status. Besonders den Eheleuten selbst erscheint er als qualvolles Joch, in dem die eigenen elementaren Lebensbedürfnisse auf der Strecke bleiben. Diese Bedürfnisse sind allerdings als so unterschiedlich dargestellt, dass sie kaum vereinbar erscheinen. Proserpina, die junge Ehefrau, wünscht sich, aus dem Schattenreich ihrer Ehe endlich wieder aufzutauchen ans Tageslicht, um dort in Licht und Luft ihre harmlos-trivialen Alltagsvergnügen zu genießen. Pluto dagegen fühlt sich durch Proserpinas Unzufriedenheit um seine Ruhe im abgeschlossenen Schattenreich gebracht. Deshalb wünscht auch er nichts sehnlicher, als sich aus dieser Ehe wieder zu lösen.

Blieb ich doch ein Junggeselle! –
Seufzet Pluto tausendmal –
Jetzt, in meiner Ehstandsqual,
Merk ich, früher ohne Weib
War die Hölle keine Hölle.

Blieb ich doch ein Junggeselle!
Seit ich Proserpinen hab,
Wünsch ich täglich mich ins Grab!
Wenn sie keift, so hör ich kaum
Meines Cerberus Gebelle.

Stets vergeblich, stets nach Frieden
Ring ich. Hier im Schattenreich
Kein Verdammter ist mir gleich!
Ich beneide Sisyphus
Und die edlen Danaiden.

Nur zu gern ist Pluto bereit, Proserpina mit ihrer Mutter Ceres, die um den Verlust der Tochter trauert, zu teilen, um sie so das halbe Jahr über los zu sein. Zugleich aber ist der Gott der Unterwelt reflektiert genug, um die Trauer seiner jungen Frau über diese verfehlte Ehe zu verstehen, ja, zu teilen. So erscheinen die beiden wieder vereint im traurigen Fazit:

»Zuweilen dünkt es mich, als trübe
Geheime Sehnsucht deinen Blick –
Ich kenn es wohl, dein Mißgeschick:
Verfehltes Leben, verfehlte Liebe!

Du nickst so traurig! Wiedergeben
Kann ich dir nicht die Jugendzeit –
Unheilbar ist dein Herzeleid:
Verfehlte Liebe, verfehltes Leben!«

In der späten Lyrik aus der Zeit der »Matratzengruft«, im »Romanzero« (1851), den »Gedichten. 1853 und 1854« und den aus dem Nachlaß veröffentlichten, verzichtet Heine dann ganz auf Transformation ins Metaphorische. Hier erscheint Mathilde namentlich, unverstellt, in zwei für das lyrische Spätwerk wesentlichen Themenkreisen: zum einen Heines Abschied von seiner Frau und das heißt auch vom Leben, zum anderen der Fürsorge um sie für die Zeit nach seinem Tod.

Wie schwer ihm dieser Abschied fällt, wie sehr ihn die Vorstellung von Mathildes Witwen-Leben im Sündenbabel Paris noch immer beunruhigt, das wird deutlich in »Babylonische Sorgen«:

Mich ruft der Tod – Ich wollt', o Süße,
Daß ich dich in einem Wald verließe,
In einem jener Tannenforsten,
Wo Wölfe heulen, Geyer horsten
Und schrecklich grunzt die wilde Sau,
Des blonden Ebers Ehefrau.

Mich ruft der Tod – Es wär' noch besser,
Müßt' ich auf hohem Seegewässer
Verlassen dich, mein Weib, mein Kind.
Wenn gleich der tolle Nordpol-Wind
Dort peitscht die Wellen, und aus den Tiefen
Die Ungethüme, die dort schliefen,
Haifisch' und Crokodile, kommen
Mit offnem Rachen emporgeschwommen –
Glaub mir, mein Kind. mein Weib, Mathilde,
Nicht so gefährlich ist das wilde,
Erzürnte Meer und der trotzige Wald,
Als unser jetziger Aufenthalt!

Wie schrecklich auch der Wolf und die Geyer,
Haifische und sonstige Meerungeheuer:
Viel grimmere, schlimmere Bestien enthält
Paris, die leuchtende Hauptstadt der Welt,
Das singende, springende, schöne Paris,
Die Hölle der Engel, der Teufel Paradies –
Daß ich dich hier verlassen soll,
Das macht mich verrückt, das macht mich toll!

Mit spöttischem Sumsen mein Bett umschwirrn
Die schwarzen Fliegen: auf Nas' und Stirn
Setzen sie sich – fatales Gelichter!
Etwelche haben wie Menschengesichter,
Auch Elephantenrüssel daran,

Wie Gott Ganesa in Hindostan. –
In meinem Hirne rumort es und knackt,
Ich glaube da wird ein Koffer gepackt,
Und mein Verstand reist ab – o wehe –
Noch früher als ich selber gehe.

Das Gedicht enthält das ganze Spektrum der Gefühle für Mathilde aus den Jahren der »Matratzengruft« in ihrer positiven Variante: Eifersucht und Fürsorge, Abschied, Trauer und die Einsicht in die eigene Abhängigkeit – dargestellt in einer Mathildes Vorstellungswelt angepassten kindlichen Bildlichkeit und ausbalanciert durch eine milde Form von Galgenhumor. Vielleicht hat Heine es deshalb in seine letzte Lyriksammlung aufgenommen, während er viele andere der Mathilde-Gedichte unpubliziert ließ; vor allem die einseitigeren, die boshafteren und die verzweifelten. So z.B. »Celimene«:

Glaube nicht, daß ich aus Dummheit
Dulde deine Teufeleyen;
Glaub auch nicht ich sey ein Herrgott,
Der gewohnt ist zu verzeihen.

Deine Nücken, deine Tücken,
Hab ich freylich still ertragen.
Andre Leut' an meinem Platze
Hätten längst dich todt geschlagen.

Schweres Kreuz! gleichviel, ich schlepp' es!
Wirst mich stets geduldig finden –
Wisse, Weib, daß ich dich liebe
Um zu büßen meine Sünden.

Ja, du bist mein Fegefeuer,
Doch aus deinen schlimmen Armen
Wird geläutert mich erlösen
Gottes Gnade und Erbarmen.

Wichtiger als der literarische Bezug zu Alceste und Célimène aus Molières »Misanthrop«, erscheint der religiöse, zur Figur des leidenden, sein Kreuz tragenden Christus. Mit ihr identifiziert sich das Ich des Gedichts. Die Liebe zu seiner als »teuflisch« bezeichneten Partnerin gilt ihm als Buße für seine Sünden. Erlösung davon verspricht nur göttliche Gnade. Die hier geschilderte Beziehung zeigt, sieht man von einer religiösen Deutung ab, eindeutig masochistische Züge. Das Leiden wird verstanden als Sühne für eine abzutragende Schuld. Worin sie besteht, außer in der »Krankheit Frauenliebe«, das bleibt offen.

Das positive Gegengewicht dazu bilden die sogenannten »Fürsorge«-Gedichte. Sie handeln, vielfach variiert, von Heines Sorge um Mathildes Zukunft. Obwohl er auch dabei kleine oder größere Seitenhiebe nicht lassen kann:

Lebewohl.

Hatte wie ein Pelikan
Dich mit eignem Blut getränket,
Und du hast mir jetzt zum Dank
Gall' und Wermuth eingeschenket.

Böse war es nicht gemeint,
Und so heiter blieb die Stirne;
Leider mit Vergeßlichkeit
Angefüllt ist dein Gehirne.

Nun leb wohl – Du merkst es kaum,
Daß ich weinend von dir scheide.
Gott erhalte, Thörin, dir
Flattersinn und Lebensfreude!

Berühmtestes der Trauer- und Abschiedsgedichte ist die im Zusammenhang mit Heines Krankheit und Tod bereits zitierte »Gedächtnißfeier«. Liebevoll imaginiert das Ich hier einen Besuch von »Frau Mathilde« an seinem Grab anlässlich seines Todestags. Zwar vermisst der Tote die religiösen Gedenkrituale, sei es die christliche

Messe oder der jüdische Kadosch, auf die er bei seinem Begräbnis ja – Mathilde zuliebe – auch verzichten wird. Immerhin besucht Mathilde nun sein Grab, »feuchte Wehmut in den Blicken«. Und selbst aus dem Jenseits noch ist der Tote – und darin gipfelt das Gedicht – besorgt um Mathildes leibliches Wohl: »Süßes, dickes Kind, du darfst/Nicht zu Fuß nach Hause gehen;/An dem Barriere-gitter/Siehst du die Fiaker stehen.«

Alles in allem gesehen, spiegeln die Mathilde-Gedichte die für diese Partnerschaft charakteristischen Situationen und Emotionen unverblümt; allerdings allein aus der Perspektive des männlichen Ich. Sie sprechen von Ärger, Wut, Abhängigkeit und verachtender Abwertung ebenso wie von tiefer Zuneigung, Fürsorge und Trauer um eine letztlich ungebrochene amour fou. Und damit rundet sich das Bild. Denn am Ende taucht ein Motiv wieder auf, das wir aus Jugendlyrik und Amalienerlebnis bereits kennen: das Motiv der ver-schmähten Liebe:

> *Es kommt der Tod – jetzt will ich sagen*
> *Was zu verschweigen ewiglich*
> *Mein Stolz geboth: für dich, für dich,*
> *Es hat mein Herz für dich geschlagen.*
>
> *Der Sarg ist fertig, sie versenken*
> *Mich in die Gruft. Da hab ich Ruh*
> *Doch du, doch du, Maria, du*
> *Wirst weinen oft und mein gedenken.*
>
> *Du ringst sogar die schönen Hände –*
> *O tröste dich – das ist das Loos,*
> *Das Menschenloos, was gut und groß*
> *Und schön das nimmt ein schlechtes Ende.*

Pygmalion, Patriarch und pauvre chien
Ansichten einer Partnerschaft

»Ich bilde mir ein, Pygmalion zu sein. Sie war ein Geschöpf meiner Hand. Ich hauchte ihr die Seele ein, ich gab ihr das Leben. Sie lebt nur durch mich. Mir verdankt sie alles.«

Heines Pygmalion-Fantasie, von der Alexandre Weill berichtet, beruft sich auf antike Sagentradition. Nach der Fassung in Ovids »Metamorphosen« verliebt sich der Bildhauer Pygmalion in die Statue der Galatea, die er selbst geschaffen hat. Aphrodite haucht ihr Leben ein, so dass sie zu Pygmalions Gefährtin werden kann. Das Motiv erlebt in der deutschen Literatur seit dem 18. Jahrhundert eine Renaissance. Denn es passt zum damals aufkommenden Geniekult und einem künstlerischen Selbstverständnis, das dem Dichter als Originalgenie gottähnliche Schöpferpotenz zuschreibt.

Vieles in der Beziehungskonstellation zwischen Heine und Mathilde leistet einer solchen Fantasie Vorschub: der große Unterschied in Alter, Intelligenz, Bildung, Interessen und Lebensvorstellungen; vor allem aber die – nach außen hin – rein patriarchale Struktur. Denn Heine stellt sich ganz als fürsorglich-überlegenen Patriarchen dar, Mathilde dagegen als unwissendes, unmündiges Kind. Diese Konstellation entspricht der gesellschaftlichen Konvention der Zeit. Durch die patriarchale Tradition des Judentums, von der auch Heine über die Zuwendungen seines Onkels Salomon lebenslang profitiert, wird sie zusätzlich verstärkt.

Sollte sich der Patriarch jedoch ernsthaft als Schöpfer Mathildes verstanden haben, so muss dieser Schöpfungsakt als misslungen, sein Patriarchenstatus als Popanz gelten. Denn Mathilde erweist sich gegen alle Besitzansprüche, Erziehungs- und Bildungsmaßnahmen, gegen jede Form aufgezwungener sozialer Anpassung als resistent. Sie bleibt authentisch das, was sie – nach Herkunft, Sozialisation und Wesensart – ist: eine infantile, oberflächliche, die einfachen Freuden des Lebens bedingungslos genießende Pariser Grisette. Aber auch eine innerlich erstaunlich unabhängige Person mit einem eigenen Lebens- und Wertmaßstab, allerdings einem, der anders misst als der des deutsch-jüdischen Intellektuellen Heine. Mathilde emanzipiert sich nicht von ihrem »Schöpfer«, wie es zwei Generationen später Shaws Pygmalion-Geschöpf Eliza Doolittle tut. Sie bleibt –

wohl auch aus Versorgungsgründen – äußerlich an ihren Mann gebunden, ohne sich deshalb in ihrem Denken und Tun von ihm abhängig zu machen. Bezeichnend für ihre Unabhängigkeit ist, dass sie sich nach Heines Tod an keinen anderen Partner mehr bindet.

Die Innenansicht der Beziehung zeigt das Paar in vertauschten Rollen. Der Patriarch mit Pygmalion-Fantasie mutiert zum »pauvre chien«, das unmündige, dumme Kind Mathilde zur Herrin. Denn Heine ist von ihr abhängig. Und zwar wohl weniger von ihrer sexuellen Attraktivität, wie von den Heine-Biographen – Männerfantasien folgend – durchweg suggeriert wird, als vielmehr von ihrer Vitalität und Lebenstüchtigkeit. Auch, wenn diese anderen Kriterien folgt als den für die Dichterfrauen des 19. Jahrhunderts imaginierten. Mathilde steht Xanthippe zweifellos näher als den Musen.

Für sie geht es, bedenkt man ihre Herkunft und Sozialisation, wohl nicht primär um Liebe und Beziehungsfähigkeit, sondern um die bestmögliche Form des Überlebens. Entsprechend demütigend erlebt Heine seine Abhängigkeit von ihr. Er verachtet dafür – mit masochistischer Tendenz – sie und sich: Mathilde als »Schlacke« und »Kot«, die Partnerschaft als Krankheit, »Schmutzflecken« oder »Pocken des Herzens«, am meisten aber sich selbst: »Ich bin verdammt«, schreibt er schon 1835 – mit Bezug auf Mathilde – an den Schriftstellerkollegen Heinrich Laube, »nur das niedrigste und thörichtste zu lieben.«

So betrachtet, werden hinter Heines Fürsorglichkeit andere Motive sichtbar. Zwar entspringt auch sie jüdischer Tradition, weil Frauen ihr wie Sklaven und Kinder, als »Abhängige« und deshalb als besonders schutzbedürftig gelten. Doch Heine sorgt für Mathilde auch, weil er sie braucht. Ist sie ihm doch, wie er selbst es mehrfach formuliert, »Weib und Kind zugleich«. Das verweist auf die andere, die verborgene Innenseite dieser Beziehung, die in der offiziellen Außenansicht nicht vorkommt: Mathildes starke, mütterliche Position und die kindliche emotionale Abhängigkeit des sich nach außen hin so patriarchalisch überlegen gebärdenden Heine. Denn in seiner körperlichen und emotionalen Bedürftigkeit ist er selbst Kind geblieben. Zu Recht spricht Ludwig Marcuse von der »Ehe zweier Kinder«, in der es, mit Streit und Szenen, Schlägen und Versöhnung, ja auch kindlich heftig zugegangen sein soll.

Dass diese auf emotionaler und finanzieller Abhängigkeit ebenso wie auf Körperlichkeit und sexueller Anziehungskraft gegründete Partnerschaft kinderlos bleibt in einer Zeit, in der es eine wirksame Empfängnisverhütung nicht gibt, ist zumindest auffällig. Es stützt die Vermutung, dass Heine schon damals impotent gewesen sein könnte. Er selbst nährt diesen Verdacht, wenn er seine Kinderlosigkeit – im Blick zurück auf die Bedingungen, unter denen die Ehe geschlossen wurde – sarkastisch kommentiert:

Als Protestant, der sich mit einer Katholikin verheurathete, bedurfte ich, um von einem katholischen Priester kirchlich getraut zu werden, eine besondere Dispens des Erzbischofs, der diese aber in solchen Fällen nur unter der Bedingung ertheilt, daß der Gatte sich schriftlich verpflichtet, die Kinder, die er zeugen würde, in der Religion ihrer Mutter erziehen zu lassen. [...] und wie sehr auch die protestantische Welt über solchen Zwang schreyt, so will mich bedünken, als sey die katholische Priesterschaft ganz in ihrem Rechte, denn wer ihre einsegnende Garantie nachsucht, muß sich auch ihren Bedingungen fügen. Ich fügte mich denselben ganz de bonne foi, und ich wäre gewiß meiner Verpflichtung redlich nachgekommen. Aber unter uns gesagt, da ich wohl wußte, daß Kinderzeugen nicht meine Spezialität ist.

Der Subtext des Kietzschen Paarporträts von Heine und Mathilde enthält also eine zweite, eine Doppel-Botschaft. Sie geht von der Kühle des Bildes aus; der demonstrativ von einander abgewandten Haltung der beiden Partner. Bei Heine zeigt sie wohl an, dass er sich in seine poetische Innenwelt zurückgezogen hat, auch, wenn es eine Schein- und Schattenwelt ist. Mathildes Haltung aber zeigt, dass sie ihren Mann längst hinter sich gelassen und sich einer eigenen Lebenswelt zugewandt hat. Einer, in der Kaffeegenuss mehr zählt als das Lesefutter und möglicherweise auch mehr als die innere Beziehung zu ihrem Mann.

Viertes Kapitel

»*Letzte Blume meines larmoyanten Herbstes*«
Die Mouche

Seit Jahren, Monsieur, seit dem Tag, an dem ich zum ersten Mal eines Ihrer Werke las, habe ich immer gedacht, dass wir früher oder später Freunde werden würden. – Von diesem Moment an habe ich Ihnen eine wahre Freundschaft geweiht, von der ich Ihnen, um Sie zu erheitern, eines Tages Zeugnis geben werde, falls Sie wollen, ein Zeugnis, das sicherlich erst mit meinem Leben endet.

Sie werden vielleicht darüber lachen – und das wäre in diesem Fall für mich eine süße Belohnung – aber natürlich werden Sie nicht darüber spotten.

Wäre ich ein ‚Wunder des Gefühls‘, so würde ich mich verpflichtet fühlen, Ihnen, um Ihre Gunst zu erringen, in mehr oder weniger schlechten Worten zu beweisen, dass ‚meine Seele verstanden hat, die Ihre zu begreifen‘.

Doch falls meine Frage nichts enthielt, was Sie verletzt, wenn sie Ihnen gerade durch ihre Vertraulichkeit den Elan meines Herzens offenbarte, das sich Ihnen nicht als fremd vorstellen kann, dann würden Sie ihm vielleicht das, was es sich wünscht, gewähren und mir vielleicht gestatten, Sie zu besuchen.

Falls ich mich Ihnen gegenüber einer Indiskretion schuldig gemacht habe, so hoffe ich, dass mir meine Eigenschaft als Landsmännin, verbunden mit dem Gefühl, das meine Anfrage bestimmt, auf jeden Fall Absolution erteilen.

Adieu Monsieur – adieu – lieber Poet!

Falls Sie mir die Gunst erweisen, um die ich nachfrage, schreiben Sie ein Wort: Poste restante – an die Initialen M.B. – von heute bis

zum nächsten Mittwoch. Falls nicht – so schreiben Sie dennoch,
damit ich ein Andenken von der Hand habe, die zu drücken mir so
süß wäre.

Margareth

Dieser Brief einer unbekannten Verehrerin, die als »Margareth«
unterzeichnet, steht am Anfang von Heines letzter Liebe. Der Liebe
zu Elise Krinitz, die Heine die »Mouche« nennt, nach der Fliege auf
dem Petschaft, mit dem sie ihre Briefe siegelt. Die Herkunft dieser
jungen, in Paris lebenden deutschen Publizistin und angehenden
femme de lettres ist ungewiss, sie wurde von ihr selbst verschleiert.
Die kryptisch-geheimnisvollen Windungen und Wendungen, die
halb planvolle, halb unbewusste Widersprüchlichkeit ihrer Brief-
botschaften scheinen geradezu darauf angelegt, den Adressaten
gleichzeitig anzulocken und zu verwirren.

Die so intensive wie merkwürdige Beziehung, die sich aus diesem Briefkontakt entwickelt, dauert nur acht Monate, es sind die
letzten vor Heines Tod. Doch sie wirkt nachhaltig: in der Biografie
des Dichters wie im Leben der Geliebten. Ihn konfrontiert diese
späte Liebe noch einmal mit der Macht erotischen Begehrens und
der Ohnmacht seiner Impotenz. Ihr verschafft sie endlich das, was
sie in ihrem Leben am meisten gesucht und nur selten gefunden
hat: die Aufmerksamkeit prominenter Männer und – durch sie vermittelt – den Zugang zur Pariser Kulturszene. Die Bekanntschaft
mit Heine macht Elise Krinitz nach dem Tod des Dichters – zumindest vorübergehend – zur Person der Zeitgeschichte. Und sie versteht es, das für sich zu nutzen. Allerdings hat sie dafür möglicherweise mit ihrer Identität bezahlt.

Für Heine wird Elise Krinitz zum Lichtblick seiner letzten
Lebensmonate. Ganz so, wie er es sich in einem Gedicht des
»Romanzero« gewünscht und als innere Bereitschaft zu einer neuen
Liebe signalisiert hat.

> *Noch einmal, eh' mein Lebenslicht*
> *Erlöschet, eh' mein Herze bricht –*
> *Noch einmal möcht' ich vor dem Sterben*
> *Um Frauenhuld beseligt werben.*

Und eine Blonde müßt' es seyn,
Mit Augen sanft wie Mondenschein –

Ob die Bekanntschaft der Mouche mit Heine im Juni 1855 wirklich so zustande kam, wie oben beschrieben, muß allerdings dahingestellt bleiben. Sie selbst gibt in den Erinnerungen, die sie 1884 unter dem Titel »H. Heines letzte Tage« publiziert hat, eine andere, konventionellere Version: Sie habe Heine kennengelernt, als sie dem Dichter im Auftrag des Wiener Diplomaten und Komponisten Johann Vesque von Püttlingen ein Päckchen mit Noten überbrachte. Püttlingen hatte 1851 unter dem Pseudonym J. Hoven seine Vertonung von Heines Gedichtzyklus »Die Heimkehr« publiziert. Nach einer dritten, in der Heine-Biografik kolportierten Version wird die Mouche mit dem kranken Dichter durch eine Anzeige bekannt, mit der er Sekretärs- und Vorleser-Dienste sucht.

So stiftet Elise Krinitz, indem sie ihr Leben bewusst immer wieder neu verrätselt und inszeniert, Verwirrung bis heute. Sie mystifiziert nicht nur ihre Lebensdaten und -umstände, sondern ihre ganze Identität. Versteckt sich hinter verschiedenen Namen und unterschiedlichen literarischen Pseudonymen, die sie – wie man im Nachhinein erkennen kann – um ihren realen Namen und ihre reale Herkunft herum entwickelt. Wahlweise tritt sie auf als Elise de Krinitz, van Belgern, Margot Bellgier, Margot von Gérard, Margareth B., Sarah Denningson, Camille Selden, Monka, Monck, Mouche. Sie gibt sich als uneheliche Tochter eines österreichischen Adligen aus und als Ehefrau eines reichen Franzosen, der sie in ein psychiatrisches Krankenhaus in England habe einsperren lassen. Sie hält ihre Adresse geheim und korrespondiert nur per Decknamen »poste restante«.

Durch solch gezielte Desinformation, gegenüber ihren Bekannten, gegenüber den ersten Heine-Biografen, aber auch in ihren Memoiren fiktionalisiert und mystifiziert sie auch ihre Beziehung zu Heine. Die darüber entstandene Verwirrung wirkt in der Heine-Biografik lange fort. Erst 1999 gelingt es Menso Folkerts nach beschwerlicher Recherche in Taufregistern und Kirchenarchiven, zumindest die wichtigsten Lebensdaten der Mouche zu verifizieren und damit einige der bis dahin kursierenden romantischen Versionen ihrer Lebensgeschichte endlich dorthin zu verweisen, wo sie hingehören: ins Reich der Legenden und Fantasien.

Das unromantische Leben einer romantischen Frau
Elise Krinitz

Nach dem, was heute über sie bekannt ist, wird Elise Krinitz am 22. März 1825 in Belgern an der Elbe, einer kleinen Stadt in der Nähe von Torgau/Sachsen, geboren; sie ist das zweite Kind ehrbarer Bürger, des Tuchmachermeisters Christian Friedrich Müller und seiner Frau Johanna Christiana. Getauft wird das kleine Mädchen auf die Vornamen der Mutter: Johanna Christiana Müller. Doch die Mutter stirbt, 24jährig, an den Folgen der Entbindung, und der Vater, offenbar finanziell und familiär überfordert, entschließt sich, das Kind zur Adoption frei zu geben. Dazu beantragt er eine Namensänderung für die neugeborene Tochter. Statt Johanna Christiana, wie die verstorbene Mutter, soll sie jetzt Emilie Adolphine Elise heißen wie die künftigen Adoptiveltern. So ist es beglaubigt im Kirchenbuch von Belgern am 30. April 1825. Die Umbenennung ist offensichtlich der Versuch, das Kind auf diese Weise in die neue Familie einzubinden.

Vollzogen wird die Adoption erst am 7. August 1826, als das Kind schon 16 Monate alt ist. Die neuen Eltern, Adolph Traugott und Emilie Krinitz, leben seit 1822 überwiegend in Paris. Er ist tätig als Kaufmann, »Kunst- und Handelsherr«, wie das Kirchenbuch seines Heimatorts Bautzen vermerkt. Sie, ältestes Kind des Stadtpfarrers und Superintendenten in Torgau, ist mit Adolph Krinitz in zweiter Ehe verheiratet, ihr erster Ehemann war Adolphs Bruder; als dieser plötzlich stirbt, geht Emilie die neue Ehe ein, die in der Familie bleibt.

Da beide Ehen kinderlos geblieben sind, entschließt sich das Paar, ein Kind zu adoptieren und nimmt dazu den Kontakt zur alten Heimat auf. Ein erster Adoptionsplan wird nicht verwirklicht, weil das vorgesehene Kind, ebenfalls ein Mädchen, sich als kränklich erweist. Die kleine Elise jedoch ist nach ärztlicher Auskunft kerngesund und entspricht den Vorstellungen des Paares.

Wenige Tage nach ihrer [Emilies] Ankunft fuhren wir nach Belgern, wo das Mädchen war, eine mutterlose Waise von noch nicht 18

Monat. Rührend war die Scene, als Emilie das Kind sah, seine Stief-
mutter brachte das holde Mädchen. [...] Ein anwesender Arzt besah
das Kind noch einmal und erklärte es für kerngesund. [...] Gegen
Abend fuhren wir fort, unsre liebe Eliese (sie hieß erst Johanna Chris-
tiana Müller und jetzt Emilie, Adolphine, Eliese) mit uns [...] – In
den folgenden Tagen wurden die Sachen der Adoption vollendet und
sie war ganz unser; ihr Vater, ein noch junger Mann, kam noch ein
paarmal, um sie zu sehen, und prieß Gottes Güte, der ihm einen sol-
chen Zufluchtsort für sein Kind zeigte, da er in drückender Armuth
lebt.

So kommt das Mädchen 1826 nach Paris, behält aber durch die
Adoptivmutter gute Kontakte zur Heimat. Mutter und Tochter
unternehmen in Elises Kindheit mehrere Reisen nach Sachsen.
Besonders eng ist die Beziehung zu Tante Rosalie, der jüngeren
Schwester der Mutter, die schon dabei war, als Elise in die Familie
kam.

Einige Anspielungen und Ortsbeschreibungen in den späteren
Schriften der Mouche lassen sich denn auch auf Torgau und die
nahegelegenen Wörlitzer Schlösser deuten. Elise Krinitz hat also
ihre wahre Herkunft und Kindheit sehr wohl in ihrer Erinnerung
bewahrt, sie später jedoch bewusst mystifiziert. Sie verlegt ihre Herkunft in die erlesene, bis ins Detail ausgemalte, symbolisch hoch
aufgeladene Umgebung eines venezianischen Rokokopalais, das sie
mit einer stets festlich gestimmten besseren Gesellschaft bevölkert.
Zum Schauplatz ihrer späteren Kindheit und Jugend macht sie die
Beletage einer gut situierten bürgerlichen Familie in Paris.

Das Wenige, was über das Alltagsleben in der Adoptivfamilie
nachweislich bekannt ist, zeigt allerdings weniger zukunftsfähige
Verhältnisse. Elises schulische Erziehung besteht aus Privatunterricht bei der Mutter, später bei einem Hauslehrer. Wie qualitätvoll
und intensiv dieser Unterricht ist, muss offen bleiben. Auf jeden
Fall aber erhält Elise Musikunterricht, der sie befähigt, später in
Paris als Pianistin aufzutreten, auch, wenn sie selbst sich nicht für
musikalisch begabt hält.

Die berufliche Karriere des Vaters bleibt erfolglos. Auch seine
Versuche, ab 1834 als einer der frühen Wirtschaftsemigranten in
Amerika zu reüssieren, misslingen. Nach wenigen Jahren kehrt er

mittellos nach Paris zurück, wo Frau und Tochter nach wie vor leben. Die Familie verarmt. Adolph Krinitz stirbt 1862, die Mutter Emilie Krinitz 1871. Sie liegen in einem Familiengrab auf dem Friedhof Montmartre begraben.

Die junge Elise versucht sich in Paris als Pianistin, Komponistin und Publizistin. 1844 hat sie ihren ersten Auftritt als Klaviervirtuosin. Wovon sie ihren Lebensunterhalt bestreitet, bleibt unklar. Erkennbar sind ihre Bemühungen, sich – als eine Art Groupie – ein Netzwerk im kulturellen Leben zu schaffen und dafür Beziehungen zu einflussreichen Männern anzuknüpfen und zu nutzen. Solch männliche Protektion bildet eine der wenigen Möglichkeiten für die Frauen des 19. Jahrhunderts, vor allem aus der Romantikergeneration, als Schriftstellerin, Künstlerin, Musikerin überhaupt öffentlich wahrgenommen zu werden.

Der erste Pseudo-Prominente, mit dem die Krinitz sich bekannt machen kann, ist der deutsche Publizist Alfred Meißner. Sie lernt ihn im August 1847 zufällig auf einer Reise nach Le Havre kennen. Meißner gehört damals zum näheren Umkreis Heines und wird später viel, und nicht immer Wahres über ihn schreiben. Die junge Frau verliebt sich umgehend in Meißner. Doch der erwidert ihre Gefühle nicht. Dennoch gelingt es Elise, die Bekanntschaft einige Zeit aufrecht zu erhalten. Sie besucht Meißner auch, als er im Jahr darauf erneut nach Paris kommt. Durch ihn erfährt sie viel über Heine, was sie später genutzt haben könnte, um über diese neue Beziehung die alte zu Meißner aufzufrischen.

1850 bis 1853 lebt Elise Krinitz angeblich in England und will dort mit einem reichen Franzosen verheiratet gewesen sein, der sie, um sich ihrer umstands- und folgenlos zu entledigen, in eine psychiatrische Anstalt habe einweisen lassen. Ab 1853 ist Elise wieder in Paris bei der Adoptivmutter und versucht erneut, als Schriftstellerin und Publizistin Fuß zu fassen. Die kryptisch-geheimnisvolle Inszenierung ihres Leben in den »Memoiren« könnte jedem der damals in Frankreich wie in Deutschland so beliebten Kolportageromane oder englischen »gothic novels« entnommen sein.

Als sie im Juni 1855 die Bekanntschaft Heines macht, lebt dieser seit Jahren in der Matratzengruft, emotional und intellektuell vereinsamt – und ist vom ersten Moment an von dieser Neuerscheinung an seinem Krankenbett angetan. Er fordert und forciert die

Besuche der Mouche, soweit sein Gesundheitszustand dies zulässt, schreibt ihr sehr persönlich gehaltene Briefe und Gedichte und erlebt in ihr eine letzte, intensive Liebe.

Durch Heines Tod wird die Mouche in den literarischen Kreisen von Paris vorübergehend das, was sie immer werden wollte: eine wichtige Person. Nun interessiert sich auch Alfred Meißner für sie, der den Kontakt bisher eher gemieden hatte. Meißner geht es in erster Linie um das zu erwartende literarische Erbe. Nachdem der Literat alle Informationen und Briefschaften der Krinitz zu Heine publizistisch ausgeschlachtet hat, beendet er 1857 die Beziehung.

Im Jahr darauf beginnt Elises Liaison mit dem Philosophen und Literaturkritiker Hippolyte Taine. In ihm findet sie endlich den Mann, der ihre literarischen Ambitionen würdigt und fördert. Endlich greift die Strategie der Krinitz, endlich reüssiert sie als Publizistin. Unter dem Pseudonym Camille (männlich) bzw. Camilla (weiblich) Selden publiziert sie Werk um Werk, insgesamt acht Romane und Biografien, außerdem mehrere Bände mit Novellen und Essays – immer auf der Grenze zwischen Realität und Fiktion, so wie sie auch bei der Darstellung ihrer eigenen Biografie vorgeht.

Dass sich Elise Krinitz als Autorin ein männliches Pseudonym zulegt, entspricht den Schreibstrategien von Frauen seit dem 18. Jahrhundert, vor allem seit der Romantik. George Sand alias Amandine Dudevant ist nur das berühmteste, längst nicht das einzige Beispiel. Frauen versuchen so, ihre Texte für die Rezeption auf dem literarischen Markt zu neutralisieren, und damit der Diskriminierung weiblichen Schreibens zu entkommen. Bei Camille Selden ist dies wohl nicht der einzige Grund für die Wahl eines Pseudonyms. Denn ihre Tendenz zur Verrätselung bleibt dabei nicht stehen, sondern umfasst ihre gesamte Existenz.

Erfolgreich ist Camille Selden vor allem mit drei Büchern: mit dem Roman »Daniel Vlady« (1862), einer fiktiven Musikerbiografie; mit »L'esprit des femmes de notre temps« (1865), einer Essay-Sammlung über zeitgenössische Schriftstellerinnen, und schließlich 1867 mit »La musique en Allemagne. Mendelssohn«. In diesen, wie auch ihren folgenden Publikationen, darunter einer Übersetzung von Goethes »Wahlverwandtschaften«, werden – auf unterschiedlichen Terrains – Themen aufgenommen, die damals aktuell und gängig sind: die deutsche Romantik, vor allem in der Musik, die emanzipatorischen Tendenzen der Frauengeneration der Romantik oder auch – in dem Band »En route« – die Reiseliteratur als modernes Genre in der Nachfolge Heines. Dass sie damit Erfolg hat, verdankt Camille Selden vor allem Taines positiven Besprechungen. Doch 1868 beendet er die Beziehung. Elise Krinitz zieht sich aus dem literarischen Betrieb zurück, veröffentlicht aber weiterhin.

1882 erhält sie – wiederum durch prominente Vermittlung, nämlich die des Konservators des Louvre, Louis de Ronchaud – eine Stelle als Lehrerin für deutsche Sprache am neu eröffneten Mädchengymnasium in Rouen, obwohl ihr entsprechende Ausbildung und Examen fehlen und sie falsche Altersangaben macht. Damit ist die Krinitz endlich finanziell abgesichert. Als Lehrerin scheint sie sich jedoch schwer getan zu haben. Die Beurteilungen durch die zuständige Schulinspektion fallen durchweg negativ aus: Sie sei, heißt es dort, »eher ein literarischer Geist als ein Professor« und daher zur Pädagogin wenig geeignet: »Sie hat weder Methode noch Disziplin; sie versteht es nicht, Grammatikkenntnisse zu vermitteln. Nur die Literatur lag ihr am Herzen.« Und als realistisches Fazit: Sie sei »eine sehr alte, sehr müde Frau, eine Frau aus einer anderen Epoche, die in Rouen Asyl und Rückzugsmöglichkeit gesucht hat«.

Elise Krinitz versucht immer wieder, dieses offenbar ungeliebte »Asyl« zu verlassen und nach Paris, ins Zentrum ihrer geistigen Existenz, zurückzukehren. Vergeblich. So beschließt sie ihr Leben – als frustrierte, schlecht bezahlte Lehrerin gnadenhalber – in der französischen Provinz. 1882 verkauft sie alle in ihrem Besitz befindlichen Heine-Manuskripte, die sie ursprünglich der Bibliothèque Nationale in Paris zugedacht hatte, an Heines französischen Verleger Lévy.

Danach publiziert sie, wiederum unter dem Pseudonym Camille Selden, ihre Erinnerungen »H. Heines letzte Tage«. Sie erscheinen 1884 in Jena, Paris und London, auf Deutsch, Französisch und Englisch, und werden ihr erfolgreichstes Buch. Noch im selben Jahr versucht sie, mit »Mémoires de la Mouche« an diesen Erfolg anzuknüpfen, was nicht gelingt. Daheim in Rouen werden die Memoiren sehr reserviert aufgenommen, obwohl die Autorin unter Pseudonym schreibt und sichtlich bemüht ist, ihre Biografie und die Motive ihres Handelns als gesellschaftlich möglichst korrekt darzustellen. Wohl aus Gründen der sozialen Akzeptanz. Denn ihre Existenz soll ja mit der Position einer Lehrerin vereinbar erscheinen. Heute gelten diese Erinnerungsbücher als durchweg fiktiv. Gleich, ob sie nun von der Herkunft der Autorin handeln, von ihren vielen Verehrern, von ihren Erfolgen als Pianistin und Publizistin oder von der Bekanntschaft mit Heine.

Am 7. August 1896, vierzig Jahre nach Heine, stirbt Elise Krinitz 71jährig in Orsay, wo sie ihre Ferien zu verbringen pflegt. Bei ihrem Tod zeigt sich, wie gründlich sie die Spuren ihrer realen Existenz nicht nur publizistisch, sondern auch in den offiziellen Dokumenten verwischt hat. Nichts von dem, woraus man auf ihre wahre Identität hätte schließen können, schien ihr wert, bewahrt zu werden. So dass am Ende ihres Lebens kaum mehr über sie bekannt ist als das, was zur Identifizierung der Leiche nötig ist. Sogar die Sterbeurkunde enthält falsche Daten. Dort heißt es: »[...] geboren in Ungarn am 22. März 1832 oder 1833, Tochter eines unbekannten Vaters und einer unbekannten Mutter.« So löst sich die Identität dieser vielleicht überspannten, doch für ihre Zeit auch ungewöhnlich emanzipierten Frau in der Selbststilisierung ihres Lebens nach dem Muster großer Romantikerinnen letztlich auf.

»Komme Du bald!«

Heine und die Mouche

Sehr liebenswürdige und charmante Person!

Ich bedauere sehr, daß ich Sie letzthin nur wenige Augenblicke sehen konnte. Sie haben einen äußerst vortheilhaften Eindruck hinterlassen und ich sehne mich nach dem Vergnügen, Sie recht bald wiederzusehen. –

Wenn es Ihnen möglich ist, kommen Sie morgen, in jedem Fall, so bald es Ihnen Ihre Zeit erlaubt, Sie kündigen sich an wie letzthin. Den ganzen Tag bin ich zu jeder Stunde bereit, Sie zu empfangen. Die liebste Zeit wär mir von 4 Uhr bis so spät Sie wollen. – Trotz meiner Augenleiden schreibe ich eigenhändig, weil ich jetzt keinen vertrauten Sekretär besitze. – Ich habe viel Peinliches um die Ohren und bin sehr leidend noch immer. – Ich weiß nicht, warum Ihre liebreiche Theilnahme mir so wohl thut, und ich abergläubischer Mensch mir einbilden will, eine gute Fee besuche mich in trüber Stunde. Sie war

die rechte Stunde. – Oder sind Sie eine böse Fee? Ich muß das bald
wissen.

Ihr

Heinrich Heine.

Der Brief zeigt es: Der auf den Tod kranke, einsame, emotional ver-
nachlässigte Heine hat sich schon beim ersten, wohl eher flüch-
tigen Besuch auf Anhieb in die 28 Jahre und damit eine ganze
Generation jüngere Frau verliebt. Von nun an besucht die »gute
Fee«, von Heine bald mit Kosenamen überhäuft, den Kranken in
der rue Matignon häufig, oft täglich und so ausdauernd, wie sein
schwankender Gesundheitszustand es erlaubt. Sie liest ihm vor und
versieht Sekretärinnendienste, übernimmt die Korrekturen für die
französische Ausgabe der »Reisebilder«, übersetzt probeweise
einige seiner Gedichte – kurz: sie macht sich ihm als Gesprächs-
und Arbeitspartnerin unentbehrlich.

Wichtiger jedoch als dieses literarische Zusammenspiel ist die
intensive emotionale Beziehung, die sich zwischen beiden entwickelt. Die Mouche wird die »letzte Blume meines larmoyanten
Herbstes«, wie Heine es in einem der Briefe an sie formuliert. Am
Dienstag, dem 12. Februar, fünf Tage vor seinem Tod, sehen sich die
beiden zum letzten Mal. Zwei Tage darauf schreibt er seinen letzten
Brief an sie. Danach wird die Mouche bei dem Kranken, dessen
Befinden sich rapide verschlechtert, nicht mehr vorgelassen. Auch
die Totenwache bei dem Geliebten zu halten, wird ihr von Mathildes Gesellschafterin Pauline verweigert.

Elise Krinitz ist damals 30 Jahre alt, also ein »spätes Mädchen«,
und nach damaligen wie heutigen Attraktivitätskriterien mit der
Biederkeit ihres »lieben Schwabengesichts«, das auch das einzige
erhaltene Foto dokumentiert, durchaus keine Schönheit. Was wiederum für den hohen Grad an Fiktionalität, an Fantasie auch in
Heines realen Frauenbeziehungen spricht. Fantasien, die offenbar –
wie einst bei Amalie, dann bei Mathilde und nun bei der Mouche –
immer von neuem durch Frauen eines eher bieder wirkenden, mütterlichen Typs ausgelöst werden.

Heines Briefe an die Mouche zeugen unverstellt von der emotionalen Stärke dieser Beziehung, die singulär ist in seiner Korrespondenz und jenseits aller konventionellen Form. 25 dieser Briefe sind

erhalten; geschrieben zwischen dem 20. Juni 1855 und dem 14. Februar 1856. Dazu kommen vier Briefe der Mouche; die ersten beiden französisch, die beiden anderen, sehr kurzen, deutsch. Heine antwortet ihr meist auf Deutsch. Er redet die Mouche bis Ende 1855 per Sie an, danach – mit fließenden Übergängen – per Du. Sie selbst bleibt immer beim respektvollen Sie oder benutzt neutrale Formulierungen, mit denen sich das persönliche Du umgehen läßt.

Heines Briefe sind meist kurz und beschränken sich auf Mitteilungen über sein Befinden, auf Bitten um baldige Besuche und entsprechende Terminvorschläge. Vor allem anderen aber handeln sie von Heines intensiven Gefühlen für die junge Frau, von Liebesgeständnissen und -beteuerungen, betont durch Koseworte wie Mouche, holdseligste Bisamkatze, liebste und süßeste Katze, liebste Person, holdes Herz, liebstes Kind. Und immer wieder münden die Briefe in dem refrainartig wiederholten Sehnsuchtsruf »Komme Du bald«.

Die sexuellen Wünsche an die Mouche und die tiefe Trauer über die durch die Krankheit erzwungene Abstinenz werden immer wieder direkt angesprochen:

»Auch ich freue mich, Sie bald wieder zu sehen et de poser une empreinte vivante sur les traits suaves et quelque peu souables – ach! Wäre ich noch ein Mann, diese Phrase bekäme minder platonische Tornüre. Aber ich bin nur noch ein Geist, was vielleicht Ihnen, aber nicht mir sonderlich zusagt. [...] Ein Todter, lechzend nach den lebendigsten Lebensgenüssen!«

Noch direkter und vergleichsweise unironisch wirkt die folgende Formulierung, trotz des metaphorischen Doppelsinnes im Bild von Lehrer und Schülerin: »Auch habe ich nicht die gehörigen Kräfte, die Ruthe zu gebrauchen.«

Die Mouche dagegen möchte die Beziehung in einem ganz anderen Licht erscheinen lassen. Ihre brieflichen Liebesgeständnisse fallen weit zurückhaltender aus. Jedenfalls, was die Erotik angeht. Auf dem sensiblen Terrain körperlicher Nähe bewahrt die junge Frau Distanz, worauf Heine in seinen Briefen und auch in den Gedichten wiederholt anspielt. Die Formulierungen der Mouche reichen über einen »innigen Gruß« an den Freund und ein »Ich küsse die lieben Hände« nicht hinaus, wobei sie das direkte Du durchweg vermeidet.

Rückhaltlos dagegen ist ihre Bereitschaft zur geistigen Verschmelzung mit dem bewunderten Dichter:

Ich sterbe vor Sehnsucht Sie zu sehen und doch fürchte ich noch einige Tage dies Glück entbehren zu müssen, indem ich mir vorigen Sonntag Husten, Schnupfen und Fieber in der Exposition geholt habe. Hoffentlich sind Sie wieder wohler. Ach, so nahe zu sein und Sie nicht sehen zu dürfen! Und doch bin ich so glücklich – ich habe ja Ihre Bücher, ich brauche mich ja nie eigentlich von Ihnen zu trennen! Wenn ich an Ihre Werke denke, so weiß ich nicht wie ich es wage mit Ihnen mich zu unterhalten, Ihnen zu schreiben! Es wird mir dann als stände ich vor einem mächtigen Gotte, und ich kann nichts als Ihnen zu Füßen fallen, und Ihnen sagen wie wohl, wie unendlich wohl es mir ist in dieser herrlichen Welt die Sie erschaffen haben! Ach ich liebe Sie so unendlich!

Ihre Mouche.

Ja, die Hingabebereitschaft der Mouche reicht noch weiter: »bin ich nicht Ihre Mouche, und wollen Sie nicht das kleine Insect als Ihr Eigenthum betrachten?« heißt es im vorletzten Brief von Ende Dezember 1855.

Die Mouche stilisiert sich selbst – schon in ihren Briefen, mehr noch in ihren Erinnerungen – als Muse. Sie betont das rein »geistige Band« ihrer Verbindung zu Heine. »Ich bin davon überzeugt, daß er mich nur aus dem Grunde so gerne mochte, weil ich ihm seelisch so verwandt war«, schreibt sie dazu in den Memoiren. Es sei ihr ganz recht gewesen, dass seine Liebe notgedrungen platonisch bleiben mußte. Dahinter steht sicher auch der Wunsch, sich in der literarischen Öffentlichkeit nicht als Geliebte eines verheirateten und noch dazu syphilitischen Dichters zu kompromitieren, sondern seriös und gesellschaftlich akzeptabel als geistig Wahlverwandte aufzutreten. Den eingangs zitierten Brief, mit dem sie sich unter einem Vorwand bei Heine eingeführt hat, unterschlägt die Krinitz in ihren Erinnerungsbüchern.

Überdeutlich dagegen zeigt sie ihre Eifersucht auf Mathilde:

Zu einer Zeit, wo jeder Künstler sich ein, wenn auch nicht malerisches, so doch wenigstens hübsch und behaglich ausgestattetes Heim zu schaffen strebte, mußte es mich ganz besonders betroffen machen, Heine in Räumen zu finden, die auch nicht eine Spur von Eleganz, nicht den mindesten Komfort zeigten, und deren Mobiliar einer längst entschwundenen Epoche angehörte. Es drängte sich mir die Frage auf, was diesem Dichterheime eine solche Färbung gegeben haben könne; etwa bloße Sorglosigkeit, ein an Äußerlichkeiten achtlos vorübergehender Sinn? Oder sollte vielleicht die bleierne Schwere erzwungener Sparsamkeit auf dem Haushalte lasten?

Bis dahin hatte keine Spur auf die waltende Hand der Frau vom Hause gedeutet, welche ich im anderen Zimmer unter allerlei Trödel- und Flitterkram fand. Von einer sehr günstigen Beleuchtung hob sich hier das Bild derselben ab, sie in einer Tracht darstellend, welche am Schluß der dreißiger Jahre Mode gewesen war.

Der Wirklichkeit entsprach das Bild, das meine Phantasie sich von Frau Heine geschaffen hatte, keineswegs. Eine schöne, elegante, zierliche Gestalt, mit bleichen, interessanten Zügen und großen, rätselvollen Augen – so hatte ich sie mir ausgemalt. Nun aber stand eine brünette, ziemlich starke Dame vor mir, welche harmlosvergnügt aussah und sich, nach ihrer frischen, gesunden Gesichtsfarbe zu schließen, viel im Freien bewegte. Ein schmerzlich ergreifender Anblick war es, dieses Bild des Lebens und der Gesundheit neben jener bleichen Leidensgestalt zu sehen, die der heranschleichende Tod schon vor seiner Ankunft in Fesseln geschlagen hatte. Doch dieser Kranke, den nur noch ein dünner, loser Faden ans Leben knüpfte, schaffte und wirkte immerfort für das tägliche Brot und die schönen Kleider seiner Frau. Was Biographen über das Verhältnis der beiden Gatten und den Mann zu faseln beliebten, der zu verliebt war, um nicht verschwenderisch zu sein, kann keinen Augenzeugen täuschen. Zu einer Idylle machen zu wollen, was der Dichter selbst nie für eine solche auszugeben gedachte, hieße Poesie auf Kosten der Wahrheit schaffen: sollte diese aber, die das Andenken des Toten nur ehren kann, hier nicht besser am Platz sein?

Mathilde wird hier – verglichen mit der Beschreibung durch Fanny Lewald – zwar realistisch beobachtet und eingeschätzt. Doch ihr

Bild wird zugleich wieder verzerrt, indem es mit allen gängigen Vorurteilen der zeitgenössischen Berichterstattung aufgeladen wird: Seien es die schäbigen Wohnverhältnisse, die Vernachlässigung des Todkranken oder die starken Differenzen zwischen den Eheleuten; sei es der Gegensatz zwischen Mathildes Vitalität und Heines Morbidität, zwischen ihrer altmodische Erscheinung und der Zeitlosigkeit seines Genius, ihrer geistigen Unbedarftheit und der Höhe seines Intellekts, ihrer parasitären Haltung und seinem großzügigen Patriarchentum.

Wenig glaubhaft erscheint, dass die Mouche bei ihren Besuchen in der rue Matignon, in den doch recht übersichtlichen Verhältnissen einer Dreizimmerwohnung, nur einmal auf Mathilde gestoßen sein soll. Dazu sind die Szenen, in denen sie der Rivalität zwischen den beiden Frauen Ausdruck verleiht, in den beiden Erinnerungsbüchern zu genau festgehalten.

»Wahrhaftig, wir beide bilden ein kurioses Paar«
Die Gedichte ›An die Mouche‹

Worte! Worte! keine Taten!
Niemals Fleisch, geliebte Puppe,
Immer Geist und keinen Braten,
Keine Knödel in der Suppe!

Doch vielleicht ist dir zuträglich
Nicht die wilde Lendenkraft.
Welche galoppieret täglich
Auf dem Roß der Leidenschaft.

Ja, ich fürchte fast, es riebe,
Zartes Kind, dich endlich auf
Jene wilde Jagd der Liebe,
Amors Steeple-chase-Wettlauf.

Das Dilemma zwischen sexuellem Begehren und Impotenz, die durch die körperliche Verfassung des Geliebten, aber auch durch die Zurückhaltung der Mouche erzwungene »Gesundheitsliebe« sind schon in Heines Briefen an die Freundin ein zentrales Thema.

Es steht auch im Mittelpunkt der fünf in Heines Nachlass gefundenen Gedichte »An die Mouche«.

Und nicht nur dort. Um Körper, Sinnlichkeit, Erotik und Sexualität kreist Heines Lyrik von Anfang an. Er greift damit ein Thema auf, das in der Literatur des Vormärz grundsätzlich tabuiert ist. Sexualität gilt – unter dem Einfluß des Christentums – noch immer als Sünde oder als Krankheit. In den Künsten, auch in der Literatur, erscheint das so reizvolle wie brisante Thema deshalb meist in idealisierter Form. Entweder verbannt in klassisch-ferne, archaische Bildwelten oder aber – wenn es um zeitgenössische Stoffe und Helden geht – sublimiert und harmonisiert zu bürgerlicher Ehe, Familienglück und kulturell hochstehender Geselligkeit.

Heine aber entzieht sich dieser in der Literatur vom Idealismus bis zum Biedermeier verbreiteten normativ moralisierten Liebeskonzeption und setzt ihr in seiner Lyrik den Eros des Wortes entgegen. Zumindest sprachlich nimmt er sich die Freiheit, die individuellen Liebesgefühle seines literarischen alter ego zu artikulieren und – was brisanter wirkt – zu gesellschaftlichen Erfahrungen in Beziehung zu setzen. Womit er die Konvention gleich doppelt bricht.

Die Gedichte »An die Mouche« gelten als Heines einzige persönliche Liebesgedichte. Sie konzentrieren das Hauptmotiv dieser letzten Phase von Heines Liebeslyrik, Alter und Tod, ganz auf seine eigene Situation, und verknüpfen sie nicht mehr mit verallgemeinernden gesellschaftskritischen Aussagen. Heines offener Umgang mit der prekären Situation einer Liebe im Zustand der Agonie ist in der Lyrik seiner Zeit singulär.

Die individuelle Ausgangssituation, aus der die Gedichte entstehen, ist so banal wie tragisch. Banal ist das Grundmotiv, das Begehren des lüsternen älteren Mannes, der Heine mittlerweile ist, für seine junge Verehrerin. Als tragisch erlebt er, dass diese Liebe gänzlich körperlos bleiben muß.

Einzigartig sind Heines Versuche, diese ausweglose Situation literarisch zu verarbeiten, indem er seine letzte Liebe in Sprache, in Worterotik übersetzt. Dazu schafft er sich eine eigene, ästhetisch verfremdete Bildwelt, in der die Geliebte als exotische Blüte figuriert. Etwa als Passionsblume am Grab des Toten, vor allem aber als Lotosblume mit dem Mond als bleichem, kalten Gesellen.

Mit unterschiedlichen Beziehungskonstrukten wird versucht, die unerfüllte Liebe literarisch zu kompensieren. Zum einen nimmt Heine die Geliebte ersatzweise durch Worte und »Gedankenbann« in Besitz.

Dich fesselt mein Gedankenbann,
Und was ich dachte, was ich sann,
Das mußt du denken, mußt du sinnen –
Kannst meinem Geiste nicht entrinnen.

Ein gar subtiler Spiritus
Ist dieser Geist, ein Dominus
Im Geisterheer vom höchsten Range;
Ihn ehrt sogar die Muhme Schlange.

Stets weht dich an sein wilder Hauch,
Und wo du bist, da ist er auch;
Du bist sogar im Bett nicht sicher
Vor seinem Kusse und Gekicher!

Mein Leib liegt tot im Grab, jedoch
Mein Geist, er ist lebendig noch
Und wohnt gleich einem Hauskobolde
In deinem Herzchen, meine Holde!

Vergönn das traute Nestchen ihm,
Du wirst nicht los das Ungetüm,
Du wirst nicht los den kleinen Schnapphahn,
Und flöhest du bis China, Japan.

Denn überall, wohin du reist,
Sitzt ja im Herzchen dir mein Geist;
Hier träumt er seine tollsten Träume,
Hier schlägt er seine Purzelbäume.

Hörst du, er musizieret jetzt –
Die Flöh in deinem Hemd ergötzt
So sehr sein Saitenspiel und Singen,
Daß sie vor Wonne hochaufspringen.

Zum anderen ersetzt das unausgesprochene Wort, ein erotisch erfülltes Schweigen die körperliche Vereinigung.

Es träumte mir von einer Sommernacht,
Wo bleich, verwittert, in des Mondes Glanze
Bauwerke lagen, Reste alter Pracht,
Ruinen aus der Zeit der Renaissance.

Nur hie und da, mit dorisch ernstem Knauf,
Hebt aus dem Schutt sich einzeln eine Säule,
Und schaut ins hohe Firmament hinauf,
Als ob sie spotte seiner Donnerkeile.

Gebrochen auf dem Boden liegen rings
Portale, Giebeldächer mit Skulpturen,
Wo Mensch und Tier vermischt, Zentaur und Sphinx.
Satyr, Chimäre – Fabelzeitfiguren.

Auch manches Frauenbild von Stein liegt hier,
Unkrautumwuchert in dem hohen Grase;
Die Zeit, die schlimmste Syphilis, hat ihr
Geraubt ein Stück der edlen Nymphennase.

Es steht ein offner Marmorsarkophag
Ganz unverstümmelt unter den Ruinen,
Und gleichfalls unversehrt im Sarge lag
Ein toter Mann mit leidend sanften Mienen.

Karyatiden mit gerecktem Hals,
Scheinen mühsam das Monument zu halten.
An beiden Seiten sieht man ebenfalls
Viel basrelief gemeißelte Gestalten.

Hier sieht man des Olympos Herrlichkeit
Mit seinen liederlichen Heidengöttern,
Adam und Eva stehn dabei, sind beid
Versehn mit keuschem Schurz von Feigenblättern.

Hier sieht man Trojas Untergang und Brand,
Paris und Helena, auch Hektor sah man;
Moses und Aaron gleich daneben stand,
Auch Esther, Judith, Holofern und Haman.

Zum dritten schließlich versucht Heine, die ausweglose Situation des leidenden Ich durch einen ans Groteske grenzenden Humor zu bewältigen.

Lotosblume

Wahrhaftig, wir beide bilden
Ein kurioses Paar,
Die Liebste ist schwach auf den Beinen,
Der Liebhaber lahm sogar.

Sie ist ein leidendes Kätzchen,
Und er ist krank wie ein Hund,
Ich glaube, im Kopfe sind beide
Nicht sonderlich gesund.

Vertraut sind ihre Seelen,
Doch jedem von beiden bleibt fremd
Was bei dem andern befindlich
Wohl zwischen Seel und Hemd.

Sie sei eine Lotosblume,
Bildet die Liebste sich ein;
Doch er, der blasse Geselle,
Vermeint der Mond zu sein.

Die Lotosblume erschließet
Ihr Kelchlein im Mondenlicht,
Doch statt des befruchtenden Lebens
Empfängt sie nur ein Gedicht.

Von Protektion und Projektion

Die Inszenierung eines Lebens

Doch zurück zum Objekt des Begehrens, zurück zur Mouche. Ihre Memoiren sind, bei allem Hang zur literarischen Stilisierung eines letztlich trivialen Lebens, höchst aufschlussreich für das Bild, das die Autorin von sich selbst zeichnet. Das zeigen schon die ersten Sätze:

Ein fremdländischer Schriftsteller von hervorragender Bedeutung sagte eines Tages zu mir, dass er, wenn er mein Porträt zu zeichnen hätte, er darin die Züge von Mignon und Bettina zugleich wiedergeben würde. Die Bemerkung eines Franzosen, der mich mit gewissen Heldinnen der reizvollsten Lustspiele Shakespeares verglich, welche mutvoll und dabei auch naiv sind, scheint mir weit zutreffender zu sein. Auch ich habe, wie jene Idealgestalten der Ritterzeit, welche der Dichter in Pagenkostüme verkleidet über die Szene führt, in meinen Gedanken und in meinem Leben vieles unternommen. Besonders in meinem Geistesleben. Aber ebenso wie jene charakterstarken Heldinnen, von denen ich vorhin sprach, habe ich zuweilen, ja sogar öfters das Pagenkleid angelegt, um niemals mein Frauengewand zu besudeln.

Mein Frauengewand? Heine, mein unsterblicher Freund, pflegte es scherzweise ein Nixenkleid zu nennen, das Kostüm eines Donauweibchens, und er gab bisweilen vor, den Saum desselben befühlen zu müssen, um sich zu überzeugen, ob er trocken sei. – Nixe, Mignon, Bettina, vielleicht eine Heldin Shakespeares – vor allem andern jedoch Künstlerin, eine Bezeichnung, die alle die verschiedenen Eigenschaften dieser sei es dichterischen, sei es wirklich vorhandenen Charaktere in sich schließt.

Die Frauenbilder, denen die Mouche sich zuordnet, sind wohlbekannt; seien es die fiktiven oder realen Kindfrauen aus dem Goethe-Umkreis, wie Mignon aus »Wilhelm Meister« und Bettine von Arnim, seien es Nixe und Donauweibchen als Symbol triebhaft gefährlicher Naturwesen oder die temperamentvoll-naiven Heldinnen aus Shakespeares Komödien; sie alle entstammen dem seit Klassik und Romantik gängigen Bildrepertoire. Und zumindest die

Nixen und Shakespeare-Figuren haben Vorbilder auch in Heines literarischem Werk. Die Mouche bedient sich aus demselben Bildrepertoire wie er.

Dass Elise Krinitz ihre Autobiografie durch gezielte Verwirrung mystifiziert, wurde schon von den Zeitgenossen bemerkt.

»Sie behandelte den Gegenstand mit einer romanhaften Geheimnistuerei; ich habe kein Urteil darüber, ob sie dafür einen ernsten Grund hatte, oder ob es nur Getue war. Sie spielte offenbar Verstecken«, schreibt 1896 der Literaturhistoriker Fritz Mauthner im »Berliner Tageblatt«; die Mouche hatte mit ihm um 1880 in Rouen über ihre Beziehung zu Heine und auch über ihre Herkunft gesprochen.

Die Mouche selbst bekennt sich zu dieser Geheimnistuerei. Sie habe seit ihrer Kindheit eine Vorliebe »für das Unbekannte, das Geheimnisvolle, das Verborgene« gehabt. Damit deutet sie ein erhebliches emotionales Defizit ihrer Herkunft, die unsichere Existenz als Adoptivkind, ins Positive um.

Eine Namensänderung belastet schon den Lebensanfang des kleinen Mädchens. Mit der Adoption wird aus Johanna Christiana Müller unversehens Adolphine Emilie Elise Krinitz. Auch wenn das Kind diese Umbenennung nicht bewusst wahrgenommen haben kann; sie steht zeichenhaft für den Status des adoptierten Kindes. Und es ist anzunehmen, dass dies auf seine Identitätsbildung verunsichernd gewirkt hat.

Elise Krinitz jedenfalls tut weiterhin das, was sie als Kind durch die Adoption bereits erlebt hat. Sie wechselt ihre Identität je nach Bedarf. Sie nimmt sich die Freiheit, über ihre ohnehin brüchige Existenz frei fantasierend zu verfügen. Und formuliert damit den Wunsch, diese literarisch zu überhöhen, »etwas Besseres« zu sein. Was der Neigung von Adoptivkindern entspricht, sich selbst mangels gesicherter Herkunft zumindest innerlich für etwas ganz Besonderes zu halten. Sie habe, schreibt die Mouche denn auch in ihren Memoiren, »eine unbezwingliche Abneigung dagegen, der erträumten Welt [...] zu entsagen und *(sich)* der unsanften Berührung der Außenwelt auszusetzen.«

Virulent wird diese existenzielle Verunsicherung in den Versuchen der jungen Frau, sich durch männliche Protektion Beziehungen im kulturellen Leben zu schaffen. Beziehungen, die ihr – ihrer realen Herkunft nach – nicht zur Verfügung stehen. Also erfindet sie sich von Fall zu Fall wechselnde, interessante, gern auch adlig angehauchte Identitäten: als uneheliche Tochter des Grafen Nostitz mit einer Gouvernante, als verstoßene Frau eines reichen Franzosen, als Pseudo-Geliebte des Schriftstellers Alfred Meißner.

Unter diesen Lebensumständen erscheint es nahezu zeichenhaft, dass die Mouche als einziges literarisches Werk ausgerechnet Goethes »Wahlverwandtschaften« übersetzt. Einen Roman, der Liebe und Leidenschaft als außermoralische, naturhafte Prozesse darstellt, denen der Mensch sich ohnmächtig ausgesetzt sieht – ein schicksalhafter Lebensentwurf, den wohl auch die Mouche gern als Grundlage ihrer Beziehung zu Heine angesehen hätte.

Die Abenteurerin jedoch, zu der sie publizistische Fantasien lange Zeit gemacht haben, war Elise Krinitz wohl nicht. Und auch die Interpretation der Beziehung als der ersten in Heines Leben, in der er einer gleichwertigen Partnerin begegnet, trifft den Sachverhalt wohl nur teilweise. Für eine solche Deutung spricht die für damalige Verhältnisse relativ freie Lebensform der Krinitz als alleinstehende Frau mit künstlerischen Ambitionen in der Weltstadt Paris. Doch diese Selbstständigkeit ist wohl eher aus der Not geboren. Gegen ein emanzipiertes Denken spricht die grundsätzlich negative, von Neid und Missgunst durchdrungene Einstellung zu allen Geschlechtsgenossinnen, die in den Memoiren auftauchen. An Frauen lässt die Mouche dort in aller Regel kein gutes Haar. Seien es die »schriftstellernden Frauen« ganz allgemein, die als »sprechende Papageien« abgetan werden, oder Heines Bekannte aus der Pariser Gesellschaft, wie Caroline Jaubert oder die Prinzessin Belgiojoso. Oder gar die größte Konkurrentin um die Gunst Heines, seine Frau Mathilde.

Die hervorragende Publizistin, Künstlerin und Intellektuelle, als die sie sich selbst dargestellt hat, aber war Elise Krinitz jedenfalls zur Zeit ihrer Bekanntschaft mit Heine nicht. Denn sie hat damals noch nichts Nachweisbares veröffentlicht und ist bestenfalls einmal als Pianistin öffentlich aufgetreten.

Letztlich ist sie wohl vor allem die Außenseiterin, als die sie sich selbst beschreibt. Sie sei, heißt es in den Memoiren, von Kindheit an ganz auf sich allein gestellt, »jedes altersgenössischen Umgangs

Heine und die Mouche. Fantasiedarstellung nach H. Leffler, nach 1860.

beraubt« und am Miteinander kindlichen Spiels nie interessiert
gewesen. Zur Außenseiterin erscheint die Krinitz prädestiniert.
Zum einen durch ihre Herkunft als Halbwaise, als Adoptiv- und Ein-
zelkind aus emotional ungesicherten, ganz auf die Beziehung zur
Mutter zentrierten Verhältnissen. Zum anderen als Groupie mit
Geldsorgen, existenziellen Problemen und einer schmarotzerhaften
Anhänglichkeit an bekannte Männer. Samt der recht weitgehenden

Bereitschaft, sich, wie im Fall von Meißner, Heine und Taine, auf der Suche nach Protektion auch auf intime Beziehungen einzulassen. Darin, wie auch im großen Altersunterschied zwischen den Partnern, erinnert die Beziehung an die zwischen Heine und Mathilde.

Und außerdem: Auch im Fall der Mouche ist – wie schon bei Amalie und zumindest teilweise auch bei Mathilde – durch die äußeren Umstände dafür gesorgt, dass die körperliche Distanz erhalten bleibt. Und so auf seiten Heines der nötige Freiraum, diese Beziehung, wie die zu den Vorgängerinnen auch, eher literarisch zu verarbeiten als real auszuleben.

Die damit einhergehende Tendenz zur Überhöhung prägt lange auch das öffentliche Bild der Beziehung. Es wird sichtbar in dem nach Heines Tod oft reproduzierten Holzschnitt von Heinrich Leffler. Dieser zeigt den todkranken Heine und seine letzte Geliebte als zwei fast alterslose Idealfiguren, schlank, ja, in ihren weißen Gewändern fast körperlos, als ideale Projektionsflächen. Das schäbige Krankenzimmer erscheint aufgewertet zum gutbürgerlichen Salon, dem vom Ruch der Matratzengruft nichts mehr anhaftet. Das Buch, aus dem die Mouche Heine vorliest, bildet den Bildmittelpunkt. Damit wird suggeriert, dass es sich um eine Beziehung vor allem geistiger Natur handelt. Die Hand, in der die Mouche das Buch hält, allerdings kommt der des verehrten Dichters und sehnsuchtsvollen Liebhabers gefährlich nahe. Damit beginnt – nach Heines Tod und mit kräftiger Unterstützung durch die Freundin – jener Prozeß der Legendenbildung, der die biografische Realität bald überwuchern wird.

Fünftes Kapitel

Salonièren und Gönnerinnen

Heines Dichterfreundinnen in Berlin und Hamburg

Auch außerhalb der Familienbeziehungen und der Liebesverhältnisse spielen Frauen in Heines Schriftstellerleben eine wichtige Rolle. Beispielhaft dafür stehen die Beziehungen zu Gönnerinnen und Seelenfreundinnen auf der einen, Schriftstellerkolleginnen auf der anderen Seite; zu Frauen, die im Rahmen des damals Möglichen öffentlich in Erscheinung treten. In biedermeierlich-häuslicher Geselligkeit, im gesellschaftlichen Freiraum der Salons, in der mondänen Welt französischer Badeorte und adliger Landsitze oder auf dem literarischen Markt.

Diese Beziehungen sind definiert und begrenzt durch die gesellschaftliche oder berufliche Situation, in die sie eingebettet sind. Und sie haben, in Deutschland wie in Frankreich, eines gemeinsam. Frauen, die hier öffentlich in Erscheinung treten, sind ausnahmslos verheiratet und befinden sich damit – im Rahmen der gesellschaftlichen Konvention – in sicherer Distanz. Was die Möglichkeiten des kontaktscheuen Heine auch für weiterreichende verbale Flirts wesentlich erleichtert.

In Heines deutscher Frühzeit, vor seiner Emigration nach Paris 1831, konzentrieren sich seine gesellschaftlichen Beziehungen vor allem auf Berlin, den Studienort, und Hamburg, den Familienort. Aus dem dichten Beziehungsnetz, das die romantische Salongeselligkeit in der preußischen Metropole geschaffen hat, ragt eine Freundschaft heraus: die zu Rahel Varnhagen. Sie wird dem jungen Heine zur Mentorin, Vertrauten und mütterlichen Bezugsperson auf Lebenszeit.

Heines Verbindungen nach Hamburg gründen vor allem auf Familienbanden. Doch das aus den aufgeklärten Intellektuellen- und Künstlerkreisen Berlins in die Hansestadt versetzte Junggenie hat Schwierigkeiten, sich in der dortigen hanseatisch steifen, biedermeierlich philiströsen Gesellschaft zurecht zu finden. Zumal Heine hier, wie schon in Göttingen, offene Judenfeindlichkeit zu spüren bekommt. Auch, wenn er der Neffe des schwerreichen und gesellschaftlich anerkannten Bankiers Salomon Heine ist.

Ein gänzlich unbekanntes, klippenreiches Terrain muss sich Heine dann ab 1833 in Frankreich erobern; in Paris, das ihm, wie vielen Emigranten, als Zentrum der modernen Welt, als ein Mythos gilt. Dass es ihm gelingt, sich hier in der Zeit nach der Julirevolution, einer Epoche des politischen, sozialen und wirtschaftlichen Umbruchs, erfolgreich zu etablieren, daran haben die Frauen der Pariser Gesellschaft einen großen Anteil – einen viel größeren als seine Lebenspartnerin, das Unterschichtkind Mathilde, die aus dieser Gesellschaft ausgeschlossen bleibt und an Heines geistigem Leben ohnehin fast keinen Anteil nimmt.

Die großen französischen Kolleginnen, Germaine de Staël und George Sand, nimmt Heine wegen ihres internationalen literarischen Erfolgs vor allem als gefährliche Konkurrentinnen wahr. Und jetzt, auf dem Höhepunkt seines literarischen und privaten Lebens, fühlt er sich offenbar souverän genug, zumindest theoretisch als Feminist für die »große Frauenfrage« öffentlich einzutreten. In der Realität jedoch erlebt er Frauen, die das Recht auf Gleichheit nicht nur im Salon, sondern auch auf den Barrikaden der literarischen Öffentlichkeit konkret für sich einfordern, nach wie vor als Bedrohung. Um ihnen Paroli bieten zu können, macht Heine sich sogar mit seinem Kritiker und Kontrahenten Wolfgang Menzel, dem Denunzianten des »Jungen Deutschland«, gemein. »Er hat gewiß uns Männern einen wichtigen Dienst geleistet, indem er uns von der Konkurrenz der weiblichen Schriftsteller befreite,« schreibt Heine – auf den deutschen Literaturmarkt bezogen – anerkennend, »er hat vielleicht auch der Literatur dadurch genützt.« Selbst beteiligen allerdings will er sich an einem solchen kritischen Feldzug nicht. Zumindest nicht in Deutschland. In Paris hat er ihn, in der Attacke gegen Germaine de Staël später sehr wohl geführt.

Erst spät findet Heine in Fanny Lewald, die ihn nach 1848 während seiner Krankheitsjahre mehrmals besucht, eine »literarische Schwester« und Vertraute. Obwohl gerade sie für die Sache der Frauen unabhängig und offensiv eintritt.

Der Salon

Freiraum der Frauen

Wenn von Heines gesellschaftlichen Beziehungen zu Frauen die Rede ist, so muss auch von der Institution des Salons die Rede sein. In Deutschland wie in Frankreich, wo er entstanden ist und als Vorbild für die deutschen Verhältnisse gewirkt hat.

Als Salon versteht man, seit Madame de Staël den Begriff um 1800 eingeführt hat, eine zweckfreie, zwanglose Form von Geselligkeit, in deren Mittelpunkt eine Frau steht; als Initiatorin, Gastgeberin und Kommunikatorin. Bei ihr treffen sich die Gäste – ein fester Kreis von sogenannten *Habitués*, von Fall zu Fall ergänzt und aktualisiert von durchreisenden Berühmtheiten – zu einem *jour fixe*; regelmäßig, ohne gesonderte Einladung, um sich in freundschaftlichem, hierarchiefreiem Gespräch auszutauschen über literarische, philosophische und auch politische Themen. Die Konversation ist Sinn und Zweck dieser Form von Geselligkeit.

An welchem Ort sie stattfindet, ist zweitrangig. Es kann – der den Salon begründenden Idee von Gleichheit und Toleranz entsprechend – ebenso gut eine Berliner Mansarde oder eine Pariser Mietwohnung sein wie der Empfangssaal eines Adelspalais.

Im Zentrum steht meist eine begüterte, kultivierte Dame adliger, später auch bürgerlicher Herkunft, eine Frau, deren Schönheit, Esprit und gesellschaftliches Talent die Zusammenkünfte attraktiv, anregend, kommunikativ und – da die Gastgeberin in der Regel verheiratet ist – auch »salonfähig« machen. Der Salon bietet diesen Frauen, deren Leben, den tradierten Geschlechterrollen entsprechend, aufs Private beschränkt ist, einen neuen gesellschaftlichen Freiraum. Er wird verstanden als herrschaftsfreier Raum für den Dialog Gleicher unter Gleichen, was die Gleichheit der Geschlechter mit einschließt – ein Gegenmodell zur hierarchischen Ordnung der Hofgesellschaft und der bürgerlichen Öffentlichkeit, wo Frauen damals kaum eigene Gestaltungsmöglichkeiten zustehen.

Im Salon aber können sie teilhaben am Austausch über philosophische und kulturelle Themen, am aktuellen politischen Gespräch, am künstlerischen, am musikalischen und in unserem Fall vor allem am literarischen Schaffens- und Vermittlungsprozeß. Sie können – ganz nebenbei – den aktuellen Wert ihrer Schönheit und erotischen Reize ausprobieren und – darüber hinaus – ihren Einfluß aktiv geltend machen, indem sie Beziehungen spielen lassen, politische Fäden knüpfen und jungen Talenten zur Entdeckung verhelfen.

Der Salon, entstanden im Frankreich des 17. Jahrhunderts, ist aufs engste verbunden mit den Bewegungen der Aufklärung und der Romantik. Der Begriff selbst taucht relativ spät auf, als die Institution des Salons in Frankreich schon ein Jahrhundert lang existiert und ihren Höhepunkt bereits überschritten hat. In Deutschland, dessen feudale Gesellschaft sich seit langem an Frankreich orientiert, bürgert sich die Salonkultur Ende des 18. Jahrhunderts ein und erlebt in Berlin – in der Zeit zwischen Aufklärung und Frühromantik, zwischen 1780 und 1806, dem Jahr der napoleonischen Besetzung – eine neue Blüte.

Der Boden dafür ist lange bereitet durch die enge Verbindung der preußischen Hauptstadt mit Paris seit der Regierungszeit Friedrichs II., durch den Einfluss der in Berlin lebenden Hugenotten und den aktiven Kulturaustausch zwischen französischen und preußischen Geistesgrößen.

Doch die Salons der preußischen Metropole gewinnen mit der neuen emanzipatorischen und gesellschaftskritischen Haltung ihrer Mitglieder bald einen ganz eigenen Charakter. Hier weht ein neuer kritischer Geist. Die Mitglieder der Berliner Salons – und vor allem ihre Initiatorinnen – gehören nicht mehr, wie in Paris und auch am Weimarer Musenhof der Herzogin Anna Amalia, der Elite an, sondern sind Außenseiterinnen aus einer gesellschaftlichen Randgruppe, dem Judentum.

In einer Zeit, als Juden in Deutschland noch als Minderheit ohne bürgerliche Rechte leben, schaffen die Frauen und Töchter begüterter, gebildeter jüdischer Bürger in der Salonkultur ein einzigartiges kulturelles und gesellschaftliches Phänomen. Neun von zwölf namhaften Berliner Salonièren der Romantik sind Jüdinnen, darunter neben Henriette Herz und Dorothea Schlegel auch Rahel Levin, die – noch unverheiratet und ungetauft – in der Dachstube ihres Elternhauses in der Jägerstraße ihren ersten und ab 1819, als Frau von Varnhagen, einen zweiten Salon führt. Als ihre Nachfahrin gilt Fanny Lewald, deren Salon eine knappe Generation später zum Treffpunkt der Revolutionäre von 1848 wird.

Fanny Lewald ist es auch, die diese Blütezeit deutscher Salonkultur – nicht ohne nostalgischen Einschlag – im Rückblick noch einmal lebendig werden läßt:

Man stellt sich die Gesellschaft, welche zu Ende des vorigen und zu Anfang dieses Jahrhunderts von so wesentlichem Einfluß auf die Kulturgeschichte unseres Vaterlandes geworden ist, immer nur als einen Kreis von Heroen vor und vergißt darüber, daß diese Heroen nicht wie die Minerva fix und fertig auf die Welt gekommen, sondern lange Zeit junge, werdende, irrende, strebende und sich entfaltende Menschen gewesen sind. Man hört die Namen Humboldt, Rahel Levin, Schleiermacher, Varnhagen und Schlegel, und denkt an das, was sie geworden, und vergißt, daß die Humboldts ihrer Zeit nur zwei junge Edelleute, daß Rahel Levin ein lebhaftes Judenmädchen, Schleiermacher ein unbekannter Geistlicher, Varnhagen ein junger Praktikant der Medizin, die Schlegels ein paar ziemlich leichtsinnige junge Journalisten gewesen sind.

Als Junggenie Unter den Linden

Heine und die Berliner Salons

Harry Heine kommt im März 1821, eben dreiundzwanzig Jahre alt, aus dem toleranten Rheinland der napoleonischen Zeit zum Studium in die preußische Hauptstadt der Restaurationszeit. Er hat damals bereits einiges Unerfreuliche hinter sich. Mit der Laufbahn als Kaufmann in seiner Heimatstadt Düsseldorf, in Frankfurt und Hamburg, geplant nach dem Muster des aufgeklärt jüdischen Elternhauses, ist er gescheitert, ebenso wie sein Vater. Dessen Tuchwarenhandel ist 1819 liquidiert, der Düsseldorfer Haushalt der Eltern im Jahr darauf aufgelöst worden. Auch mit der ersten Liebe zu Amalie hat der junge Mann kein Glück. Er wird abgewiesen und aus ihrem Gesichtskreis verbannt. Diese kaum vernarbte Wunde bricht in der Berliner Zeit noch einmal auf, als Amalie im August

In einem Berliner Salon, 1822. Dritter von links: Heinrich Heine.

1821 heiratet und dadurch für ihren glücklosen Verehrer gänzlich unerreichbar wird.

Das Jurastudium, finanziert von Onkel Salomon, ist für Heine die zweite berufliche Chance. Er hat es in Bonn begonnen und in Göttingen fortgesetzt, wird von der dortigen Universität jedoch wegen einer Auseinandersetzung für ein Semester relegiert und zugleich auch aus der Burschenschaft ausgeschlossen, wegen des Vorwurfs der »Unkeuschheit«; in Wahrheit liefern mögliche Bordellbesuche Heines nur dem Antisemitismus seiner Kommilitonen einen Vorwand. Heine geht nach Berlin. Hier lebt und studiert er ab März 1821, wobei seine Interessen über die eines Jurastudenten weit hinausreichen. Im Mai 1823 verlässt er die Stadt wieder, um – nach der Übersiedlung zu den Eltern nach Lüneburg und einem Sommer in Norddeutschland – sein Studium in Göttingen mit der Promotion zum Dr. iur. abzuschließen. Im Frühjahr 1829 kehrt Heine noch einmal für mehrere Wochen nach Berlin zurück.

Welche Vorstellungen von Frauen bringt der junge Mann mit? Welche Erfahrungen mit Frauen hat er bisher gemacht?

Da ist zum einen seine individuelle Vorgeschichte. Die Erziehung durch eine aufgeklärte, rational und energisch handelnde Mutter, die sein Leben gelenkt hat, soweit dies im Rahmen ihrer Möglichkeiten lag. Da ist die familiäre Bindung an sie und auch an die jüngere Schwester Charlotte, die Vertraute seiner Kindheit und Jugend. Ihr ist Heine in einem intensiven Briefwechsel verbunden, der wortreich zeigt, wie sehr Harry an Charlotte hängt; so sehr, dass er auf ihre Verheiratung 1823 höchst eifersüchtig reagiert. Dann ist da die unglückliche Liebe zur reichen Hamburger Cousine und – damit verbunden – die permanente Sehnsucht nach einer imaginären Geliebten. Nicht übersehen sollte man die Kehrseite dieser frustrierten Liebe, die praktischen sexuellen Erfahrungen im Hamburger Prostituierten- und Göttinger Studentenmilieu, die Heine während dieser Zeit macht. Hier zieht er sich jene syphilitische Infektion zu, an deren Folgen er rund dreißig Jahre später sterben wird.

Zum anderen ist da – von diesen persönlichen Erfahrungen recht abgehoben – der ideologische Überbau, basierend auf den Freiheits- und Gleichheitsforderungen der Französischen Revolution, Ideen, die Heine mit den anderen fortschrittlich denkenden Autoren seiner Generation, den Jungdeutschen, teilt. Mit lebendiger Anschauung füllen sich diese Ideen auf Heines ersten größeren Reisen, in Polen, später an der Nordsee, in England sowie bei seiner Arbeit für den »Verein für Kultur und Wissenschaft der Juden« in Berlin.

In den gesellschaftspolitischen Zusammenhängen, die er z. B. in seinen Berichten über die polnischen und Berliner Schauspielerinnen beschreibt, erscheinen Frauen nicht nur als Objekt der Sehnsucht und Begierde. Sie werden auch in den spezifischen Bedingungen ihrer sozialen Existenz wahrgenommen. Heine setzt den zeittypischen Geschlechternormen, nach denen der Mann als rational, verständig und vernünftig, die Frau dagegen als emotional, unberechenbar triebhaft und deshalb als unmündig gilt, eine neue Variante entgegen. Zwar sind Frauen auch nach Heines damaliger Vorstellung emotional und unberechenbar. Aber dies erscheint ihm, gerade im Vergleich mit der Normvorstellung von männlicher

Rationalität und moralischer Selbstunterdrückung als eine durchaus positive Möglichkeit, als Ausdruck von Freiheit. Schon hier distanziert sich Heine ironisch von den tradierten Geschlechterrollen.

In den Berliner Salons begegnet er nun Frauen, die sich über diese Normen hinwegsetzen und im gesellschaftlichen Freiraum ihrer Salons neue Beziehungsformen leben. Sie bieten dem jungen Schriftsteller ein Forum, auf dem er sich mit seinen literarischen, seinen Kommunikations- und Konversations-Talenten in Szene setzen und die Wirkung seiner Texte ausprobieren kann. Friedrich Wilhelm Gubitz, der Herausgeber der Berliner Zeitschrift »Der Gesellschafter«, die einige Heine-Gedichte veröffentlicht hat, beschreibt, wie sich das aufstrebende Jungtalent dabei inszeniert:

In dem Dichter denke man sich eine von schlottriger Kleidung umhüllte, krankhaft schlanke Gestalt mit blassem abgemagerten Antlitz, dem Spuren zu frühzeitiger Genüsse nicht mangelten, und man wird es natürlich finden, daß jene Verse und der Eindruck des Persönlichen dem mir Fremden etwas Unheimliches anwehten. Unverkennbar ward mir aber, nachdem ich weiter las, sein Dichtervermögen, und als Heine wiederkam, erklärte ich mich bedingungsweise zur Aufnahme des Beitrags bereit.

Seine ersten literarischen Auftritte hat der junge Heine im Salon der Dichterin und Übersetzerin Elise von Hohenhausen, Unter den Linden 59. Bei ihren »Dienstagskränzchen« liest er Gedichte aus dem »Lyrischen Intermezzo« und Passagen aus seinen frühen Dramen »Almansor« und »Ratcliff«, mit positiver Resonanz. Elise von Hohenhausen und ihr Mann, ein preußischer Regierungsrat und Begründer des »Sonntagsblattes«, leben seit 1820 in Berlin. Elise, die Heine bereits aus Hamburg kennt, ist nur wenig älter als er. Sie hat seinen ersten Gedichtband rezensiert und sich vor allem mit ihrem Byron-Übersetzungen einen Namen gemacht.

»Zu Berlin«, schreibt dazu Wilhelm von Chézy in seinen Memoiren, »bewegte sich Elise in einem Kreise, welcher die Bewunderung für die schöne Frau bereitwillig genug auf die Erzeugnisse ihrer Muse übertrug, was auch dann geschehen sein würde, wenn diese minderen Werth besessen hätten, als sie wirklich besaßen.«

Der Byronkult wird zum Zentrum des Hohenhausenschen Salons und zum Anknüpfungspunkt für den jungen Heine. Denn die Salonière stellt ihn ihren Gästen als deutschen Byron vor. Was ihr das höchstmögliche Lob bedeutet, Heine jedoch nicht daran hindert, diesen Byronkult ironisch zu kommentieren: »Mit Byron«, schreibt er, »treibt sie noch immer geistig Unzucht.«

Heines weitere literarische Entwicklung hat die Salonière denn auch eher aus kritischer Distanz verfolgt, vor allem, nachdem sie sich mehr und mehr Religion und Kirche zugewandt hatte. Als Sechzigjährige hat sie Heine 1852 in Paris besucht und dabei ausgiebig der gemeinsamen Berliner Zeit und der literarischen Anfänge des inzwischen so berühmten Dichters gedacht.

Bei Elise von Hohenhausen lernt Heine auch die damals bekannte und vielbeschäftigte Autorin Helmina von Chézy kennen, deren literarischen Marktwert er anfangs ebenso hoch einschätzt wie den von Karoline de la Motte Fouqué. Beide sind jedoch als Zeitgeist-Erscheinungen der Berliner Romantik bald vergessen; Helmina von Chézy ist allenfalls noch einem kleinen Kreis von Musikfreunden durch ihre Texte für Carl Maria von Weber (»Euryanthe«) und Franz Schubert (Musik zu ihrem Schauspiel »Rosamunde«) bekannt.

Das musikalische Geschwisterpaar

Fanny und Felix Mendelssohn

Bei seinem zweiten Berlin-Aufenthalt im Frühjahr 1829 macht Heine auch die Bekanntschaft von Fanny Mendelssohn (1805–1847), der Schwester des damals eben zwanzigjährigen musikalischen Genies Felix Mendelssohn Bartholdy. Fanny versucht sich ebenfalls als Komponistin, aber – geschlechtsbedingt – mit weit geringerem Erfolg. Sie liebt die Gedichte des jungen Heine und hat bereits einige davon vertont. Der Person des Verfassers jedoch steht sie sehr kritisch und ambivalent gegenüber. Das zeigt ihr Brief an den Freund Karl Klingemann vom März 1829:

Heine ist hier und gefällt mir garnicht; er ziert sich. Wenn er sich gehn ließe, müßte er der liebenswürdigste ungezogene Mensch sein, der je über die Schnur hieb; wenn er sich im Ernst zusammennähme,

*würde ihm der Ernst wohl auch anstehen, denn er hat ihn, aber er
ziert sich sentimental, er ziert sich geziert, spricht ewig von sich und
sieht dabei die Menschen an, ob sie ihn ansehn. Sind Ihnen aber
Heines Reisebilder aus Italien vorgekommen? Darin sind wieder
prächtige Sachen. Wenn man ihn auch zehnmal verachten möchte,
so zwingt er einen doch zum elften Mal zu bekennen, er sei ein Dichter, ein Dichter! Wie klingen ihm die Worte, wie spricht ihn die Natur
an, wie sie es nur den Dichter thut.*

Trotz solcher emotionaler Differenzen bleiben die Mendelssohns
mit Heine im Kontakt. Im April 1829 ist er – so notiert Fanny – in
ihrem Elternhaus zum Mittagessen eingeladen. Nach dem Essen
singen die Geschwister für den Gast; ob auch aus Fannys oder Felix
Mendelssohns eigenen Liedern, ist nicht bekannt. Der Vater, Abra-
ham Mendelssohn, ist zwar in aufklärerischer Tradition erzogen, in
Familien- und Geschlechterfragen jedoch ein eher konservativ den-
kender Bankier, der seine musikalisch so begabte Tochter Fanny
gezielt daran hindert, ihre Talente zu entfalten und öffentlich zu
machen. Denn sie gelten als unweiblich:

*Was Du mir über Dein musikalisches Treiben im Verhältniss zu Felix
in einem Deiner früheren Briefe geschrieben, ist eben so wohl gedacht
als ausgedrückt. Die Musik wird für ihn vielleicht Beruf, während sie
für Dich stets nur Zierde, niemals Grundbass Deines Seins und
Thuns werden kann und soll; ihm ist daher Ehrgeiz, Begierde, sich
geltend zu machen in einer Angelegenheit, die ihm sehr wichtig vorkommt, weil er sich dazu berufen fühlt, eher nachzusehen, während
es Dich nicht weniger ehrt, daß Du Dich in diesen Fällen gutmüthig
und vernünftig bezeugst und durch Deine Freude am Beifall, den er
sich erworben, bewiesen hast, dass Du ihn Dir an seiner Stelle auch
würdest verdienen können. Beharre in dieser Gesinnung und diesem
Betragen, sie sind weiblich, und nur das Weibliche ziert die Frauen.*

Diese ablehnende Haltung übernimmt später, als er selbst schon
berühmt ist, auch Fannys Bruder Felix. Was ihn nicht daran hindert,
ihre Kompositionen als seine eigenen auszugeben und zu publizieren.
Eine der wenigen musikalischen Gattungen, in denen sich eine
Frau damaligen Vorstellungen von Weiblichkeit entsprechend über-

Fanny Hensel. Zeichnung von Wilhelm Hensel, 1829.

haupt kompositorisch ausdrücken darf, ist das Lied. Es gilt, seiner
einfachen und scheinbar wenig strukturierten Machart wegen,
weniger als Kunstprodukt denn als Ergebnis unmittelbarer Empfindung und ist damit freigegeben für weibliche Herzensergießungen.
Also nutzt Fanny diese Gattung, erweitert um eine neue Komposi-
tionsform, das »Lied ohne Worte«, als Experimentierfeld und
erschreibt sich damit schließlich die – wenn auch widerwillige –
Anerkennung des Bruders. In der Öffentlichkeit aber bleibt sie zeitlebens anonym.

Mit Heines Gedichten ist Fanny Mendelssohn, als sie den Verfasser kennen lernt, schon seit längerem vertraut. Vor allem das 1827
erschienene »Buch der Lieder« reizt sie für ihre Liedkompositionen.
Sie vertont Gedichte daraus als Sololieder, Duette, Terzette, ein
Quartett sowie Chor-Lieder, wobei Fanny die scheinbar einfachen,
volksliedhaften Texte bevorzugt und die düsteren, verzweifelten
meidet. Bei den als Unernst interpretierten ironischen Brechungen
endet Fanny Mendelssohns Verständnis für Heines lyrisches Werk.
Zwischen 1828 und 1835 hat sie nur drei weitere seiner Gedichte,

diesmal aus den »Reisebildern«, vertont. Später, als Fanny, die sich inzwischen mit dem Maler Wilhelm Hensel verheiratet hat, Heine im Sommer 1835 im Seebad Boulogne zufällig wiederbegegnet, nimmt sie die Vertonung seiner Gedichte spontan wieder auf.

Ob und wie Heine, dessen Musikverständnis bekanntermaßen begrenzt war, auf diese Vertonungen reagiert hat, wissen wir nicht. Bei einem anderen Musikprojekt der Mendelssohn-Familie, einem, das Musikgeschichte gemacht hat wie kaum ein zweites, allerdings gerät er unter Banausenverdacht. Als Felix Mendelssohn Bartholdy im März 1829 Bachs Matthäus-Passion nach fast einem Jahrhundert des Vergessens erstmals vor großem Publikum wiederaufführt, äußert sich Heine gegenüber Rahel Varnhagen zu diesem epochalen Ereignis höchst abfällig und verständnislos. Sein Kommentar dürfte den Mendelssohns bei der Kommunikationsfreudigkeit der Berliner Salon-Gesellschaft nicht unbekannt geblieben sein und sie darin bestärkt haben, dass kritische Distanz gegenüber diesem Provokateur nach wie vor angebracht sei.

Zu bedenken bleibt dabei, dass die Heinezeit eine tonlose Zeit ist, in der musikalische Eindrücke nur im Moment der Originalaufführung zu haben und entsprechend rar und flüchtig sind. Von den Vertonungen seiner Gedichte durch die großen Komponisten der Zeit, Franz Schubert und Robert Schumann, die Heines Lyrik so bekannt und berühmt machten, hat der Dichter die wenigsten je gehört.

Hanseatisches Biedermeier

Die Bekanntschaft mit Rosa Maria Assing

Berliner Bekannte aus dem Kreis um die Varnhagens trifft Heine in Hamburg wieder. Es ist die Stadt, zu der er – nach dem Verlust seines Kindheitsorts Düsseldorf – die engsten familiären Bindungen hat. Insgesamt dreizehn Mal hat Heine Hamburg besucht, bevor er Deutschland für immer verließ. Von Hamburg aus geht er auch ins Pariser Exil.

Heimisch aber ist Heine in Hamburg nie geworden. Immer wieder hat er sich – in seinen Briefen und seinem literarischen Werk – kritisch-ironisch über die dortige Krämerwelt geäußert, über ihre Borniertheit und allzu biedermeierliche Selbstbeschränkung, über ihren rein materialistischen, den Künsten wenig aufgeschlossenen Geist. Begründet ist diese distanzierte Haltung wohl vor allem in der schwierigen verwandtschaftlichen Beziehung des jungen Heine zu seinem Onkel Salomon. Immerhin hat Harry die von ihm vermittelte Hamburger Kaufmannslehre abgebrochen und sich zudem noch in seine Tochter Amalie verliebt. Außerdem ist der Sohn des erfolglosen Bruders auf die finanzielle Unterstützung des Familienpatriarchen angewiesen und wird davon lebenslang abhängig bleiben. Auch Heines Suche nach einer beruflichen wie privaten Zukunft ist also zwangsläufig mit Hamburg verbunden. Die Frage nach seiner Zukunft bedrängt ihn, als er im Juli 1823, nach den beiden Berliner Studienjahren, hierher kommt, und sie ist immer noch ungelöst, als er sich nach Abschluß des Studiums vom Herbst 1825 bis zum Juli 1826 erneut hier aufhält.

Ein Brief Varnhagens an seine Frau vom Juli 1823 deutet die labile Verfassung an, in der sich der junge Heine in seiner Hamburger Zeit befindet:

Den Sonntag hatte meine Schwester Gesellschaft geladen, liebe gute Leute, zum Theil mir schon bekannt; unser kleiner Heine mit darunter, den ich gern wieder sah, aber öfters etwas scharf werden mußte, damit er sich nicht bis zu schwindelnder Höhe verkletterte und dann allzugefährlich niederfalle. Das Nähere von ihm mündlich; er reist heute mit dem Packetboot nach Cuxhaven in's Seebad, wo er zwei Monate bleiben will, dann nach Berlin zurückkehren, dort eine diplomatische Anstellung haben, in Hamburg leben, seine venetianische Tragödie dichten, ein Buch über Goethe schreiben u.s.w. Jugend!

Die im Brief erwähnte Schwester, in deren Haus Varnhagen seinen Bekannten Heine wiedersieht, ist Rosa Maria Assing (1783–1840). Sie wird Heine zum Lichtblick seiner Hamburger Aufenthalte. Ein Brief Rahels hat Heine 1823 bei Assings in der Poolstraße Nr. 368 eingeführt.

Rosa Maria, die ihren Vornamen auch zum literarischen Pseudonym erhoben hat, stammt wie Heine aus Düsseldorf. Nach Hamburg kam sie mit ihrer Familie, arbeitete hier als Erzieherin in einem jüdischen Haus und heiratete 1815 den Arzt David Assing. Ihr Haus, ein Musterbeispiel kultivierten assimilierten jüdischen

Bürgertums, ist der Mittelpunkt eines literarischen Freundeskreises, den sich Rosa Maria mit Hilfe der Beziehungen ihres Bruders Karl August Varnhagen aufgebaut hat. Die erfolgreiche Vielschreiberin und literarische Vermittlerin Amalie Schoppe gehört ebenso dazu wie der deutsch-französische Romantiker Adelbert von Chamisso, wie Justinus Kerner und später die von Hoffmann & Campe verlegten Jungdeutschen. Auch zur Familie von Heines Verleger Julius Campe, den er 1826 in Hamburg kennenlernt, bestehen gesellschaftliche Beziehungen.

Rosa Maria selbst, deren »heitre Ruhe, Klarheit und Festigkeit« der weltläufige Chamisso hervorgehoben hat, spielt im Beziehungsgeflecht der Spätromantik und des Jungen Deutschland eine nicht unbedeutende Rolle. Der gesellige Verkehr dieser Künstlerkreise erweitert und bereichert auch ihr Leben. Die Assing korrespondiert nicht nur mit Rahel Varnhagen, sondern auch mit Bettine von Arnim und den Mitgliedern des schwäbischen Dichterkreises und schreibt selbst anspruchslos-empfindsame Gedichte und Erzählungen. Ihre Lyrik soll Heines »Buch der Lieder« nachempfunden sein. Doch das eigene Schreiben bleibt ein Nebenprodukt. Literatur wird hier weniger geschrieben als gelebt; in Briefwechseln und Tagebüchern, bei Leseabenden und im Gespräch im Freundeskreis. Durch die Bekanntschaften, die Heine trotz der ihm eigenen ironisch-distanzierten Art hier macht, gewinnt er Hamburg allmählich auch positivere Seiten ab.

Seine Besuche in ihrem Hamburger Salon seien zwar, schreibt Rosa Maria später, »meist kurz und flüchtig, wenn er nicht etwa auf einen Abend gebeten ist«. Trotzdem nimmt sie den jungen Autor immer wieder in Schutz vor literarischer, vor allem aber vor persönlicher Kritik. Sei es die aus dem Varnhagenkreis oder die ihres eigenen Mannes. Der nämlich meidet den Umgang mit Heine, weil er dessen Auftreten für »eitel und egoistisch« hält. Eine Meinung, mit der er, wie schon die Reaktionen in den Berliner Salons zeigten, nicht allein ist.

Auf einer der Reisen, die Rosa Maria Assing später mit ihren beiden literarisch begabten Töchtern unternimmt, trifft sie Heine 1835 in Paris wieder.

Unser Wiedersehen war äußerst herzlich, er schien sehr bewegt, ich glaube, ihm standen die Tränen in den Augen, und mir [war] seine ganze Erscheinung in der tiefsten Seele erfreuend. Er blieb lange bei uns, wir haben viel gesprochen, er sprach durchaus ernst, tief, verständig, geistreich, sinnig; ich wollte diejenigen, die ihm immer Frivolität vorwerfen, hätten ihn gehört und gesehen.

Es ist ein freudiges Wiedersehen, jedenfalls in der Wahrnehmung Rosa Marias. Sie bleibt Heine zeitlebens freundschaftlich gesinnt. Obwohl ihr seine Schwächen, seine Kühle und unverbindliche Distanz nicht verborgen blieben.

»Sie war sehr gut gegen mich«
Rahel Varnhagen und ihr »ungezogener Liebling«

Wir sprachen von dem scharf ausgeprägten Judenthum in Börne, das er mit Rahel gemein gehabt. Ich machte die Bemerkung, daß ich in späteren Jahren von der unbedingten Bewunderung für Rahel zurückgekommen sei; daß das Springende in ihren Einfällen und in ihrer Ausdrucksweise etwas Unheimliches, Unschönes und Unruhiges für mich bekommen; und ich fragte ihn, wie Rahel eigentlich ausgesehen habe, ob sie hübsch gewesen sei. Ein ganz jugendliches Bild von ihr, das sich im Besitz von Fräulein Solmar, einer Verwandten Rahels, befände, und der Kupferstich vor dem Buche »Rahel« hätten untereinander und mit dem Relief von Tieck für mein Auge gar keine Aehnlichkeit, so daß ich mir keine Vorstellung von ihr machen könne.

Heine entgegnete: »Ich kann mir nicht denken, daß ihr Aeußeres jemals auch nur irgendwie angenehm gewesen ist. Sie war klein, dick, eigentlich fast häßlich. Als ich sie kennen lernte, war sie schon alt und krank und das Gesicht durch Krankheit und Leidenschaft verzerrt. Sie war aber sehr geistreich, hatte im Gespräch die glänzendsten Einfälle und sie war sehr gut gegen mich.«

So erinnert sich Fanny Lewald, eine der wenigen objektiven, nüchtern beobachtenden Zeitzeugen an ein Gespräch, das sie 1850 mit Heine über seine Beziehung zu Rahel Varnhagen führte. Und so skizzenhaft knapp die Erinnerung auch sein mag, sie enthält – jenseits des von Rahels Mann Karl August Varnhagen von Ense geschaffenen Idealbildes – alles, was wesentlich ist für die Beziehung zwischen Heine, seiner Berliner Gönnerin und der Berliner Salonkultur der Restaurationszeit.

Da ist der große Altersunterschied von fünfundzwanzig Jahren, der Rahel vom jungen Heine trennt und sie zur mütterlichen Freundin und wohl auch zum Vorbild und zur Identifikationsfigur macht. Da sind die Eigenschaften, die sie in Berlin als Salonière glänzen ließen; der wache Intellekt, die Spontaneität, Kreativität und lustvolle Hingabe ans Gespräch. Da sind die diskrepanten Eindrücke von Rahels Erscheinungsbild, Anspruch und Gesprächskultur. Da ist das, was sie als den großen, unauslöschlichen Makel ihres Lebens ansah, einen Makel, den sie mit Heine teilte: ihr Judentum. Und da ist schließlich das Herzstück der Beziehung: Rahels Funktion als Heines Patronin während der zwölf Jahre, die sie einander kannten, von der ersten Begegnung in Berlin im Mai 1821 bis zu Rahels Tod 1833: »Sie war«, sagt Heine, »sehr gut gegen mich.«

In Rahel Varnhagen begegnet Heine einer Frau, die das Korsett der geltenden gesellschaftlichen Konventionen sprengt. Sie lebt die Idee der Emanzipation – sei es in der Gleichheit der Geschlechter, sei es in der Religion – in ihrer eigenen Existenz vor, einschließlich der damit verbundenen Anfeindungen. Und er begegnet in Rahel Varnhagen zugleich einer Frau, deren Nähe und Umgang ihm Ersatz bietet für die familiären Defizite, denen er sich ausgesetzt fühlt. Rahel Varnhagen steht Heine unter allen Bekannten der Berliner Zeit und weit darüber hinaus am nächsten.

Die 1771 in Berlin geborene Jüdin, Tochter eines reichen Juwelenhändlers, begründet um 1790 einen der ersten literarischen Salons in Deutschland, den berühmt gewordenen »Dachstuben«-Salon in ihrem Elternhaus in der Berliner Jägerstraße. Sie führt ihn – als erste unverheiratete Frau – bis der Einmarsch Napoleons in Berlin 1806 eine epochale Zäsur setzt, die auch das Ende der romantischen Salonkultur mit sich bringt.

In Rahels erstem Cercle soll es, auch, weil ihr nach dem Tod ihres Vaters die finanziellen Mittel zu gastgeberischem Aufwand fehlen, sehr schlicht zugegangen sein. Man pflegt die Konversation in betont einfachem, fast kleinbürgerlich anmutendem Ambiente. Eine alte Magd serviert Tee und kommentiert dabei auf ihre Art das gebildete Gespräch der Gäste. Damit steht Rahels Dachstube nicht nur im Gegensatz zu den prunkhaften Vorbildern der Pariser Adelshäuser, sondern auch zum Salon der Berliner Konkurrentin, dem großen offenen Haus der Henriette Hertz. Beide Gastgeberinnen sind bemüht, die Konkurrenz zwischen ihren Salons niedrig zu halten. Alles andere widerspräche jener Idee von Freiheit und Gleichheit, aus der die Salonkultur lebt. Und doch wuchern beide mit ihren sehr unterschiedlichen Talenten. Henriette Hertz mit Schönheit und Reichtum, die eher unansehnliche Rahel Levin dagegen mit Geist, Charakter und einem unkonventionellen Auftreten.

Bei ihr verkehrt eine provokativ gemischte Gesellschaft christlicher wie jüdischer Herkunft. Hier mischt sich die ortsansässige Intelligenz mit Hochadel und Diplomatie. Die Brüder Humboldt und die Brüder Schlegel, die Philosophen Schleiermacher und Fichte, die Schriftsteller Clemens Brentano, Jean Paul und Ludwig Tieck begegnen Anhängern der alten Ordnung wie dem Fürsten de Ligne und Friedrich Gentz; Gesellschaftsdamen wie Elise von Hohenhausen treffen auf die Töchter aus dem jüdischen Haus Mendelssohn und auf Rahels Freundin Pauline Wiesel, die ihren hochgeborenen Geliebten, Louis Ferdinand von Preußen, in Rahels Dachstube einführt. Allerdings hat sich der Prinz in den Augen des Hofes durch diese Verbindung zu jüdischen und bürgerlichen Kreisen kompromittiert. Der von Beethoven als Musiker geschätzte Louis Ferdinand gibt – worauf Rahel besonders stolz ist – auf ihrem Klavier seine Kompositionen im frühromantischen Stil zum Besten. Diese außergewöhnliche gesellschaftliche Mischung, die Standes- und Religionsgrenzen bewusst überschreitet, soll – so Rahels Wunsch und Intention – neue Kräfte freisetzen, künstlerische Kreativität ebenso wie die Kritik der gesellschaftlichen Zustände. So entsteht in der Dachstube der Rahel Levin eine europaweit gerühmte »Republik des freien Geistes«.

In ihrem Privatleben aber gelingt es Rahel nicht, das Ideal der Gemeinschaft »schöner Seelen« zu verwirklichen, so sehr sie auch danach strebt. Zweimal scheitert sie mit ihrer Vorstellung von der großen, auch Standes- und Religionsunterschiede überwindenden Liebe, einer Liebe, mit deren Hilfe sie das abzulegen hofft, was sie als doppelte Unterprivilegierung begreift, ihre gesellschaftliche Situation als unverheiratete Frau und als Jüdin. Zweimal geht über diesen idealistischen Ansprüchen eine Verlobung zu Bruch; die mit

Karl Graf von Finkenstein und die mit dem spanischen Legationssekretär Rafael de Urquijo.

Der Einzug Napoleons in Berlin 1806 macht der romantischen Berliner Salonkultur ein schnelles Ende. Jüdische Salons sind nun – im Zeichen eines neu erwachten Nationalgeistes – nicht mehr gefragt. Rahel, deren Leben ihr Salon war, wird einsam: »Bei meinem Teetische sitze nur ich mit Wörterbüchern. Nie war ich so alleine«, schreibt sie 1808 an ihren Freund Brinckmann. An die Stelle der Konversationsgemeinschaft tritt bestenfalls der Briefkontakt.

Im Briefwechsel lernt Rahel auch den Tübinger Studenten Karl August Varnhagen von Ense kennen, der vierzehn Jahre jünger ist als sie. Und mit ihm verwirklicht sich schließlich zumindest Rahels Wunsch, in den deutschen Adel einzuheiraten. Wenn auch in einer höchst ungewöhnlichen, auf ihrer Seite jedenfalls mehr von Achtung und Vertrauen denn von großer Leidenschaft getragenen Partnerschaft.

Unmittelbar vor ihrer Heirat mit Varnhagen, 1814, läßt Rahel sich protestantisch taufen – aus sozialen, keineswegs aus religiösen Gründen. Mit der jüdischen Religion legt sie auch den jüdischen Namen ab und damit einen Teil ihrer Identität. Aus Rahel wird mit der Taufe Antonie Friederike Robert und mit der Eheschließung Antonie Friederike Varnhagen von Ense, ohne dass sich die Doppelproblematik von Rahels Existenz durch solche Anpassungs- und Integrationsversuche letztlich lösen ließe.

Dennoch: die späte Heirat mit dem preußischen Diplomaten und Schriftsteller sichert Rahel – in politisch und wirtschaftlich unruhigen Zeiten – endlich einen angemessenen Platz in der gesellschaftlichen Elite Preußens und die Möglichkeit, ihre Individualität weiter zu entfalten.

Denn Rahel ist – in ihrer Mischung aus Intelligenz, Bildung, emotionaler Kompetenz und Spontaneität – eine in ihrer Zeit außergewöhnliche Persönlichkeit, und sie erlebt sich auch selbst als solche. Und Varnhagen trägt als getreuer Chronist ihres Lebens dazu bei, dass die Vorstellung von Rahels Einzigartigkeit auch für die Nachwelt erhalten bleibt.

Nach ausgedehnten Ortswechseln als Diplomatengattin, die sie ins Wien der Kongreßzeit, nach Frankfurt und Karlsruhe führen, gründet sie schließlich 1819 als Frau von Varnhagen ihren zweiten

Salon, wiederum in Berlin, in ihrer Wohnung in der Französischen Straße, später in der Mauerstraße. Und wiederum zeigt sich, dass Rahel in der Rolle der Salonière eine Idealbesetzung ist.

Zunächst versucht sie, an den Erfolg ihres ersten Salon anzuknüpfen, den alten Kreis und mit ihm die alten Werte zu aktivieren. Doch die Zeiten haben sich radikal verändert. Von den Freunden aus den Jahren des »Dachstuben«-Salons ist, wie sie feststellen muß, keiner geblieben:

Der Tod hat unter unseren Freunden [...] gewütet, vom Krieg unterstützt. Die ganze Konstellation von Schönheit, Grazie, Koketterie; Neigung, Liebschaft, Witz, Eleganz, Kordialität, Drang, die Ideen zu verwirklichen, redlichem Ernst, unbefangenem Aufsuchen und Zusammentreffen, launigem Scherz, ist zerstiebt. Es sind noch viele gescheite Leute hier [...] Aber meine sind weg!

Rahel versucht, zumindest den alten Geist wieder zu beleben. Sie stellt in ihrem neuen Salon die Büsten zweier *Habitués* ihres alten »Dachstuben«-Salons auf, die des mittlerweile hochberühmten Religionsphilosophen Schleiermacher und die des Prinzen Louis Ferdinand, der durch seinen Tod in einer Schlacht des napoleonischen Krieges postum zum preußischen Nationalhelden avanciert ist. Und Kontinuität signalisiert auch der damals schon fast altmodisch anmutende Goethekult, den sie ebenfalls aus dem ersten Salon übernimmt. Varnhagen trägt durch seine Verbindungen wesentlich dazu bei, dass der neue Salon nicht im Andenken an den alten erstarrt, sondern sich zum aktuellen, der neuen Zeit angemessenen Gesprächsforum entwickeln kann.

Bald gehören die Philosophen Hegel und Schelling, der Historiker Leopold von Ranke sowie die jungdeutschen Literaten Gutzkow und Börne zu den Gästen. Ebenso die exzentrische Goetheverehrerin Bettine von Arnim, Rosa Maria Assing, die Schwester Varnhagens, der Schriftsteller Ludwig Robert, ein Bruder von Rahel und seine Frau Friederike.

Friederike Robert (1795–1832) gilt in den aufgeklärt-freidenkerischen Intellektuellenkreisen um die Varnhagens als eine Person öffentlicher Verehrung. Zum einen wegen ihrer außergewöhnlichen

Schönheit, zum anderen wohl auch wegen ihrer pikanten Vergangenheit. Denn Friederike Robert hat damals ein bewegtes Leben hinter sich.

Die badische Lehrerstochter, neuntes von achtzehn Kindern, war von den Eltern als Siebzehnjährige an einen italienischen Schmuckhändler verheiratet worden. Er zwang sie jahrelang zur Prostitution. Mehrere Fluchtversuche blieben erfolglos. Auch ihren zweiten Mann Ludwig Robert lernte Friederike als Freier kennen. Fünf Jahre lang versuchte er vergeblich, sie von ihrem ersten Mann freizukaufen, bis die Scheidung gelang und beide heiraten konnten.

Mit ihrer Schönheit und ihrem offenen, wohl recht unkonventionellen Wesen öffnet Friederike sich und ihrem Mann in den Berliner Romantikerkreisen überall die Türen.

Heine lernt die schöne Friederike bei Varnhagens kennen, korrespondiert mit ihr und widmet ihr 1824 einige Gedichte. Seine Briefe zeigen, dass er sich von der gefeierten Schönheit, die sich auch selbst als Schriftstellerin versucht, trotz seiner Schwärmerei für sie zu distanzieren trachtet. Seine Komplimente bleiben formelhaft. Er nennt Friederike zwar »die schönste aller Frauen«, aber auch seine »getreue kleine Freundin« und bezeichnet sich und sie als »die zwey besten Schriftstellerinnen Deutschlands« – Formulierungen, die zeigen, wie wenig ernst Heine Friederike nimmt. Und mit dieser Abwertung wertet er zugleich auch sein erotisches Interesse an der begehrten Frau ab.

Der neue Geist von Rahels zweitem Salon zeigt sich auch in der Aktualität seiner Gesprächsthemen. Man setzt sich mit den neuesten philosophischen, literarischen und gesellschaftlichen Strömungen auseinander, und spart dabei – mit Zensur, Restauration und den Ideen des Saint-Simonismus – auch die brisanten politischen Themen nicht aus.

Einen Eindruck von dieser Salon-Geselligkeit gibt ein Brief von März 1829, in dem Rahel ihrem Mann von einem Abend berichtet, an dem unter anderen auch Heine und der berühmte Verleger Johann Friedrich Cotta teilnehmen:

Nun von gestern Abend. Arnim's, Cotta's, Ludwig's, Moritz'ens, Willisen, Heine. Sich Alle sehr, sehr amüsirt. Alle öfters dafür gedankt. Bet-

tine [v. Armin] dreimal mit Phrasen wie Reden. Diese sehr viel mit Willisen. Frau von Cotta vortrefflich zu allem und in allem; Achim [v. Arnim] viel mit Cotta und Ludwig [Robert] und Heine. Bettine dann expreß zu Moritz [Robert] und Ernestine, welche drei sehr eingenommen von einander sind, saßen bei Tisch zusammen. Baron Cotta so liebenswürdig, redselig, erzählend und herzlich lachend, daß Mann, und Frau, als er weg war, jeder sein Lob ver- und bewundernd aussprach. Mich schmeichelte sein Lachen, und Aller Behagen. Jedes war zufrieden; und dankte dafür: ja! Moritz dankte!; aber nicht nur aus Ceremonie; ganz satisfaisirt, aus Ernst. Willisen übertraf sich mit Sprechen, Heiterkeit und Biegsamkeit. [...] Rike [Robert] führte sich sehr gut auf; und war schön. [...] Wir saßen: ich, Cotta rechts, Bettine, Moritz, Rike, Heine, Ludwig, Ernestine, Willisen, Frau von Cotta, Arnim mir links. Bettine rief mich vor Tisch, und bat mich, Achim bei Frau von Cotta zu setzen. Ich ordnete alle Sitze.

Rahels eigenwilligen Briefstil, der ohne Rücksicht auf sprachliche und grammatikalische Konventionen rein intuitiv dahinfließt, hat Heine später liebevoll-ironisch charakterisiert:

Wenn ich nun sage daß ein Brief von Frau v. Varnhagen manchmahl Aehnlichkeit mit der Milchstraße am Himmel hat, so liegt dabey auch eine heimliche Anspielung auf die Klagen der Astronomen, die ob des allzuleuchtenden Gewimmels in besagter Milchstraße nicht deutlich genug die einzelnen Sterne heraussehen und betrachten können.

Die Wirkung, die Rahel als Salonière zu entfalten im Stande ist, beschreibt der eher einzelgängerische, weiblichen Reizen gegenüber wenig anfällige österreichische Schriftsteller Franz Grillparzer anlässlich einer zufälligen Begegnung:

Als wir die Treppe hinuntergingen, kam uns die Frau entgegen und ich fügte mich in mein Schicksal. Nun fing aber die alternde, vielleicht nie hübsche, von Krankheit zusammengekrümmte, etwas einer Fee, um nicht zu sagen einer Hexe ähnliche Frau zu sprechen an, und ich war bezaubert. Meine Müdigkeit verflog, oder machte vielmehr einer Art Trunkenheit Platz [...], ich habe nie in meinem Leben interessanter und besser reden gehört.

Rahels gesellschaftliche Gewandtheit und Dialogfähigkeit, ihre literarische Bildung und Kritikfähigkeit, ihre Spontaneität und geselligen Neigungen, all das kommt dem Ideal der Salon-Geselligkeit entgegen und macht die Salonière auch im Berlin der Restaurationszeit zu einer literarischen Institution. Vor anderen zeichnet sie ihr Gespür für die Entdeckung junger Talente aus. Davon profitiert auch der junge Heine.

Im Mai 1821 ist er erstmals bei Rahel Varnhagen eingeladen. Auch er, so wenig weltläufig, so hypochondrisch und schwierig er sein mag, verbringt einen Gutteil seiner Zeit in den Berliner Salons. Hier lebt er sein gesellschaftliches Leben, hier macht er wichtige Bekanntschaften, parliert, diskutiert und pflegt seine Beziehungen.

Das hindert ihn allerdings nicht, sich über solche Salon-Geselligkeit, über die Sentimentalität, gesellschaftliche Beschränktheit und literarische Inkompetenz ihrer Mitglieder, insbesondere der weiblichen, in seinen Gedichten lustig zu machen – sofern ihr nicht eine Persönlichkeit vom Format einer Rahel Varnhagen vorsteht.

> *Sie saßen und tranken am Teetisch,*
> *Und sprachen von Liebe viel.*
> *Die Herren, die waren ästhetisch,*
> *Die Damen von zartem Gefühl.*
>
> *Die Liebe muß sein platonisch,*
> *Der dürre Hofrat sprach.*
> *Die Hofrätin lächelt ironisch,*
> *Und dennoch seufzet sie: Ach!*
>
> *Der Domherr öffnet den Mund weit:*
> *Die Liebe sei nicht zu roh,*
> *Sie schadet sonst der Gesundheit.*
> *Das Fräulein lispelt: Wie so?*
>
> *Die Gräfin spricht wehmütig:*
> *Die Liebe ist eine Passion!*
> *Und präsentieret gütig*
> *Die Tasse dem Herren Baron.*

Am Tische war noch ein Plätzchen;
Mein Liebchen, da hast du gefehlt.
Du hättest so hübsch, mein Schätzchen,
Von deiner Liebe erzählt.

Ein literarischer Glücksfall

Rahel Varnhagen und Heinrich Heine

Die Begegnung zwischen Heine und Rahel Varnhagen gilt als literarischer Glücksfall, der im richtigen Moment die richtigen Menschen zusammengebracht hat. Auf der einen Seite den jungen Heine, dem Rahel und ihr Salon zur geistigen Heimat und zugleich zur Eingangspforte in die internationale Welt der Literatur werden; der in Rahel eine Identifikationsfigur findet für seine gesellschaftliche Außenseiterposition und für seinen Wunsch, die Verhältnisse zumindest literarisch aufzumischen. Auf der anderen Seite die alternde Salonière, die als eine der ersten Heines außergewöhnliches literarisches Talent erkennt und in ihm zugleich einen Wahlverwandten und Nachfolger im Geiste sieht:

[...] da er so fein und absonderlich ist, verstand ich ihn oft, und er mich, wo Andre ihn nicht vernahmen, das gewann ihn mir; und er nahm mich als Patronin. Ich lobte ihn wie alle, gern; und ließ ihm nichts durch, sah ich's vor dem Druck; doch das geschah kaum; und ich tadelte dann scharf.

So beschreibt sie gegenüber Friedrich Gentz, der bei der Lektüre des »Buchs der Lieder« zum Heine-Verehrer geworden ist, im Nachhinein ihren Einfluß auf den jungen Poeten. In Berlin erst, unter der verständnisvoll-kritischen Anleitung Rahel Varnhagens, entwickeln sich Heines literarische Fähigkeiten. Hier macht er die ersten Schritte hin zu seiner Karriere als Berufsschriftsteller.

Vom Briefgespräch, das diesen kritisch-literarischen Austausch- und Wirkungsprozeß zumindest teilweise nachzeichnen könnte, ist nur wenig erhalten. Nur sechs der Briefe, die Heine von der schreibseligen Rahel empfing, haben überdauert; alle anderen sind bei einem Brand in der Wohnung von Heines Mutter im November

Rahel und Karl August Varnhagen von Ense.

1833 vernichtet worden. Im letzten dieser Briefe, vom 5. Juni 1832, schreibt ihm Rahel nach Paris:

Sie haben keinen passioniertern, keinen erwägernden Leser, keinen größern aplaudeur. [...]
Welch schöne noch ungesagte Sachen hätte ich Ihnen noch zu sagen. Aber adieu! Werden Sie gesund wo möglich! In jedem Falle bleiben Sie fleißig; es geht kein Wort verlohren; das glauben Sie nur. Dort müssen Sie schreiben, für hier. Bleiben Sie ganz sich selbst und der Sache gegenüber wenn Sie arbeiten! Jeder Silbe liest man das an. Glauben Sie's.

Solch kritisch-liebevolle Begleitung seines Schreibens, auch in seinen Schwächen und Gefährdungen, trägt wesentlich dazu bei, dass sich das junge Talent zur Reife entfalten kann. Heines Denken erfährt im Varnhagenschen Salon eine Horizonterweiterung, die dazu beiträgt, dass er sich zum bedeutenden politischen und religionsphilosophischen Essayisten seiner Zeit entwickelt. Positiv wirkt sich auch Rahels anhaltende Strenge in Fragen des literarischen Stils und Tons aus. Immer wieder fordert sie den nötigen Ernst ein anstelle jenes spezifisch frivol-ironischen Sprachspiels, das sich – nichts desto trotz – zum Kennzeichen Heineschen Schreibens entwickeln wird.

Auch zur sozialen Anpassung des ungezogenen Lieblings der Musen, der offenbar nicht immer in gesellschaftlich akzeptabler Verfassung auftritt, trägt Rahels Einfluß viel bei. Spürbar wird dies in einem Brief an ihren Mann, in dem sie von einem Besuch Heines im März 1829 berichtet:

Viertel auf 2. Heine war hier, als ob er gekommen wäre zu bestätigen, was ich schrieb. Er ist so zerstört von des Vaters Tod. Ein Anderer empfindet das nicht so: z. B. seine Geschwister. Er wollte gegen Goethe sprechen: ich mußte lächeln; es ging nicht. Er wollte Gans tadlen; es ging nicht. Er wollte Wit-Dörring loben; das machte ich ganz zu Schanden, und ihn mit. Er wollte Lindner's Schreiben tadlen: ich bewies ihm das Gegentheil.

Dabei rochen seine Stiefel nach Schuster, seine Kleider nach stockig. Also Fenster nach ihm aufsperren.

Im Mai 1823 beendet Heine seine Berliner Studienzeit. In einem Abschiedsbrief an Rahel fasst er zusammen, was er ihr verdankt. Und lässt dabei außergewöhnliche selbstreflexive Fähigkeiten erkennen:

Ich reise nun bald ab, und ich bitte Sie werfen Sie mein Bild nicht ganz und gar in die Polterkammer der Vergessenheit. Ich könnte wahrhaftig keine Repressalien anwenden; und wenn ich mir auch hundertmal des Tags vorsagte: »Du willst Frau v. Varnhagen vergessen!« es ginge doch nicht. Vergessen Sie mich nicht! Sie dürfen sich nicht mit einem schlechten Gedächtnisse entschuldigen, Ihr Geist hat einen Contrakt geschlossen mit der Zeit; und wenn ich vielleicht nach einigen Jahrhunderten das Vergnügen habe Sie als die schönste und herrlichste aller Blumen, im schönsten und herrlichsten aller Himmelsthäler, wiederzusehen, so haben Sie wieder die Güte mich arme Stechpalme (oder werde ich noch was schlimmeres seyn?) mit Ihrem freundlichen Glanze und lieblichen Hauche, wie einen alten Bekannten, zu begrüßen. Sie thuen es gewiß; haben Sie ja schon anno 1822 und 1823 Aehnliches gethan, als Sie mich kranken, bittern, mürrischen, poetischen und unausstehlichen Menschen mit einer Artigkeit und Güte behandelt, die ich gewiß in die-

sem Leben nicht verdient, und nur wohlwollenden Erinnerungen
einer frühern Connoissanz verdanken muß. Ich bin,

gnädige Frau!
mit Achtung und Ergebenheit
H. Heine

Zwei Monate später bekräftigt er noch einmal seinen Dank dafür, »wie Sie beide mir so viel Gutes und Liebes erzeigt, mich mürrischen, kranken Mann aufgeheitert, und gestärkt, und gehobelt, und durch Rath und That unterstützt, und mit Makkaroni und Geistesspeise erquickt« haben. »Rath und That« der Varnhagens bleiben Heine auch nach dem Abschied aus Berlin im Briefgespräch erhalten. Befolgt hat er Rahels Ratschläge trotzdem nicht immer, vor allem nicht die Mahnungen zu seiner Lebensführung. Darüber hat sich die Mentorin, so großzügig sie auch gewesen sein mag, gelegentlich verärgert gezeigt; auch seine Unzuverlässigkeit in der Korrespondenz, seine Launenhaftigkeit und seine verbalen Ausfälle erregten von Zeit zu Zeit ihren Unmut.

Mit den kulturell vorgegebenen Rollenmustern, etwa dem von der mütterlichen Muse und dem jungen Genie, lässt sich die Beziehung zwischen Heine und Rahel nur unzureichend beschreiben. Sie ist vielschichtiger, persönlicher und damit auch verletzbarer. Dies zeigt sich beispielhaft an den Spannungen, in die beide geraten, als Heine sich anschickt, der Gönnerin seinen Gedichtzyklus »Die Heimkehr« im ersten Band der »Reisebilder« und im »Buch der Lieder« zu widmen.

Die Widmung fällt in eine Zeit, in der das Briefgespräch zwischen beiden offenbar gestört ist.

»An Frau v. Varnhagen«, schreibt Heine dazu – ganz ungezogener Liebling – an Rahels Mann, »brauche ich aber gar nicht zu schreiben, sie weiß alles was ich ihr sagen könnte, sie weiß was ich fühle, sie weiß was ich denke und nicht denke – ich brauche mich bei ihr nicht wegen meines langen Schweigens zu entschuldigen.« Die Widmung soll nun dazu beitragen, den Kontakt wiederherzustellen. Heine hat mehrere Versionen formuliert, von der knappen Zueignung bis zu zwei verschiedenen Dedikationsbriefen – und alle verworfen:

Anfangs dacht ich ihr einen Dedikazionsbrief vor das Buch drucken zu lassen, doch dieser wurde zu warm und zu lang, ein zweiter Brief wurde zu kurz und zu kühl, und nach dreymaligem Umgedrucktwerden erscheint endlich das gegenwärtige Meisterstück dedizirender Beredsamkeit. Anbey auch die verunglückten und verworfenen Blätter.

Diese konventionellste aller möglichen Fassungen lautet:

Der Frau Geh. Legationsräthin
Friedrike Varnhagen v. Ense
widmet
die achtundachtzig Gedichte seiner »Heimkehr«
der Verfasser.

Die Widmungsfrage hat offenbar für Heine wie für Rahel große Bedeutung. Sie soll, auch wenn Heine eben dies dementiert, all die ungeschriebenen Briefe ersetzen, die er seiner Gönnerin letztlich doch schuldig zu sein glaubt. So jedenfalls äußert er selbst sich gegenüber Varnhagen: »Aber ich und Frau v. Varnhagen können nun ein für alle mahl keine kurzen Briefe schreiben – und daher wird meine liebe Freundin wohl wissen, warum ich gar nicht schreibe.« Zugleich soll die Widmung zeigen, daß, wie Heine es formuliert, »ich jemandem zugehöre. Ich lauf so wild in der Welt herum [...] und solange dergl[eichen] der Fall ist, soll immer auf meinem Halsbande stehen: j'apportiens à Madame Varnhagen.«

Rahels Mann, mit dem Heine nicht weniger vertraut ist und der sich um sein literarisches Fortkommen nicht weniger verdient gemacht hat, soll in dieser verfahrenen Situation vermitteln:

Und nun, nachdem ich es solange aufgeschoben, muß ich Ihnen plötzlich und ganz in der Hast schreiben. Doch ist dieses auch gar kein Brief, sondern bloß eine Bitte das beyfolgende Buch unserer lieben, guten, edlen Friedrike in meinem Namen zu überreichen und ihr recht viel Schönes dabei zu sagen [...] Eine andre, größere Noth war der beängstigende Gedanke daß das Buch im Grunde zu schlecht sey um der geistreichsten Frau des Universums dedizirt zu werden. Doch mich tröstete der Gedanke, daß Frau v. Varnhagen nicht an mir irre wird, ich mag schreiben was ich will, Gutes oder Schlechtes.

Rahel reagiert auf diese unvermutete Zuwendung reserviert. Sie nennt die Widmung ein »Attentat«, das ihr verständlich werden lasse, »weshalb man bei Fürstinnen erst die Erlaubniß erbittet, ihnen ein Buch zueignen zu dürfen«.

Trotz solcher Empfindlichkeiten erhält sich die gegenseitige Wertschätzung und Anhänglichkeit. Heine bleibt Rahel über ihren Tod hinaus dankbar verbunden. Auch, wenn er seine Pläne, an ihrem öffentlichen Andenken aktiv mitzuwirken, nie verwirklicht und die so enthusiastisch betriebene Dedikation der »Heimkehr«-Gedichte nach Rahels Tod teilweise zurücknimmt. In der Neuauflage des »Buchs der Lieder« wird die Widmung jedenfalls aus Platzgründen einfach gestrichen.

Sechstes Kapitel

Im Foyer der europäischen Gesellschaft
Heine und die Frauen in Paris

Im Paris des Bürgerkönigs Louis Philippe, vor dem Ausbruch der Revolution von 1848, sehen wir Heine auf dem Höhepunkt seines Lebens. Es gelingt ihm, sich im französischen Exil als Publizist erfolgreich zu etablieren. Sein literarischer Ruhm wächst auch in Deutschland – trotz Zensur und Verboten. Er ist gesellschaftlich angesehen und lebt in dauerhafter, wenn auch nicht krisenfreier Gemeinschaft mit einer Frau.

Heines Leben spielt sich – wie das vieler Intellektueller und Künstler des *juste milieu* – zu einem Gutteil in der Öffentlichkeit ab. Er erlebt die Stadt als Foyer der europäischen Gesellschaft. Denn *tout Paris* mit seinen kulturellen Ereignissen und öffentlichen Figuren, seinen aktuellen politischen Debatten, Meinungen und Standpunkten bietet den Stoff, über den der Zeitschriftsteller Heine so erfolgreich schreibt.

Er agiert hier als früher Prototyp des Flaneurs, wie ihn Walter Benjamin beschrieben hat. Promeniert auf den neuen Boulevards und Prachtstraßen, in Gärten, Parks und Ausflugszielen, trifft in den Cafés und Restaurants rund um das Palais Royal, die ihm Informationsbörse und Arbeitsplatz zugleich sind, Bekannte zum Austausch von Neuigkeiten und zum politischen Disput. Viele Abende verbringt er im Theater, in Oper und Konzerten. Zur speziellen Informationsquelle über die alte Heimat werden ihm die deutschen Buchhandlungen und Lesekabinette, die auch als inoffizielle Emigrantentreffs dienen. Von den organisierten Emigrantenkreisen dagegen hält Heine sich fern.

147

Gern verkehrt er in den internen Zirkeln der Pariser Gesellschaft, besucht die Abendgesellschaften der Saint-Simonisten, die politischen und literarischen Salons. Und hier, in den Salons und Privatwohnungen des Adels und des arrivierten Bürgertums, das unter Louis Philipp nun die politische und wirtschaftliche Macht besitzt, lernt er die Frauen kennen, die Bedeutung gewinnen für die zweite Hälfte seines Lebens.

So, wie zehn Jahre vorher in Berlin, pflegt Heine auch in Paris die Verbindung zu hochgestellten, begüterten und einflussreichen Gönnerinnen. Er wird von seiner weitläufigen Verwandten Betty de Rothschild (1805–66), der Gattin des millionenschweren Bankiers und Industriekapitalisten James Meyer de Rothschild, zu Soirées, Diners und Bällen eingeladen, verkehrt bei beziehungsreichen Salonièren und schönen Gesellschaftsdamen wie Cristina Belgiojoso und Caroline Jaubert, macht ihnen den Hof, überreicht seine neuesten Bücher und brilliert als geistreicher Gesprächspartner. Auch, wenn er das Französische nie ganz fehlerfrei sprechen lernt und die Konversation dazu benutzt, sich trotz aller erotischen Anspielungen in sicherer Distanz zu halten.

Bald hat Heine Kontakte in die Pariser Literaturszene und macht auch die Bekanntschaft französischer Schriftstellerkolleginnen. Allen voran die der literarisch und gesellschaftlich so erfolgreichen George Sand, die in ihrem Privatleben wie in ihren Romanen einen progressiven Gegenentwurf zur tradierten Geschlechterordnung demonstriert.

Emanzipiert denkende und lebende Frauen wie sie fürchtet Heine allerdings als intellektuelle und literarische Konkurrenz. Seine Beziehungen zu ihnen bleiben immer ambivalent. Vor dem »Blaustrumpf« und »geistigen Vollweib«, habe er, so berichtet Alfred Meißner, »einen wahren Horror« gehabt; wie so viele mit und nach ihm, denen die Vorstellung von intellektuell und literarisch gleichwertig auftretenden Frauen zum Alptraum wird. Zumal, wenn zu befürchten steht, dass diese Frauen mit den ihnen traditionell vorgeschriebenen gesellschaftlichen Grenzen auch die Schranken sexueller Passivität durchbrechen könnten.

Solchen Ängsten gegenüber bleibt die Einsicht des modernen Zeitschriftstellers Heine in die politische Dimension der Frauenfrage, mit der er sich gerade in den Jahren des französischen Exils befasst, denn auch rein theoretisch. Das zeigt auch der Blick auf die andere, die private Seite von Heines Pariser Leben. Der gänzlich unrepräsentative, kleinbürgerlich-bohemehafte Alltag mit Mathilde, die als nicht vorzeigbar gilt und auf Akzeptanz in den gehobenen Kreisen offenbar auch keinen großen Wert legt, bleibt von dieser gesellschaftlichen Sphäre strikt getrennt. Ebenso wie die verschwiegenen Kontakte zur Pariser *demi monde*, zu den Grisetten der Panorama-Passage. Doch über diese dunklere Seite von Heines libidinösen Bedürfnissen sind wir – sieht man von den aufschneiderischen Formulierungen in seinen Briefen ab – nicht näher informiert.

»Emanzipation des Fleisches«

Die Frauenfrage

»Emanzipation des Fleisches« – unter diesem Schlagwort wird die Frage der gesellschaftlichen und rechtlichen Gleichstellung der Frauen im Paris des *juste milieu* heiß diskutiert. Der Zeitschriftsteller Heine kann sich diesem so brisanten wie publikumswirksamen Thema nicht verschließen. Denn die »Frauenfrage« ist unabdingbarer Teil sensualistischer Kunstauffassung und jener »Zeitinteressen«, als deren Vertreter er sich publizistisch profiliert. Die Frauenbewegung erstarkt unmittelbar nach der Julirevolution von 1830 und wird damit Teil von Heines Auseinandersetzung mit den aktuellen französischen Verhältnissen, mit Paris, dem neuen Zentrum seines Lebens.

In den Korrespondenzberichten für die »Allgemeine Zeitung« greift Heine das Thema erstmals explizit auf, und zwar im Zusammenhang mit der Idee der Emanzipation. Die philosophische Grundlage bieten die frühsozialistischen Ideen des Saint-Simonismus, mit denen Heine bereits in Berlin durch seine akademischen Lehrer Friedrich Hegel und Eduard Gans in Berührung kam. Schon in Band 3 der »Reisebilder«, der »Reise von München nach Genua«, heißt es dazu:

Was ist aber diese große Aufgabe unserer Zeit?
Es ist die Emanzipation. Nicht bloß die der Irländer, Griechen, Frankfurter Juden, westindischen Schwarzen und dergleichen ge-

drückten Volkes, sondern es ist die Emanzipation der ganzen Welt, absonderlich Europas, das mündig geworden ist, und sich jetzt losreißt von dem eisernen Gängelbande der Bevorrechteten, der Aristokratie.

Jede Zeit hat ihre Aufgabe und durch die Lösung derselben rückt die Menschheit weiter. Die frühere Ungleichheit, durch das Feudalsystem in Europa gestiftet, war vielleicht notwendig, oder notwendige Bedingung zu den Fortschritten der Zivilisation; jetzt aber hemmt sie diese, empört sie die zivilisierten Herzen. Die Franzosen, das Volk der Gesellschaft, hat diese Ungleichheit, die mit dem Prinzip der Gesellschaft am unleidlichsten kollidiert, notwendigerweise am tiefsten erbittert, sie haben die Gleichheit zu erzwingen gesucht, indem sie die Häupter derjenigen, die durchaus hervorragen wollten, gelinde abschnitten, und die Revolution ward ein Signal für den Befreiungskrieg der Menschheit.

Laßt uns die Franzosen preisen! sie sorgten für die zwei größten Bedürfnisse der menschlichen Gesellschaft, für gutes Essen und bürgerliche Gleichheit.

Heines Emanzipationsforderung umfasst das gesamte Spektrum damals aktueller gesellschaftspolitischer Probleme: den Nationalismus, die Situation der Juden und der Sklaven, die Machtstellung der katholischen Kirche, die Kritik an Absolutismus und Monarchie. Nur eines bleibt hier noch ausgespart: die gesellschaftliche Benachteiligung der Frauen.

Dazu bezieht Heine erst in Paris explizit Position. Hier lernt er die Vertreter des Saint-Simonismus persönlich kennen, die ihn bei seiner Ankunft in Paris bereits als ihren Sympathisanten empfangen haben. Hier wird er zum aufmerksamen Leser der saint-simonistischen Zeitschrift »Le Globe«. Seine Anmerkungen und Anstreichungen an einschlägigen Artikeln des Blattes und deren wörtliche Wiedergabe in seinen eigenen Beiträgen für die »Allgemeine Zeitung« zeigen, dass er sich mit dem Thema der Frauenemanzipation in dieser Zeit intensiv auseinandersetzt. Am spektakulärsten im Bericht über den Mordprozeß gegen Madame Lafarge, der im Sommer 1840 ganz Paris beschäftigt.

Madame Lafarge hatte nach jahrelangen Demütigungen in einer unerträglich gewordenen Ehe ohne Scheidungsmöglichkeit zur

Selbsthilfe gegriffen und ihren Mann mit Hilfe eines vergifteten Kuchens getötet. Heine versteht die saint-simonistische Forderung nach sexueller Freiheit und Gleichheit in seinem Bericht – ganz auf der Höhe der Zeit – als Teilaspekt einer umfassenden sozialen Gleichstellung der Frauen und vergleicht sie mit der gesellschaftlichen Benachteiligungssituation, die er selbst leidvoll erfahren hat, mit der der Juden. Ansonsten jedoch benutzt Heine die Forderung nach »Emanzipation des Fleisches« vor allem als Rechtfertigung für seine eigenen Vorstellungen von freier Liebe und Promiskuität.

Doch sobald Frauen nicht mehr in der Rolle des Opfers auftreten, wie Madame Lafarge, sondern als gleichwertige Partnerinnen, die stark genug sind, sich selbst erfolgreich zu emanzipieren, fällt Heine in seine Ambivalenz gegenüber der neuen Geschlechterordnung zurück. Vor allem, wenn er sich mit deren lebenden Vertreterinnen in der Pariser Gesellschaft persönlich konfrontiert sieht.

Diese ambivalente Haltung verstärkt sich nach Heines körperlichem Zusammenbruch im Mai 1848. Nun, da er selbst einen öffentlichen und privaten Machtverlust erleidet, da er als Mann endgültig außer Gefecht gesetzt und selbst in die traditionell weibliche Opferrolle zurückgedrängt ist, erlebt er starke Frauen endgültig als bedrohlich. Die emanzipative Haltung in der »großen Frauenfrage«, zu der er sich in seinen guten Pariser Tagen bekannt hat, nimmt er in dieser letzten Lebensphase wieder zurück.

»Eine Schönheit, die nach Wahrheit lechzt«

Freundschaft mit den Pariser Salonièren

Cristina Principessa Barbiano di Belgiojoso Trivulzio, »la belle princesse«, wie Heine sie nennt, war schon zu ihren Lebzeiten eine Legende. Nicht, wie man annehmen könnte, wegen ihres außergewöhnlichen, abenteuerlichen Lebens, nicht als Partisanin der italienischen Unabhängigkeitsbewegung und auch nicht als geistreiche Pariser Salonière, sondern – einfach klassisch – wegen ihrer Schönheit. Diese Schönheit galt damals als extraordinär und verfehlte auch auf Heine ihre Wirkung nicht, wie der folgende Brief vom 18. April 1834 zeigt:

Seien Sie versichert, Madame, daß ich seit dem vorgestrigen Abend, den ich eher einen Tag nennen möchte, viel an Sie gedacht habe. Sie haben in der Tat eine Schlacht geliefert, die derjenigen des juste-milieu in nichts nachstand; Sie haben das Volk bombardiert, es war ein erschreckliches Geschützfeuer, und wenig hätte gefehlt, daß aus meinem Herzen, das eine Republik ist, eine Monarchie geworden wäre. Dessen ungeachtet beginne ich heute wieder Mut zu fassen; der gesunde Menschenverstand, dieser Hasenfuß, der um 11 ½ Uhr, als der schwarze Vorhang fiel, die Flucht ergriff, kehrt allmählich zurück, und ich besitze bereits die Kühnheit, an Sie zu denken, ohne zu zittern. Nur wage ich noch nicht, Ihnen ins Gesicht zu sehen. Ich meine aber, daß ich morgen oder übermorgen all meinen kaltblütigen Schneid wiedergefunden habe und Sie mit einer ziemlich scharfsinnigen Analyse der Frisur, in der ich Sie an jenem denkwürdigen Tage, dem 16. April, gesehen habe, unterhalten kann. Ich habe noch nie so etwas Fabelhaftes, Poetisches, Feenhaftes gesehen wie Ihr rabenschwarzes Haar, das sich in wilden Wellen auf der durchscheinenden Blässe Ihrer Erscheinung markierte. Und diese Erscheinung haben Sie einem Bild des 16. Jahrhunderts gestohlen, irgendeinem alten Fresko der lombardischen Schule, vielleicht von Ihrem Luini, oder am Ende gar den Dichtungen des Ariost, was weiß ich! Mich verfolgt aber Ihre Erscheinung, Tag und Nacht, wie ein Rätsel, das ich lösen möchte. Um Ihr Herz, das sicherlich recht schön ist, bekümmere ich mich dagegen keinen Deut. Alle Frauen haben Herzen, manche ganz wundervolle. Zum Beispiel meine Großmutter. Aber keine hat Ihre Erscheinung.

In der Tat, Madame, ich scherze nicht. Tag und Nacht zermartere ich mir das Hirn, um die Bedeutung jener Erscheinung zu erraten, jener Symbole, jener unerhörten Augen, jenes rätselhaften Mundes, jener Züge, die anscheinend in der Wirklichkeit gar nicht existieren, die eher einem Traum entstammen, sosehr, daß ich fürchte, sie werden sich eines schönen Morgens in Luft auflösen.

Ich bitte Sie, Madame, sich nicht in Luft aufzulösen und die Versicherung meines vollkommenen Respekts und meiner devoten Hingabe anzunehmen, mit der ich bin

Ihr sehr ergebener und gehorsamer

Henri Heine

P. S. Ich will Ihnen die Mühe einer Antwort ersparen und schicke Ihnen beigeschlossen schon jetzt den Band der Reisebilder, von dem ich gerade gesprochen habe. Es sind in aller Eile zusammengeheftete Fahnen. Seien Sie so gnädig, sie niemand zu zeigen, weder den Republikanern noch dem juste-milieu.

Mit seiner Faszination ist Heine nicht allein. Die Pariser Männerwelt um 1830 ist hingerissen vom Erscheinungsbild der *principessa* – ihrer maskenhaften, wegen der Blässe ihrer Haut oft auch als morbid beschriebenen, jedenfalls statuarisch-rätselhaften Schönheit, auf die sich offenbar vielerlei Sehnsuchtsbilder projizieren lassen.

Die Belgiojoso (1808-1871) stammt aus einer Mailänder Patrizierfamilie und kämpft – in der Tradition ihrer Familie – schon als junges Mädchen in der italienischen Unabhängigkeitsbewegung. Zunächst gegen die napoleonische Fremdherrschaft, später gegen Metternich und die wieder erstarkte Habsburgermonarchie, die Oberitalien seit Jahrhunderten beherrscht. Auch der Mann, den sie als Sechzehnjährige heiratet, Emilio Barbiano Belgiojoso d'Este, ist in der Freiheitsbewegung aktiv. Doch die *principessa* trennt sich bald wieder von ihm, angeblich wegen seiner »sexuellen Rücksichtslosigkeit«, eine Formulierung, die die Legendenbildung angesichts der unnahbaren Schönheit des Opfers wohl eher gefördert als verhindert haben mag.

1831, als die Julirevolution auch in Oberitalien politische Unruhen auslöst, kommt die junge Frau als Emigrantin auf Umwegen über die Schweiz, Genua und Marseille nach Paris. Hier, wo sich die politischen Emigranten sammeln, hofft sie, ihre politische Arbeit als Publizistin und Lobbyistin der Freiheitsbewegung effektiver als in Italien fortsetzen zu können.

Die Belgiojoso lebt zunächst in bescheidenen Verhältnissen. Denn ihr Vermögen wird durch Metternich beschlagnahmt und erst nach Jahren wieder freigegeben. Bald ist *la princesse*, begünstigt durch Herkunft, Schönheit und intellektuelle Brillanz, der Mittelpunkt eines Salons – anfangs in ihrer bescheidenen Wohnung im 5. Stock eines Pariser Mietshauses, später auf ihrem Landsitz La Jonchère bei Saint-Germain. Dieser Salon wird zur Attraktion für *tout Paris*. Hier treffen sich Lafayette, Thiers und Chateaubriand, der ältere Dumas, Musset, Merimée, Balzac, Hugo und George

Sand, Liszt, Meyerbeer und Chopin, sowie die Gesellschaftsdamen Caroline Jaubert und Marie d'Agoult – die Künstler-, Intellektuellen- und Adelskreise, die damals den Ideen des Saint-Simonismus zuneigen und in denen auch Heine verkehrt.

Er lernt die Belgiojoso schon wenige Wochen nach seiner Ankunft in Paris am 19. Mai 1831 kennen und erliegt umgehend ihrer Ausstrahlung. Er sei, so jedenfalls beschreibt es George Sand nicht ohne Süffisanz, »bei der Betrachtung zu Füßen der Prinzessin Belgiojoso versteinert«.

Von 1833 bis 1836 ist Heine regelmäßiger Gast im Salon der Belgiojoso. Im Sommer 1835 folgt er der Einladung in ihr Landhaus La Jonchère, das sie sich, nach der Freigabe ihres Vermögens, nun leisten kann. In dieser Zeit, in die auch die Bekanntschaft mit Mathilde fällt, umwirbt Heine die Belgiojoso heftig. Ihre Erscheinung verfolge ihn Tag und Nacht wie ein Rätsel, bekennt er in dem oben zitierten Brief.

Letztlich bleibt die Belgiojoso für Heine eines jener rätselhaften Marmorbilder, die er zwar von Jugend an heftig begehrt, aber lieber doch aus sicherer Ferne. In der Erzählung »Florentinische Nächte«, die in dieser Zeit entsteht, lässt er den Protagonisten Maximilian von solch libidinöser Fixierung auf »das Totenhafte und das Marmorne« berichten, einer Fixierung, die pathologische Züge annimmt.

Später wandelt sich die erotische Anziehung zu einer dauerhaften Freundschaft. Zumal die Belgiojoso ihre gesellschaftlichen und politischen Verbindungen immer wieder für Heine einsetzt; sei es in finanziellen Angelegenheiten, wie der Vorsorge für seine materielle Absicherung und den Erhalt der französischen Staatspension, oder auch in Liebesdingen. So verhilft *la princesse* dem in praktischen Lebensfragen als unbeholfen geltenden Heine zu einer besseren Wohnung, als er sich dazu entschließt, mit Mathilde zusammen zu leben – auch wenn die Belgiojoso dieser Verbindung kritisch gegenübersteht.

Heine schätzt den Reiz des Gesprächs mit der geistreichen Salonière und ihren Rat, auch wenn er sich die Freiheit nimmt, ihn von Fall zu Fall ebenso zu ignorieren wie einst den der mütterlichen Gönnerin Rahel Varnhagen in Berlin. Er tauscht sich mit der Belgiojoso über die wechselseitige Lektüre aus und revanchiert sich für die großzügigen Einladungen zum Diner, in ihre Theaterloge oder auf ihren Landsitz mit seinem jeweils neuesten Buch oder auch mit seinem eben erschienenen Porträt. Die Attraktivität der *belle princesse* hat sich vom Ästhetischen ins Ethische verlagert. Sie sei, schreibt Heine nun, noch immer dialektisch pointiert, eine »Schönheit, die nach Wahrheit lechzt«.

In dieser Zeit, Anfang der 1840er Jahre, verändert sich das Leben der Belgiojoso. Sie gibt ihre mondäne Existenz als Publizistin, Salonière und Globetrotterin auf, wendet sich von den Ideen des Saint-Simonismus ab und dem Reformkatholizismus zu. Immer mehr engagiert sie sich für soziale Belange und fordert auch Heine dazu auf. Ihrer Bitte um Unterstützung für kranke und bedürftige Kinder z. B. entspricht er mit großzügigen Geldspenden.

Solche Fürsorge gibt ihm die Belgiojoso in den Jahren seiner Krankheit vielfach zurück. Sie ist eine der wenigen aus der Pariser Gesellschaft, die dem kranken Heine die Treue halten. Bis unmittelbar vor seinem Tod hat sie ihn immer wieder besucht.

Bei einem Diner der Belgiojoso lernt Heine im April 1835 eine andere bekannte Pariser Salonière kennen, Caroline Jaubert (1803–1883). Und verfällt auch ihren Reizen. Davon jedenfalls zeugt der erste der Briefe, die er ihr drei Wochen später schreibt. Besonders schwärmt er – wohl stellvertretend für andere körperliche Vorzüge – von ihrem feenhaften Fuß. Und wieder ist es, wie schon die *principessa*, eine körperlos-unirdische Schönheit, die auf Heine so faszinierend wirkt:

Dieser Fuß, den ich vorgestern sah, kann nur einem dieser phantastischen Wesen gehören, von denen ich in meinem Buch [Elementargeister] sprach. Dieser Fuß sei hinreichend klein, niedlich, zart und fein und die Dame so luftig, so feenhaft ... Ist sie gut oder böse?

Die Jaubert – so berichtet sie jedenfalls in ihren Erinnerungen – hat zunächst Mühe, ihre Vorbehalte gegen Heines verbale Spitzen und seinen verletzenden Witz zu überwinden. Schließlich ist sie aber von seinen Unterhaltungskünsten äußerst angetan und lädt ihn mehrfach in ihren Cercle ein. Heines Beziehung zu ihr bleibt, wenn auch mit Unterbrechungen, über die Jahre erhalten. Die Jaubert wird Heine und seiner Frau zur guten Freundin. Für einen letzten Besuch bei ihr lässt er sich 1848 sogar auf dem Rücken eines Dieners in ihre Wohnung hinauftragen.

Literarische Konkurrenz und Geschlechterkampf
Die Auseinandersetzung mit Germaine de Staël

Heines Auseinandersetzung mit Germaine de Staël (1766–1817) und ihrem 1814 erschienenen Buch »De L'Allemagne« ist die tiefgreifendste, die er je – auf literarischem Terrain – mit einer Frau ausgetragen hat. Als dieser einseitige Kampf 1834/35 mit dem Erscheinen seines eigenen, gleichnamigen Deutschland-Buchs beginnt, ist die Autorin bereits seit siebzehn Jahren tot. Dennoch konkurriert Heine mit ihr aufs heftigste.

In seiner letzten Lebensphase, vierzig Jahre später, nimmt Heine das Thema noch einmal auf. Und greift die berühmte Kollegin und – über den persönlichen Fall hinaus – die Zunft der schreibenden Frauen nun mit ebenso ätzender Polemik an wie die Gegner in seinen früheren literarischen Streitschriften, ob Platen, A. W. Schlegel, Ludwig Börne oder die Dichter der »Schwäbischen Schule«. So wie sie betrachtet Heine auch die längst verstorbene französische Kollegin noch immer als aktuelle Konkurrenz im Kampf um die Meinungsmacht auf dem internationalen Literaturmarkt.

Germaine de Staël, die Tochter des Finanzministers Necker und der schreibenden Salonière Suzanne Curchod, verbrachte fast ihr ganzes Leben im Kreis der kulturellen und politischen Elite Frankreichs. Bereits als Mädchen ist sie das viel bestaunte intellektuelle Wunderkind im Pariser Salon ihrer Mutter. Schon damals kommt sie in Kontakt mit den großen französischen Spätaufklärern. Später, als junge Botschaftergattin, erfolgreiche Romanautorin, einflussreiche Briefschreiberin und Salonière, wird sie selbst zum Mittelpunkt des kulturellen Lebens, in Frankreich und überall dort, wo sie auf ihren Europareisen Station macht. In dieser Zeit, den Jahren der Französischen Revolution, wird Madame de Staël zum »ambulanten Salon«. Sie muss vor den Jakobinern aus Frankreich fliehen, um nicht das furchtbare Schicksal einer Olympe de Gouges oder Jeanne-Marie Roland zu erleiden. Germaine de Staël gilt mittlerweile als bedeutendste Schriftstellerin ihrer Zeit und avanciert mit

Germaine de Staël.

der Offenheit ihrer politischen Standpunkte und Meinungsäuße-
rungen, vor allem mit ihren Versuchen, Napoleon für die Idee einer
gemäßigten Revolution zu gewinnen, zur »ersten Frau Europas«.

Im Winter 1803/04 unternimmt Madame de Staël eine ausge-
dehnte Deutschlandreise und besucht dabei auch die Weimarer
Geistesgrößen. Wobei sie mit ihrer umtriebigen, lebhaften Art
offenbar für Irritationen unter den literarischen Patriarchen gesorgt
hat und nicht immer auf Gegenliebe gestoßen ist. Höhepunkt dieser Reise ist ihr Aufenthalt in Berlin. Hier wird sie von Königin Luise
empfangen, trifft Schiller, der – schon schwerkrank – in der preußischen Metropole die Ovationen als Nationaldichter entgegennimmt
und seine Abneigung gegen diese emanzipierte, in seinen Augen
unweibliche Frau nicht verhehlen kann. In Berlin lernt sie auch den
Mann kennen, der ihr als Hauslehrer ihrer Kinder künftig in lebens-
langer Freundschaft folgt: August Wilhelm Schlegel. Er wird ihr –
über seine eigentliche Funktion als Hauslehrer hinaus – zum wichtigen Gesprächspartner für ihre Eindrücke von Land und Leuten.

157

Literarisches Ergebnis dieser Reise ist »De L' Allemagne«, de Staëls berühmtes Deutschlandbuch, das das Bild der Franzosen vom deutschen Nachbarn nachhaltig beeinflusst und bald zum Kanon französischer Kulturgeschichte gehört. Adressiert an das Lesepublikum unter Napoleon, zeichnet es – als Gegenentwurf zur napoleonischen Diktatur – ein romantisches Deutschlandbild, das von den geistig-moralischen Idealen eines kritisch-aufgeklärten Bürgertums geprägt ist. 1810 ist das Buch abgeschlossen. Noch bevor es erscheint, verbreitet sich der Ruf seiner antinapoleonischen Botschaft in ganz Europa. Was Napoleon, der Meister der Öffentlichkeitslenkung, nicht tatenlos hinnimmt.

Das Buch wird noch vor seinem Erscheinen verboten, beschlagnahmt und vernichtet. Madame de Staël weicht ins englische und Schweizer Exil aus. Erst im Herbst 1813, kurz vor Napoleons Sturz, kann ihr Buch in London publiziert werden. Innerhalb von drei Tagen ist es vergriffen. Im Mai 1814, nach Napoleons Abdankung, kehrt Madame de Staël umjubelt nach Paris zurück. Ihr Buch erscheint nun auch in Frankreich, erlebt dort bis 1820 fünf Auflagen und 15 weitere bis 1870. Auch Heine gehört zu seinen Lesern; er erwähnt das Buch bereits 1822 zum ersten Mal.

Rund zwanzig Jahre später kommt er selbst auf de Staëls Thema, das Deutschlandbild der Franzosen, zurück und sieht sich und sein publizistisches Anliegen noch immer als Konkurrenz zur berühmten französischen Kollegin. Zum einen, weil er die von ihr so glanzvoll ausgefüllte Rolle als Mittlerin zwischen den beiden Nachbarländern, die »pacifike Mission« selbst übernehmen möchte, zum anderen, weil er den Franzosen ein Deutschlandbild vermitteln will, das zu den von de Staël vertretenen politischen und ästhetischen Positionen in scharfem Kontrast steht.

Das von de Staël gezeichnete Bild der deutschen Kultur ist – so betont Heine – schlichtweg veraltet, weil es die Ästhetik der Romantik und seines Erzfeindes A. W. Schlegel vertritt. Der aber nimmt unter Heines zahlreichen Feindbildern schon damals eine Vorzugsstellung ein.

Frau v. Staël, glorreichen Andenkens, hat hier, in der Form eines Buches, gleichsam einen Salon eröffnet, worin sie deutsche Schriftsteller empfing, und ihnen Gelegenheit gab sich der französischen

civilisirten Welt bekannt zu machen; aber in dem Getöse der ver-
schiedensten Stimmen, die aus diesem Buche hervorschreien, hört
man doch immer am vernehmlichsten den feinen Diskant des Herrn
A. W. Schlegel.

Gleichzeitig startet Heine den persönlichen Angriff gegen die Konkurrentin. Er bezieht sich dabei auf das bekannte Gemälde von Gérard, das Madame de Staël in damals modischer orientalischer Körperinszenierung mit Turban und großem Dekolletée zeigt: »Sie wollte Sultanin des Gedankens werden und band einen schönen Turban um ihr Haupt und nahm August Wilhelm Schlegel als Eunuch in Dienst.«

Womit zugleich ein weiterer Seitenhieb auf Schlegel und seine angebliche Impotenz lanciert ist. Heine zeigt sich hier, wie in allen seinen literarischen Fehden, als keineswegs zimperlich in der Wahl der Kampfmittel. Vor allem, als feststeht, dass sein Deutschlandbuch nicht annähernd so erfolgreich ist wie das der Konkurrentin.

Als er 1854 die Auseinandersetzung mit Germaine de Staël in den »Geständnissen« noch einmal aufnimmt, greift er ganz unverhüllt zur Polemik. Seine persönlichen Attacken konzentrieren sich, auch wenn dies durch allerlei verbale Legitimationsmanöver verdeckt wird, auf de Staëls Weiblichkeit; auf die offenbar als Demütigung empfundene Tatsache, dass die literarische Konkurrenz nun in Gestalt einer Frau auftritt.

Ja, die Weiber sind gefährlich; aber ich muß doch die Bemerkung
hinzufügen, daß die schönen nicht so gefährlich sind wie die, welche
mehr geistige als körperliche Vorzüge besitzen denn jene sind
gewohnt, daß ihnen die Männer den Hof machen, während die
andern der Eigenliebe der Männer entgegenkommen, und durch den
Köder der Schmeichelei einen größern Anhang gewinnen, als die
Schönen. Ich will damit beileibe nicht andeuten, als ob Frau von
Staël häßlich gewesen sei; aber eine Schönheit ist ganz etwas anderes.
Sie hatte angenehme Einzelheiten, welche aber ein sehr unangeneh-
men Glanze bildeten. Sie hatte in der Tat sehr schöne Hände, wie
man mir sagt, und auch die schönsten Arme, die sie immer nackt
sehen ließ; gewiß, die Venus von Milo hätte keine so schönen Arme

aufzuweisen. Ihre Zähne überstrahlten an Weiße das Gebiß der kost-
barsten Rosse Arabiens. Sie hatte sehr große schöne Augen, ein Dut-
zend Amoretten würden Platz gefunden haben auf ihren Lippen, und
ihr Lächeln soll sehr holdselig gewesen sein. Häßlich war sie also
nicht – keine Frau ist häßlich – so viel läßt sich aber mit Fug behaup-
ten: wenn die schöne Helena von Sparta so ausgesehen hätte, so wäre
der Ganze trojanische Krieg nicht entstanden, die Burg des Priamus
wäre nicht verbrannt worden, und Homer hätte nimmermehr besun-
gen den Zorn des Peliden Achilles.

Frau von Staël hatte sich, wie oben gesagt, gegen den großen Kai-
ser erklärt, und machte ihm den Krieg. Aber sie beschränkte sich
nicht darauf, Bücher gegen ihn zu schreiben; sie suchte ihn auch
durch nicht-literarische Waffen zu befehden: sie war einige Zeit die
Seele aller jener aristokratischen und jesuitischen Intrigen, die der
Koalition gegen Napoleon vorangingen, und wie eine wahre Hexe
kauerte sie an dem brodelnden Topfe, worin alle diplomatischen
Giftmischer, ihre Freunde Talleyrand, Metternich, Pozzo-di-Borgo,
Castlereagh usw., dem großen Kaiser sein Verderben eingebrockt hat-
ten. Mit dem Kochlöffel des Hasses rührte das Weib herum in dem
fatalen Topfe, worin zugleich das Unglück der ganzen Welt gekocht
wurde. Als der Kaiser unterlag, zog Frau von Staël siegreich ein in
Paris mit ihrem Buche »de l'Allemagne« und in Begleitung von eini-
gen hunderttausend Deutschen, die sie gleichsam als eine pompöse
Illustration ihres Buches mitbrachte.

Mit diesen verbalen Tiefschlägen gegen ihr Erscheinungsbild, mit
einer aus den Niederungen des Hausfrauen- und Küchenmilieus ent-
lehnten Metaphorik versucht Heine, Madame de Staël als Frau und
damit zugleich als Schriftstellerin und politische Intrigantin gegen
den »großen Kaiser« zu treffen. Was ihm – hält man sich sein Fazit in
den »Geständnissen« vor Augen – selbst nicht entgangen sein dürfte:

Ich schrieb nicht im Genre der Frau von Staël, […]. Ja, die Verfasse-
rinn der Corinne überragt nach meinem Bedünken alle ihre Zeitge-
nossen, und ich kann das sprühende Feuerwerk ihrer Darstellung
nicht genug bewundern; aber dieses Feuerwerk läßt leider eine übel-
riechende Dunkelheit zurück, und wir müssen eingestehen, ihr Genie
ist nicht so geschlechtlos, wie nach der früheren Behauptung der

160

Frau von Staël das Genie seyn soll; ihr Genie ist ein Weib, besitzt alle Gebrechen und Launen des Weibes, und es war meine Pflicht als Mann, dem glänzenden Cancan dieses Genies zu widersprechen.

Die Auseinandersetzung mit der großen französischen Kollegin und Konkurrentin zeigt, dass Heine in seiner Spätzeit mit dem emanzipatorischen Anspruch des modernen Publizisten auch das Interesse an der »großen Frauenfrage« aufgegeben hat. Geblieben ist der schöne Schein stilistischer Brillanz. Dahinter aber lauert das nackte sexistische Vorurteil.

»Ma chère cousine«
Die Schriftstellerkollegin George Sand

Wie männiglich bekannt, ist George Sand ein Pseudonym, der nom de guerre einer schönen Amazone. Bei der Wahl dieses Namens leitete sie keineswegs die Erinnerung an den unglückseligen Sand, den Meuchelmörder Kotzebues, des einzigen Lustspieldichters der Deutschen. Unsere Heldin wählte jenen Namen, weil er die erste Silbe von Sandeau; so hieß nämlich ihr Liebhaber, der ein achtungswerter Schriftsteller, aber dennoch mit seinem ganzen Namen nicht so berühmt werden konnte, wie seine Geliebte mit der Hälfte desselben, die sie lachend mitnahm, als sie ihn verließ. Der wirkliche Name von George Sand ist Aurora Dudevant, wie ihr legitimer Gatte geheißen, der kein Mythos ist, wie man glauben sollte, sondern ein leiblicher Edelmann aus der Provinz Berry, und den ich selbst einmal das Vergnügen hatte, mit eigenen Augen zu sehen. Ich sah ihn sogar bei seiner, damals schon de facto geschiedenen Gattin, in ihrer kleinen Wohnung auf dem Quai Voltaire, und daß ich ihn eben dort sah, war an und für sich eine Merkwürdigkeit, ob welcher, wie Chamisso sagen würde, ich selbst mich für Geld sehen lassen könnte. Er trug ein nichtssagendes Philistergesicht und schien weder böse noch roh zu sein, doch begriff ich sehr leicht, daß diese feuchtkühle Tagtäglichkeit, dieser porzellanhafte Blick, diese monotonen, chinesischen Pagodenbewegungen für ein banales Weibzimmer sehr amüsant sein konnten, jedoch einem tieferen Frauengemüt auf die Länge sehr unheimlich werden und dasselbe endlich mit Schauder und Entsetzen, bis zum Davonlaufen, erfüllen mußten.

George Sand, die größte Schriftstellerin, ist zugleich eine schöne Frau. Sie ist sogar eine ausgezeichnete Schönheit. Wie der Genius, der sich in ihren Werken ausspricht, ist ihr Gesicht eher schön als interessant zu nennen; das Interessante ist immer eine graziöse oder geistreiche Abweichung vom Typus des Schönen, und die Züge von George Sand tragen eben das Gepräge einer griechischen Regelmäßigkeit. Der Schnitt derselben ist jedoch nicht schroff und wird gemildert durch die Sentimentalität, die darüber wie ein schmerzlicher Schleier ausgegossen. Die Stirn ist nicht hoch, und gescheitelt fällt bis zur Schulter das köstliche kastanienbraune Lockenhaar. Ihre Augen sind etwas matt, wenigstens sind sie nicht glänzend, und ihr Feuer mag wohl durch viele Tränen erloschen oder in ihre Werke übergegangen sein, die ihre Flammenbrände über die ganze Welt verbreitet, manchen trostlosen Kerker erleuchtet, vielleicht aber auch manchen stillen Unschuldstempel verderblich entzündet haben. Der Autor von ›Lelia‹ hat stille sanfte Augen, die weder an Sodom noch an Gomorra erinnern. Sie hat weder eine emanzipierte Adlernase, noch ein witziges Stumpfnäschen; es ist eben eine ordinäre gerade Nase. Ihren Mund umspielt gewöhnlich ein gutmütiges Lächeln, es ist aber nicht sehr anziehend; die etwas hängende Unterlippe verrät ermüdete Sinnlichkeit. Das Kinn ist vollfleischig, aber doch schön gemessen. Auch ihre Schultern sind schön, ja prächtig. Ebenfalls die Arme und die Hände, die sehr klein, wie ihre Füße. Die Reize des Busens mögen andere Zeitgenossen beschreiben; ich gestehe meine Inkompetenz. Ihr übriger Körperbau scheint etwas zu dick, wenigstens zu kurz zu sein. Nur der Kopf trägt den Stempel der Idealität, erinnert an die edelsten Überbleibsel der griechischen Kunst, und in dieser Beziehung konnte immerhin einer unserer Freunde die schöne Frau mit der Marmorstatue der Venus von Milo vergleichen, die in den unteren Sälen des Louvres aufgestellt. Ja, George Sand ist schön wie die Venus von Milo; sie übertrifft diese sogar durch manche Eigenschaften: sie ist z. B. sehr viel jünger.

Diese sehr persönlichen Bemerkungen über seine einstige Seelenfreundin George Sand (1804–1876) folgen demselben Muster der Diskriminierung wie die über Germaine de Staël. Und sie haben Heine, als er sie 1854 in dem Sammelband »Lutezia« veröffentlichte, mindestens ebensoviel Ärger eingebracht. Die Zeitgenossen, in

Paris wie in Deutschland, finden seine Beschreibung, trotz aller Bewunderung für Heines Sprachtalent und Esprit, respektlos und frivol. Wie er über George Sands Erscheinungsbild, ihre Körperinszenierung schreibt und damit auf perfide Weise eine Wertung ihres literarischen Werks verknüpft, das liegt – so die einhellige Reaktion der Kritik – jenseits des guten literarischen Geschmacks.

Die »Spätere Notiz« über George Sand ergänzt Heines Zeitungsbericht von 1840 über eine Aufführung ihres Dramas »Cosima« im Nachhinein. Die »Notiz« erscheint fast fünfzehn Jahre nach der Artikelserie für die »Allgemeine Zeitung« und fast zwanzig Jahre, nachdem Heine die Schriftstellerin Anfang 1835 persönlich kennengelernt hat. Es ist Heines einzige direkte Äußerung über George Sand. Und sie lässt – in und zwischen den Zeilen – erkennen, wie ambivalent die Beziehung zu der großen Kollegin für Heine gewesen sein muss.

George Sand steht, als Heine sie kennenlernt, auf dem ersten Höhepunkt ihrer publizistischen und literarischen Karriere. Sie schreibt für die Zeitung »Le Figaro«, ist Hausautorin der international renommierten Zeitschrift »Revue des Deux Mondes« und hat ihre ersten Romane veröffentlicht, die sie schlagartig berühmt gemacht haben. Die literarische Kritik reagiert enthusiastisch: 1833 beglückwünscht Charles-Augustin Sainte-Beuve, einer der bekanntesten französischen Kritiker, die Autorin in überschwänglichen Tönen zu ihrem Roman »Lélia«:

Madame, ich will nicht zögern, Ihnen zu sagen [...] wie seht Lélia mich noch weiter in meine ernsthafte Bewunderung und meine Freundschaft hineingetrieben hat, die ich bereits für Sie empfinde [...] Frau sein, noch nicht dreißig Jahre alt, nach außen nichts durchschimmern lassen, auch wenn man solche Abgründe erforscht hat; dieses Wissen ertragen, das uns anderen die Schläfen verheeren und die Haare zum Ergrauen bringen würde – es mit Leichtigkeit, Ungezwungenheit und Besonnenheit in der Rede zu ertragen – das ist es, was ich vor allem bewundere [...] Ich muß schon sagen, Madame, Sie sind ein wirklich seltenes und starkes Geschöpf.

George Sand hat also all das, was Heine, der um dieselbe Zeit wie sie nach Paris kommt, nicht hat, sich vom Aufenthalt in Paris aber sehnlichst erhofft: Erfolg samt den entsprechenden Einkünften sowie internationale Anerkennung als Schriftsteller.

Amandine-Aurore-Lucile Dupin, verheiratete Baronin Dudevant, die unter dem männlichen Pseudonym George Sand publiziert, ist damals etwa dreißig Jahre alt und lebt von ihrem Mann getrennt. Die Baronin stammt aus sehr gemischten Verhältnissen. Ihr früh verstorbener Vater, ein napoleonischer Offizier, kommt aus einer reichen Kaufmannsfamilie, die sich mütterlicherseits zur zahlreichen natürlichen Nachkommenschaft Augusts des Starken zählt. Aurores Mutter war Putzmacherin, »ein einfaches Kind der alten Stadt Paris«, wie die Tochter es selbst beschrieben hat.

Nach dem Tod des Vaters wird das Mädchen Aurore zum Zankapfel zwischen ihrer Mutter und der aristokratischen Großmutter, einer Anhängerin Voltaires. Die Großmutter siegt und übernimmt die Erziehung der Enkelin. Auf dem großmütterlichen Landgut Nohant im Berry verlebt Aurore den größten Teil ihrer Kindheit. Das Mädchen wird vom alten Hauslehrer ihres Vaters, der sie wie einen Jungen behandelt und ausbildet, sehr freizügig erzogen. Um ihr auch gesellschaftlichen Schliff zu vermitteln, schickt die Großmutter Aurore in ein Pariser Pensionat. Der Aufenthalt endet nach drei Jahren mit einer religiösen Erweckung und Erleuchtung des Mädchens, was im Erziehungsplan der aufgeklärten Großmutter nicht vorgesehen war. Aurore kehrt zurück in die Einsamkeit von Nohant. Dort hat sie viel Zeit für ausführliche Lektüre, was sich auf den Stil der späteren Schriftstellerin George Sand höchst vorteilhaft auswirkt. Er wird – von Anhängern wie Kritikern – immer wieder gerühmt.

Durch den Tod der Großmutter wird die achtzehnjährige Aurore Alleinerbin von Nohant. Sie heiratet schnell und wählt offenbar den Nächstbesten: Casimir Baron Dudevant, einen Landadligen aus der Umgebung. Dudevant nimmt seinen Abschied als Offizier und kümmert sich um die Verwaltung des Landguts. Zwei Kinder werden geboren, 1823 der Sohn Maurice, 1828 die Tochter Solange. Doch das Ehepaar lebt sich bald auseinander. Denn die Lebensvorstellungen und Interessen der beiden sind höchst unterschiedlich, und ihre Verbindung ist nicht mehr als eine Konventionsehe. Es folgt eine Zeit schwerer Auseinandersetzungen und öffentlicher Eifersuchtsszenen.

1831 erreicht die Baronin die Trennung der Ehe auf Grund gegenseitiger Übereinkunft, was 1836 durch einen Prozeß gerichtlich bestätigt wird. Die Kinder bleiben unter Obhut eines Hauslehrers in Nohant, Aurore aber zieht es – ausgestattet mit einer bescheidener finanziellen Versorgung durch ihren Ex-Mann – in die Freiheit, nach Paris. Dort beginnt sie unter Künstlern und Studenten ihr neues Leben, ohne Rücksicht auf gesellschaftliche Konventionen. Privilegiert durch Herkunft und Erziehung, versteht sie es, den geistigen Aufbruch der Zeit zwischen Juli- und Februarrevolution für sich und ihre Ideen zu nutzen. Da ihre Finanzen knapp sind, beginnt sie – der Honorare wegen – unter dem Pseudonym George Sand zu schreiben. Auf eine Empfehlung hin wird sie Journalistin beim »Figaro« – und hat Erfolg.

In ihren Romanen artikuliert sie romantisch-idealistische Emanzipationsvorstellungen, mit denen sie sich zur Anwältin der Frauen macht. Sand fordert gleiche Rechte für Mann und Frau, nicht nur vor dem Gesetz, sondern auch in der Liebe und im Beruf, und sie propagiert die materielle Unabhängigkeit der Frau vom Ehemann. In »Lélia«, ihrem ersten international erfolgreichen Roman, beschreibt Sand das Missverhältnis zwischen Liebesbegehren und Liebeserfüllung und begründet die daraus entstehende Frustration aus den gesellschaftlichen Lebensbedingungen der Frauen. Den Vollzug der Ehe stellt sie – mit stark autobiografischem Einschlag – als Zumutung dar, die letztlich in körperliche Leiden und psychische Störungen mündet. Lélias Schicksal zeigt, für wie begrenzt ihre Schöpferin die damaligen Möglichkeiten weiblicher Selbstbestimmung hält. Der Anspruch der Heldin auf Autonomie scheitert. Sie macht sich am Ende selbst zu dem, was die Männer in ihr sehen wollen, nämlich zur kalten, empfindungslosen Marmorstatue.

»Lélia« ist der Anfang einer für eine Frau damals beispiellosen literarischen Karriere. Innerhalb weniger Jahre arriviert George Sand zur berühmtesten Schriftstellerin des 19. Jahrhunderts und zum literarischen Vorbild auch der jungen deutschen Autoren. Sie schreibt durchschnittlich zwei Romane pro Jahr, die sehr schnell auch ins Deutsche übersetzt werden.

Und wie ihre literarischen Heldinnen so verweigert auch George Sand selbst die Identifikation mit dem kulturell festgeschriebenen Weiblichkeitskonzept, ohne dass sie diesem entkommen könnte.

MIROIR DROLATIQUE.

4.

CHAMBRE
DES
DÉPUTÉES
CHAMBRE
DE
MÈRES !

INDIANA

Chez Bauger, R. du Croissant, 16.   Chez Aubert, Pl de la Bourse.   Imp. d'Aubert & C.

George Sand. Karikatur von A. J. Lorentz aus der Serie »Miroir drôlatique«
um 1840.

Mit ihren männlichen Maskeraden, als Frau in Hosen, die selbstge-
drehte Zigarre zwischen den Zähnen, wird sie für Zeitgenossen und
Nachwelt zur unzüchtigen Ikone und zum oft karikierten Klischee.

Für eine Frau des 19. Jahrhunderts lebt George Sand außerge-
wöhnlich beweglich und mobil, sowohl, was das Reisen und den

Wechsel der Wohnungen, als auch den der Liebes- und Lebenspartner betrifft. Unter ihnen finden sich so herausragende Geister wie der Schriftsteller Alfred de Musset und der Komponist Frédéric Chopin. Mit ihm verbindet sie eine neun Jahre dauernde, krisenreiche Beziehung.

In George Sands Pariser Salon, z.B. in der nach der Farbe der Wandbespannung benannten berühmten »blaue Mansarde« in der Wohnung am quai Malaquais, verkehren die führenden Dichter, Denker, Publizisten, Maler, Musiker und Theaterleute, wie Balzac, Mérimée, Delacroix, Lamennais, Louis Viardot, der neue Direktor des Théâtre Italien, dazu Liszt und die Freunde Chopins. Und ab 1835 auch Heinrich Heine.

Im Schutz der »blauen Mansarde«

Heine zu Gast bei George Sand

Die Initiative zu dieser neuen Bekanntschaft geht von George Sand aus. Sie bittet Franz Liszt, der in allen namhaften Pariser Salons verkehrt und auch Heine kennt, den inzwischen auch in Frankreich angesehenen deutschen Publizisten in ihren Salon einzuführen. Liszt verabredet sich brieflich mit Heine im Café d'Orsay am Pont Royal, von wo aus beide gemeinsam in die »blaue Mansarde« aufbrechen. Bald gehört Heine zu Sands Freundeskreis. Man schreibt und trifft einander häufig.

Wie Heine hier agiert und welche Rolle er in Sands Bekanntenkreis spielt, das zeichnet Heinrich Laube in seinen Erinnerungen nach:

Wir kamen des andern Tags gegen 2 Uhr Mittags wieder: sie war zu Hause, aber noch zu Bett. Heine zeigte sich bekannt im Hause und wurde gemeldet. Wir sollten ein wenig warten, hieß es, sie würde aufstehen und uns annehmen.

Sie saß in der Mitte ihres kleinen Salons auf einem niedrigen Sessel, als wir eingeführt wurden, in einen eigenthümlich geschnittenen braunen Morgenmantel gehüllt. Der volle, runde Kopf war unbedeckt, schwarzes, überaus volles Haar, griechisch gescheitelt und in einen tief hinabgehenden Knoten geschlungen. [...]

167

Chopin bereitete ihr den Kaffee am Kamin, und sie trank ihn, uns mit heiterer Herzlichkeit empfangend und mit Lebhaftigkeit anredend. Heine schien ihr sehr werth zu seyn; sie fuhr ihm mit der Hand über das Haar, und schalt ihn äußerst anmuthig, daß er sie so lange nicht aufgesucht habe.

Von Schriftstellerei war zunächst gar nicht die Rede, sondern von einigen öffentlichen Personen, und vermittelst solches Uebergangs von allgemeinen Interessen. Heine, der sehr aufgeweckt war, führte das Wort, und die Sand, noch Kaffee trinkend, nahm nur hie und da eine Partie der Unterhaltung auf und erledigte sie in ruhiger, wohlwollender, sehr bestimmter Sprache. Auch später, als die Gesellschaft größer und das Gespräch sehr lebhaft wurde, nahm sie auf dieselbe Art am Gespräch Theil: sie hörte lange, erklärte sich in wenig Worten für eine ausgesprochene Meinung, oder machte eine von allen andern abweichende geltend.

Ihr Ausdruck dabei war vorherrschend ein milder Ernst, der, gewöhnlich nur wenn sie sich an Heine wandte, in eine milde Heiterkeit spielte, und wohl auch in ein kurzes herzliches Lachen überging bei dessen meist witzigen, meist unerwarteten Repliken. Nachdem sie den Kaffee getrunken, rollte sie sich aus leichtem Tabak kleine Papiercigarretos zusammen und, sich umsehend unter den Gästen, die unterdeß zahlreicher geworden waren, und die Cigarrchen in der flachen Hand präsentirend, suchte sie sich die wahrscheinlichen Raucher aus. [...]

Bald darauf trat ein kleiner dürftiger Mann ein, in einen altmodischen dunkelgrünen Rock gehüllt, auf starkledernen Niederschuhen einhergehend, die mit grauen Strümpfen nach der bescheidensten Provinz aussahen. Die Sand hieß ihn freundlich und vertraut willkommen. Er verbeugte sich schüchtern und ohne die sonstige französische Sicherheit hierhin und dahin, und sein kurzsichtiges Auge bedurfte einiger Zeit, ehe es sich in der Gesellschaft orientirt hatte. Dann kam er neben mich zu sitzen, bewaffnete sich mit einer großen und solid gefaßten Brille, und hörte eine Zeitlang schweigend dem Gespräche zu, das Heine in diesem Augenblicke auf sein Lieblingsthema, den Sensualismus, zu werfen wußte. Die Sand, dieß bemerkend, sah lächelnd mit halbem Blicke auf den neuen Ankömmling und dann auf Heine, und nannte diesen einen Wildfang.

Der Ankömmling war Lamennais, jener bretonische Priester, welcher der Curie schon so viel Kummer gemacht hat.

[...] Dieß bretonische Tiefleben ist nicht fränzösisch, ist viel verwandter mit englischem und deutschem Wesen als mit dem gallischen Grundfonds, auf dem noch heute ganz Frankreich liegt. [...]

Ganz so, ganz unmächtig zeigte sich Lamennais in jener Gesellschaft, wo es einen praktischen Zusammenstoß seiner Welt gab mit den weltlichen Mächten des Gedankens, mit den leichtsinnigen aber scharfen Waffen Heine's. Dieser, der sonst selten in geschlossener Folge spricht und noch seltner in systematischer Geschlossenheit seine Gedanken vertheidigt, war in dieser Gesellschaft ein völlig anderer, als man ihn sonst zu sehen gewohnt ist. Er griff übermüthigen Geistes allen bretonischen Spiritualismus so schonungslos witzig an, daß Alles in Bewegung gerieth. Die Sand, ganz ohne Witz, weil ein inniges, nach Versöhnung der Gegensätze trachtendes Gemüth, suchte abzulehnen, und that doch auch dieß nur halb, weil das bei ihr selbst aufgejagte Lachen den völligen Willen und die völlige Ueberzeugung beeinträchtigte. Alles sah auf Lamennais [...]

Nie habe ich Heine so mächtig gesehen in gesellschaftlichem Verkehre. Oft sprach er sein Französisch – das er übrigens fein cultivirte – zähe und stockend, hier floß es ihm wie die Welle des Sturzbaches von den Lippen, und er fand, ohne zu suchen, die schlagendsten Ausdrücke wie ein überlegener Franzose; er herrschte bei diesem Lever wie ein Imperator des Geistes.

Der Kontakt Heines zu George Sand beschränkt sich im wesentlichen auf die Zeit zwischen 1835 und 1840, als Paris für beide Lebensmittelpunkt ist. Die Sand behält zwar zeitlebens eine kleine Wohnung in Paris, doch schon während ihrer Jahre mit Chopin zieht sie sich mehr und mehr auf ihr Landgut Nohant zurück. Es wird nach der Rückkehr aus Mallorca 1839 zu ihrem bevorzugten Wohnsitz. Dort hat Heine die Freundin allerdings nie besucht. Die Reise ins Berry dauerte damals, in der Postkutschenzeit, allerdings auch ganze drei Tage.

In den 1840er Jahren wird die Beziehung – nach den Berichten der Zeitgenossen – allmählich lockerer und unverbindlicher, auch wenn der Briefkontakt bis 1845 fortbesteht. Jedenfalls äußert sich

Heine ausweichend-unverbindlich, wenn deutsche Besucher ihn bitten, sie bei der berühmten George Sand einzuführen.

Sind Sie mit Madame Dudevant genauer bekannt? fragte ich [Heinrich Laube] Heine, als wir an einem Wintermorgen in den Stadttheil hinaus fuhren, der gegen den Montmartre hin sich allmählich erhebt, und wohin sich jetzt wegen gesündester Lage die vornehme Welt zieht. – »O ja! Aber ich habe sie zwei Jahre lang nicht gesehen; vor zwei Jahren war ich oft bei ihr.« Sie sind aber doch beide in diesen zwei Jahren großentheils hier in Paris gewesen? – »Ja; aber Paris ist groß.« – Hat aber nur Eine George Sand. – »Hat auch nur Einen Louvre, nur Eine italienische Oper, und man kommt manchmal zwei Jahre lang nicht in den Louvre, nicht in die italienische Oper, der Tag ist zu mächtig.« – Wird die Dudevant Ihnen diese Vernachlässigung nicht übel genommen haben, und Sie jetzt kalt aufnehmen? – »Ich denke nicht; sie lebt ja auch in Paris, und ihre Bücher les' ich doch alle. Der französische Autor ist nicht so ehemännisch empfindlich wie der deutsche«.

Mit dem Beginn der Februarrevolution trennen sich die Wege von Heine und Sand. Der körperliche Zusammenbruch zwingt Heine, sich aus der Öffentlichkeit zurückzuziehen. Für die acht Jahre jüngere George Sand dagegen beginnt eine neue Phase öffentlicher Wirkung in der Politik. Als renommierte Publizistin spielt sie hinter den Kulissen eine einflussreiche Rolle, verfasst politische Aufrufe, Artikel und anonym auch offizielle Verlautbarungen der Regierung. Vorbehaltlos identifiziert sie sich mit den Anliegen und auch den Taten der Revolution. Nach 1851, als Frankreich zum bonapartistischen Kaiserreich geworden ist, zieht sich die enttäuschte Republikanerin wieder aus der Politik zurück. Mittlerweile Großmutter, kehrt sie mit einem neuen Lebensgefährten nach Nohant zurück und unternimmt von dort aus viele Reisen. Und als sie in den 1860er Jahren in der nächsten Schriftstellergeneration um Flaubert und die Brüder Goncourt einen neuen Freundeskreis findet, da lebt Heine schon nicht mehr.

Heines Kontakt zu George Sand bleibt, bei aller verbalen Intimität, die seine Briefe suggerieren, letztlich gesellschaftlich-konventionell. Die wenigen erhaltenen Schreiben beschränken sich inhaltlich auf die Verabredung von Besuchsterminen, öfter noch auf deren wortreiche Absage, wie im folgenden Brief vom 17. August 1838:

Meine allerschönste und allerbeste Cousine!

Ich kann gar nicht mit Worten ausdrücken, wieviel Kummer es mir bereitet, daß ich Sie nicht in Paris gesehen habe. Am Abend vor meiner Abreise erhielt ich durch Choppin [sic!] Ihr liebenswürdiges Billet, und ich danke Ihnen für das Interesse, das Sie mir bezeugen. Tausend Dank! [...]

Ich liebe Sie sehr, von ganzem Herzen, mit allen Fetzen meines Herzens. Wenn Sie frei sind, erfreuen Sie sich dieser Freiheit. Ich bin noch in den schrecklichsten eisernen Fesseln, und weil man mich abends mit besonderer Sorgfalt ankettet, gelang es mir nicht, Sie in Paris zu sehen. Wenn ich aber meine Zeit durchgemacht haben werde, werde ich kommen, um Sie einzuholen, und wenn es am Ende der Welt wäre ... vorausgesetzt, daß man Sie inzwischen nicht neuerlich gefangen nahm und ins Zuchthaus zurückführte, mein schöner Häftling, der aus dem Liebeszuchthause befreit wurde.

Wegen solcher erotisch anspielungsreicher Worteskapaden hat man schon zu Heines Lebzeiten vermutet, dass ihn mit George Sand nicht allein Freundschaft, sondern eine Liebesbeziehung verbunden habe. Die Autorin war ja ebenso wie er selbst als Verfechterin der freien Liebe bekannt. Heine hat sich gegen diese Gerüchte mehrfach verwahrt, vor allem durch verbale Angriffe gegen die Urheber dieser Behauptungen. Auch dies kann als Beleg dafür gelten, dass es sich bei den Liebesbezeugungen zwischen »chère cousine« und »cher cousin« um reine Spiegelfechtereien handelt. Vergleicht man George Sand mit dem Frauentyp, von dem Heine sich bisher erotisch angezogen fühlte, so liegt die Vermutung nahe, dass er sich durch eine »Emancipatrice« wie sie leicht überfordert gefühlt haben könnte. Davor und vor jedem erotischen Beziehungsinteresse schützen ihn die verwandtschaftliche Gefühle, die mit der Anrede »ma chère cousine« assoziiert werden.

Die klug beobachtende George Sand jedoch blickt hinter die Maske von Heines Zynismus, Spott und Ironie. Und nimmt auch seine verborgene Fähigkeit zu Zärtlichkeit und Aufmerksamkeit wahr, all das, was Heine selbst wohl eher für Schwäche hält. In ihrem Tagebuch notiert sie:

Heine sagt sehr bissige Sachen, und seine Witze treffen ins Schwarze. Man hält ihn für von Grund auf böse, aber nichts ist falscher; sein Herz ist so gut, wie seine Zunge schlecht ist. Er ist zärtlich, aufmerksam, aufopfernd, in der Liebe romantisch, ja schwach, und eine Frau kann ihn unbegrenzt beherrschen. Dabei ist er zynisch, spöttisch, skeptisch, realitätsbezogen, er spricht überhaupt wie ein Materialist, und wer nicht weiß, was in ihm vorgeht, und sein verborgenes häusliches Leben nicht kennt, erschrickt und wird abgestoßen. Er ist wie seine Dichtungen, eine Mischung aus höchster Sentimentalität und närrischen Possen.

Heine dagegen kommt, vor allem später, als der Kontakt abgerissen ist, von der Spottlust und den verbalen Spitzen gegen die einstige Seelenfreundin nicht mehr los. Er wertet die Kombattantin für die Frauenrechte nun als »emanzipationssüchtig« ab und macht ihre Schönheit, ihre Wahrhaftigkeit, ihren guten Geschmack, die Harmonie und Reinheit ihres Stils, ja ihr ganzes literarisches Werk durch übertriebenes Lob unglaubwürdig.

Publizieren lässt er diese Sottisen in seinen letzten Lebensjahren, als er sich von der alten Freundin vernachlässigt fühlt und auch zu den Emanzipationstendenzen seiner mittleren Jahre auf Distanz gegangen ist: »George Sand, das Luder«, beklagt er sich bei seinem Bruder Max mit Anspielung auf Sands Roman »Lukrezia Floriani«, »hat sich seit meiner Krankheit nicht um mich gekümmert; diese Emancipatrice der Weiber, oder vielmehr diese Emancimatrice hat meinen armen Freund Chopin in einem abscheulichen, aber göttlich geschriebenen Roman auf's empörendste maltraitiert.«

Eine literarische Schwester

Fanny Lewald und die neue Ordnung der Geschlechter

Die Publizistin und Schriftstellerin Fanny Lewald (1811–1889) wird oft als Heines »literarische Schwester« bezeichnet. Und schwesterlich verbunden ist sie ihm; in Herkunft und literarischer Intention, in der Bewunderung für sein Werk und dem Vertrauen, das Heine zu ihr entwickelt, als sich die beiden im März 1848 persönlich kennenlernen.

Fanny Lewald stammt, wie Heine, aus einer jüdischen Kaufmannsfamilie. Auch sie konvertiert, etwa gleichzeitig mit ihm, zum Protestantismus. Auch sie strebt eine literarische Karriere an, tut sich jedoch mit deren Verwirklichung trotz unbestrittener Begabung ungleich schwerer. 1845 endlich gelingt Fanny der erste Schritt in die Selbständigkeit. Als ledige Frau von 34 Jahren zieht sie – im Dissens mit ihrer Familie – allein nach Berlin. Der Schriftsteller und Literaturkritiker Adolf Stahr wird ihr Lebensgefährte. In Berlin, im Zentrum des vormärzlichen Preußen, erprobt die Lewald ihre schriftstellerischen Fähigkeiten, veröffentlicht Briefe, Essays und Romane – und hat Erfolg.

Fanny Lewald lebt in Berlin auf Heines Spuren. Nach dem Vorbild Rahel Varnhagens führt auch sie einen Salon, einen der letzten seiner Art. Er wird zum Treffpunkt der Revolutionäre von 1848. Bei den »Montagsabenden« des »Großen Kurfürsten«, wie die Lewald ihrer imponierenden Erscheinung und ihrer Lockenpracht wegen genannt wird, geht es vor allem um aktuelle politische und soziale Themen, Thesen und Interessen. Lewalds großes Anliegen ist – auch darin ist sie Heine verwandt – die Emanzipation. Ohne dass sie sich der bürgerlichen Emanzipationsbewegung je angeschlossen hätte.

Wie ihr Vorbild Rahel Varnhagen erlebt auch Fanny Lewald die Diskriminierung, der sie als Frau und als Jüdin ausgesetzt ist, zunächst einmal schmerzhaft an der eigenen Existenz. Doch sie versteht ihre Erfahrungen als symptomatisch und schließt daraus mit analytisch sicherem Blick auf die soziale Realität der Geschlechterverhältnisse. Sie – und das unterscheidet sie von Heine – werden zum Leitthema ihrer Schriften.

Literarisch gefördert wird Fanny Lewald von ihrem Vetter, dem Publizisten August Lewald. Er steht mit Heine in Paris in enger Verbindung und prägt mit seinen biografischen Skizzen über Heines Pariser Leben dessen öffentliches Bild wesentlich mit.

Lewald hat seiner Cousine schon in den 1830er Jahren das Arbeitsmanuskript des Gedichts »Küsse, die man stiehlt im Dunkeln« aus dem »Buch der Lieder« geschenkt. Einem Buch, das ihr sehr viel bedeutet und, so Fanny Lewald selbst, »zehn, fünfzehn Jahre lang« ihr ständiger Begleiter gewesen ist. »Viele der Heine'schen Lieder«, schreibt sie in ihren Erinnerungen, »haben mich als Lieblinge durch das ganze Leben begleitet, ihr Rhythmus hat mich erquickt in Tagen schwerer Leiden, ich habe mich erfrischt an ihrer Lebensfülle«.

Mit dieser bewusst ästhetisch begründeten Wertschätzung von Heines Lyrik steht Fanny Lewald damals in ihrer Umgebung allein. Im gebildeten Haus Lewald teilt man zwar Heines Kritik am politischen System, distanziert sich jedoch, wie die meisten Leser, von seinem frechen, unernsten Ton. Die »Reisebilder« gelten den Lewalds als »Schmutzbücher« mit »Commis-Voyageur-Witzen«. Und auch Fannys Lebensgefährte Adolf Stahr lehnt – so berichtet sie – Heine ab; vor allem aus Gründen der Moral und guten Sitte:

»Sie haben mir neulich mit Ihren Äußerungen über Heine einen recht peinlichen Eindruck gemacht; es war mir, als sähe ich ein schönes, weißes Gewand voll Flecke.«

Ich fragte betroffen, was das heißen solle?

»Wie kann eine Frau von Ihrem Idealismus, wie kann überhaupt eine Frau, die Achtung vor sich und der Weiblichkeit hat, es aussprechen, daß sie Heine, wie Sie es gethan, so zu sagen durch Gras und Korn bewundert? Wie können Sie das obenein vor Männern aussprechen? Fühlen Sie es denn nicht, daß nie zuvor in der deutschen Sprache das Weib tiefer herabgewürdigt ist, als von Heine? Sie würden beleidigt sein, wenn Jemand vor Ihnen sich zur Vielweiberei bekennen würde; aber das Leben der Weiber im Harem ist oft lange nicht so entehrend und entwürdigend, als die Art von Liebesleben, dessen Heine sich in diesem »Buch der Lieder« frei berühmt. Lesen Sie das Buch einmal mit Verstand, nicht nur auf den melodischen Klang, für den Sie so empfänglich sind, daß er Sie hinnimmt, und Sie werden sich künftig Ihrer Bewunderung Heine's in Bausch und Bogen schämen; was nicht ausschließt, daß man an dem, was rein und sehr schön in seiner Dichtung ist, seine herzliche Freude haben kann!«

Fanny Lewald aber hält an ihrer Vorliebe für den Rhythmus und die Musikalität von Heines Versen fest.

Im Februar 1848, im unmittelbaren Umfeld der bürgerlichen Revolution, lernt sie den Autor endlich auch persönlich kennen; und zwar auf ihre eigene Initiative hin. Fanny Lewald befindet sich damals, gemeinsam mit ihrer Freundin Therese von Bacharacht, auf ihrer ersten Paris-Reise. Therese kennt Heine aus seiner Hamburger Zeit und führt die Freundin bei ihm ein. Am 17. März vormittags, so Fanny Lewald in ihren Erinnerungen, machen sich die beiden auf zu Heines Wohnung; unangemeldet, um möglichst wenig Umstände zu machen:

Unten im Hofe wies der Concierge uns nach dem zweiten Stockwerk, Nummer 23. Wir stiegen hinauf. Ein junges Dienstmädchen öffnete gerade die Thüre, wir gaben die Karten ab mit der Weisung, Frau Heine zu fragen, ob der Herr uns empfangen wolle, und ein »Entrez! entrez!« scholl uns freundlich entgegen.

Es war ein trauriger Anblick, der sich uns bot. In einem Schlafzimmer mit blauem Polsterlager und großem, breitem Himmelbette stand, sich auf einen Tisch stützend und an ihm haltend, eine gebeugte, gelähmte Gestalt, die uns mit den Worten anrief: »Mein Gott, wie haben Sie mich ausgefunden in dieser Zeit! Und Sie kommen zu mir und ich sehe so entsetzlich aus. Seit drei Tagen habe ich meinen Bart nicht können machen lassen, weil meine Nerven gar keine Berührung ertragen.«

»So schicken Sie uns fort, wenn Sie leiden!« sagten wir.

»Nein, nein, bleiben Sie! Es freut mich, es erheitert mich, es wird mich gesund machen!«

»Ich habe Ihnen nicht schreiben mögen«, erklärte ich, »um Ihnen die Mühe einer Antwort zu ersparen, und habe es darauf ankommen lassen, ob Sie uns annehmen wollten, ob nicht!«

»Das ist gut, das ist landsmännisch gehandelt!« rief er.

Sein Arzt, ein deutsch sprechender Ungar, der sich gerade bei ihm befand, meinte: »Sie wollen ihm die Mühe eines Billets ersparen und er hat gestern und heute Stunden hindurch für die Augsburger Zeitung geschrieben!«

»Ach!« rief er, »ich kann nicht mehr schreiben; ich kann nicht, denn wir haben keine Censur! [...]

Er lachte hell und heiter, hielt sich aber dabei das Gesicht, dessen Muskeln immer zuckten, als ob das Lachen ihn schmerze.

175

Noch zweimal sehen die Besucherinnen Heine zu intensiven Gesprächen; einmal besucht er die beiden in der Wohnung, die sie für ihren Aufenthalt gemietet haben. Am 27. März reisen die Frauen, der politischen Lage wegen, ab. Als Fanny Lewald im Sommer 1850, diesmal in Begleitung von Adolf Stahr, wieder nach Paris kommt, trifft sie Heine auf dem Krankenlager, das er nicht mehr verlassen wird.

Es war ein stilles Haus in der ruhigen Rue d'Amsterdam, das Heine bewohnte. Durch die Einfahrt über einen sauber gehaltenen Hofraum schreitend, gelangte man in das Hinterhaus, in dessen zweitem Stock eine Mulattin, die Wartefrau des Kranken, den Kommenden die Thüre öffnete. [...]

Er lag auf seinem Schmerzenslager, das er seit Jahr und Tag nicht mehr verlassen hat. Die Fenstervorhänge waren niedergelassen, das Bett überdies noch durch eine grüne spanische Wand gegen das Licht geschirmt. Der Kranke hob die feine, fast durchsichtig magere Hand an das rechte Auge, um das Lid emporzuziehen und die Eintretenden zu sehen. Nur dies Auge besaß noch Sehkraft, das andere nur einen schwachen Lichtschimmer. Aber die Lider waren gelähmt und keiner freien Bewegung mehr fähig.

Fanny Lewald besucht Heine während ihres mehrmonatigen Aufenthalts mehrfach; meist mit ihrem Mann, mindestens einmal auch allein. Die Gespräche handeln vor allem von den veränderten politischen Verhältnissen und deren Folgen für das Schreiben selbst, vom literarischen Leben in Deutschland und Frankreich, von gemeinsamen Bekannten aus der Literaturszene und von Heines Erinnerungen an sie: Rahel Varnhagen und ihren Mann, sowie die Jungdeutschen, Börne, Gutzkow und Laube. Immer wieder geht es auch um Neuerscheinungen auf dem Buchmarkt, für die Heine sich lebhaft interessiert. Vor allem für die Publikationen aus dem Umkreis von Lewald selbst. Und sie stellt sich mit ihren Romanen der Kritik ihres großen literarischen Vorbilds, obwohl sie seine beißende Ironie fürchtet.

Ein Tabu-Thema allerdings scheint es trotz des regen geistigen Austauschs gegeben zu haben: die Frauenfrage. Heines Vorurteile gegen emanzipierte Frauen sind der klugen Lewald nicht verborgen geblieben:

Es ist sehr merkwürdig, Sie haben viel gedacht, Sie denken überhaupt viel, und Sie haben doch das Herz einer Frau! Das überrascht mich! Ich habe das nur an einer Frau erlebt: an der Fürstin Belgiojoso, und ich glaubte, sie wäre die einzige. Im Allgemeinen ist Denken nicht der Frauen Sache!

Als Adolf Stahr Heine – auf dessen ausdrücklichen Wunsch hin – im September 1850 Georg Jungs eben erschienene »Geschichte der Frauen« schickt, wird das Thema Frauenemanzipation unumgänglich. Denn die Schrift des Junghegelianers, der zudem mit Fanny Lewald persönlich bekannt ist, ist ein Manifest für die Gleichstellung der Geschlechter – ein Standpunkt, den Heine nicht teilt:

»Ich bin nicht für diese schrankenlose Emancipation. Es geht mir mit den Frauen wie Napoleon mit den Schwarzen.

›Warum wollen Sie die Schwarzen nicht emancipieren, Sire?‹ fragte man ihn.

›Je vous le dirai en deux mots parceque je suis blanc!‹ Und ich – ich bin verheiratet. Wir vertrauen ja den Frauen die ganze Zukunft, die künftige Generation; da können wir sie doch nicht ohne Weiteres auf der Gasse umherlaufen lassen. Vor sozialen Ungerechtigkeiten müssen wir sie beschirmen durch unsere Institutionen – im Uebrigen für sie sorgen. Das ist die Sache.«

Noch direkter formuliert Heine seine Haltung im Brief an seinen Verleger Julius Campe vom 28. September 1850:

»Ich bin freylich nicht einverstanden mit dem Weiber-Emanzipations-Enthusiasmus im letzteren Buche, denn ich bin selbst zu sehr verheurathet.«

Fanny Lewald versteht es, das strittige Thema souverän zu umgehen. Dennoch registriert sie Heines frauenfeindliche Äußerungen genau – seine Ausfälle gegen die äußere Erscheinung von Schriftstellerinnen oder seine pauschalisierenden Bemerkungen über die vermeintliche weibliche Irrationalität: »Im Allgemeinen ist Denken nicht der Frauen Sache.«

Fanny Lewald äußert sich zu derlei Plattitüden nicht. In ihren Erinnerungen stellt sie allerdings einleitend klar, dass sie (und auch Adolf Stahr) in vielem grundsätzlich anderer Meinung ist als Heine:

»Daß ich weder seine Ansichten über die Dinge, Zustände, Personen damit zu den meinen mache, brauche ich nicht erst ausdrücklich zu erwähnen; ebenso wenig, daß seine Lebensansichten und die unseren sehr voneinander verschieden waren.«

Und doch verehrt sie Heine nach wie vor als großes literarisches Vorbild. »Sie sind,« schreibt sie ihm nach ihrem ersten Besuch im März 1848, »ein ganz entschiedenes, für mich gesondertes Element meiner, in stiller Prosa, dürftigen Jugend gewesen und ihr Buch der Lieder hat mir die sonnigsten Mährchen an den sehr engen Horizont jener Tage gemalt.« So gelingt es ihr, vielleicht auch dank des späten Zeitpunkts der persönlichen Bekanntschaft, von Heine nicht als Konkurrentin wahrgenommen und abqualifiziert zu werden.

Die freundschaftliche Beziehung zwischen Heine und Fanny Lewald gehört zu den wenigen, in die auch Mathilde – zumindest am Rande – mit einbezogen ist. Das erscheint um so bemerkenswerter, als eine so durchweg patriarchalische Ehekonstellation wie die zwischen Heine und Mathilde den Vorstellungen und dem Lebensmodell Fanny Lewalds diametral entgegensteht und sie Mathilde durchaus kritisch-nüchtern einzuschätzen weiß.

Ihre noble Haltung beweist Fanny Lewald auch nach Heines Tod. Sie veröffentlicht ihre Erinnerungen »Zwölf Bilder nach dem Leben«, in denen Heine ein Kapitel gewidmet ist, aus persönlicher Rücksichtnahme erst 1888, nach Mathildes Tod und verbrennt alle ihre Notizen über Heine, um seine nicht immer satisfaktionsfähigen Äußerungen über Zeitgenossen nur ja nicht öffentlich werden zu lassen.

Diese Haltung ist selten in den Jahren nach Heines Tod. Als die erste große Heine-Konjunktur manchen Freund und Kollegen, ehemalige Geliebte mit eingeschlossen, dazu verführt, sich mit ihren größtenteils höchst subjektiven Erinnerungen an den berühmt-berüchtigten Dichter einen eigenen kleinen Ruhm zu erschreiben.

Siebtes Kapitel

Literarische Spiegelfechtereien
Frauenbilder und Männerfantasien

Loreley und Sphinx, marmorne Venus, tote Maria und lebendige Hure, kaltherzige Geliebte, dämonische *femme fatale* und gute Mutter – Frauen nehmen in Heines literarischem Werk vielerlei Gestalt an. Welche Frauenbilder es transportiert, welche tradierten oder innovativen Vorstellungen sich in ihnen verkörpern, welche Wünsche und Ängste sich mit ihnen verbinden, darum soll es im Folgenden gehen.

Heines Weiblichkeitsentwürfe und Frauenfantasien sind uns in diesem Buch bereits mehrfach begegnet. In seinen Prosaschriften, vor allem in den Aufsätzen zu tagesaktuellen politischen und gesellschaftlichen Fragen, erscheinen Frauen im Zusammenhang mit dem Begriff der Emanzipation, als Teil von Heines gesellschaftspolitischem Zukunftskonzept. Davon handeln die beiden Kapitel über Heines Zeitgenössinnen, seine Gönnerinnen und Schriftstellerkolleginnen in Deutschland und Frankreich. Um Frauenbilder geht es – unter anderem – auch in den Erzählversuchen, wie dem Fragment »Florentinische Nächte«, dem Aufsatz »Elementargeister«, der sich mit der nordischen Sagenwelt auseinandersetzt, den literarischen Porträts in »Shakespeares Mädchen und Frauen« oder dem Ballettlibretto »Die Göttin Diana«. Von ihnen und mehr noch von Heines Lyrik war bereits die Rede im biografischen Zusammenhang mit den Frauen, denen Heine im wirklichen Leben verbunden war: der Mutter, Amalie, Mathilde und der Mouche.

Wie aber sehen die Tagtraumbilder des Dichter-Ichs dort aus, wo sie nicht autobiografisch fixiert sind? Aus welchen kulturellen Konstrukten, historischen oder individuellen Weiblichkeitsentwürfen und Männerfantasien entwickeln sie sich? Was wird – unter der Oberfläche eines oft konventionell erscheinenden Bildrepertoires – sichtbar von der ja durchweg nicht unproblematischen Beziehung des Dichter-Ichs zum anderen Geschlecht? Das soll hier gezeigt werden vor allem an Heines Lyrik: an Beispielen aus dem »Buch der Lieder", den »Neuen Gedichten« und dem lyrischen Spätwerk; und an dem in dieser Hinsicht höchst aufschlußreichen Erzählfragment »Florentinische Nächte«.

In Heines Gedichten begegnet uns – in vielerlei Variationen – das gesamte Repertoire der Frauenbilder, das die Kultur und Literatur seiner Zeit verfügbar hält. Der lyrische Frauenreigen gruppiert sich um die in der abendländischen Kultur altbekannten, durch die zeitgenössische Debatte um die Neudefinition der Geschlechterrollen aktivierten Gegensätze. Um die hohe, d. h. spirituelle Liebe auf der einen und die niedere, d. h. sinnliche Liebe auf der anderen Seite. Und auch die mit den Frauenbildern verbundenen Gefühle umfassen das konventionelle Repertoire von zärtlich-romantischer Schwärmerei und masochistisch gefärbter Wollust über die Sehnsucht nach mütterlicher Versorgung bis zur Angst vor Überforderung durch eine dominant auftretende weibliche Körperlichkeit. Dass diese Gefühls- und Bildmuster in Heines Lyrik gebrochen und ironisch verfremdet erscheinen, ist neu. Die wahren Gefühle werden abgewehrt durch allerlei Spiegelfechtereien; mit den gängigen Mitteln der Idealisierung, durch Verrätselung und mit neuen, unerhört frechen Bild- und Sprach-Formen – eine für die Zeitgenossen brüskierende Leseerfahrung.

Provokant wirkte seinerzeit allein schon die Tatsache, dass Heine dem Körper Bedeutung zumisst. Dass er den Körper selbst zum Thema seiner Gedichte macht, statt ihn und seine Bedürfnisse wie üblich zu verschweigen. Und dass er es nicht bei den traditionellen Bildern vom schönen, anbetungswürdig makellosen Leib belässt, sondern sich – je nach Lebenslage und Befindlichkeit des lyrischen Ich – auch der Frauenleiche als Liebesobjekt zuwendet. Oder dem eigenen kranken Körper, der gepeinigt ist von Kopfschmerz, frustriert von Liebesleid und sexueller Not, bedroht von Geschlechtskrankheiten und ihren absehbaren Folgen, der Impotenz und dem Tod.

Die Liebe entfaltet sich in Heines Werk jedenfalls in weitaus differenzierteren Gefühlslagen und Ausdrucksformen, als die antisemitisch gestimmte Heine-Legende den Leserinnen und Lesern lange Zeit hat weismachen wollen. Sie unterstellte Juden ganz allgemein und deshalb auch Heine eine triebhaft gesteigerte Sexualität und führte dies am Beispiel der von ihm in den »Neuen Gedichten« besungenen »Verschiedenen« als moralisches Skandalon vor. Dabei wurde gern übersehen, dass es zu Heines Selbstverständnis als moderner Zeitschriftsteller gehört, sich – auch in seinem Verhältnis zu Frauen – demonstrativ als »ungezogener Liebling der Grazien« zu inszenieren. Einschließlich eines bewusst unbürgerlichen Lebensstils: dem Schriftstellerberuf, dem Leben im Exil, der späten Ehe mit einer Außenseiterin, der Kinderlosigkeit und der als gesellschaftliche Provokation verstandenen und vielleicht auch gelebten Promiskuität.

Für Heines Gedichte gilt wörtlich, was sein lyrisches alter ego schon im »Buch der Lieder" diagnostiziert: »Aus meinen großen Schmerzen/Mach ich die kleinen Lieder.«

In diesen Zeilen deutet sich bereits an, was sich letztendlich als beständigstes aller Gefühle dieses scheinbar so avantgardistischen Erotikers entpuppt: nämlich die Ambivalenz.

Loreley und Marmorbild

Frauenfiguren im »Buch der Lieder« und in
»Florentinische Nächte«

Das »Buch der Lieder«, seine erste große Gedichtsammlung, hat Heine selbst als »Anfang und Ende meines lyrischen Jugendlebens« bezeichnet. Dieses »lyrische Jugendleben« ist zugleich die Geschichte einer Passion. Mehr als die Hälfte der Gedichte behandelt variantenreich das immergleiche Thema der unglücklichen Liebe: den als unlösbar erscheinenden Konflikt zwischen erotischem Verlangen und erzwungenem Verzicht, zwischen Liebesschmerz und Schmerzliebe. Wobei die Gefühle einander in einem masochistisch motivierten Kreislauf immer von neuem verstärken.

So hast du ganz und gar vergessen,
Daß ich so lang dein Herz besessen,

Dein Herzchen so süß und so falsch und so klein,
Es kann nirgend was süßres und falscheres sein.

So hast du die Lieb und das Leid vergessen,
Die das Herz mir täten zusammenpressen.
Ich weiß nicht, war Liebe größer als Leid?
Ich weiß nur, sie waren groß alle beid!

Die unglückliche Liebe erscheint als Obsession. Sie soll – so die selbsttherapeutische Intention des jungen Poeten – durch die literarische Verarbeitung und Veröffentlichung bewältigt und abgeschlossen werden.

Ob diese selbstheilende Wirkung erreicht wurde, darf bezweifelt werden. Und auch ein literarischer Erfolg war, als das «Buch der Lieder« 1826 erschien, nicht absehbar. Heine hatte seinem Verleger Julius Campe, einem ökonomisch denkenden Lyrikverächter, die Gedichtsammlung unter Honorarverzicht aufdrängen müssen, weil dieser davon ausging, mit Gedichten kein Geschäft machen zu können. Und wirklich, das Buch segelte, wie Heine selbst es prognostizierte, zehn Jahre lang »wie ein harmloses Kauffahrteyschiff [...] ruhig ins Meer der Vergessenheit«. Dann aber, Mitte der 1830er Jahre, entdeckt ein neues junges Publikum, die – ausschließlich männliche – Studentenschaft, das »Buch der Lieder« als Spiegel ihrer eigenen Gefühle. Hier finden die neuen Leser ihre Wünsche nach Freiheit von biedermeierlich-bürgerlichen Lebenszwängen wieder, ihre romantische Sehnsucht nach der fernen Geliebten und auch die Liebespein frustrierter Sexualität. »Jeder rechtschaffene Bursch muß seinen Heine haben,« stellt der Verleger nun überrascht fest. Das »Buch der Lieder« beginnt, unterstützt von den unmittelbar einsetzenden Vertonungen aus dem Kreis der Romantiker, seinen internationalen Siegeszug. Auf ihm gründet Heines lyrischer Weltruhm.

Ein Jüngling liebt ein Mädchen,
Die hat einen andern erwählt;
Der andre liebt eine andre,
Und hat sich mit dieser vermählt.

Das Mädchen heiratet aus Ärger
Den ersten besten Mann,
Der ihr in den Weg gelaufen;
Der Jüngling ist übel dran.

Es ist eine alte Geschichte,
Doch bleibt sie immer neu;
Und wem sie just passieret,
Dem bricht das Herz entzwei.

Heines Jugendlyrik wird oft in Verbindung gebracht mit seinem erstem großen und zugleich unglücklichen Liebeserlebnis, der uner-
füllten Liebe zu Amalie. Zu bedenken bleibt, dass der größte Teil der
im »Buch der Lieder« versammelten Gedichte erst geschrieben
wurde, als das Amalienerlebnis bereits einige Jahre zurück lag und
der junge Heine die Frau, nach der er sich angeblich noch immer
verzehrt, seit Jahren nicht mehr gesehen hat. Das Bild der so sehnsüchtig wie unglücklich Geliebten, um das die Gedichte kreisen, hat
sich längst verselbständigt. An die Stelle der Erlebnislyrik in klassischer Tradition tritt die Distanz zwischen dem erlebenden und dem
schreibenden Ich. Was weiterlebt und die reale Beziehung über-
schichtet und ersetzt, sind die Fantasmen und Traumbilder. Und sie
entfalten sich um so reicher, je mehr es dem Dichter-Ich wie seinen
Lesern – unter dem Zwang des bürgerlich-christlichen Moralkodex
des 19. Jahrhunderts – an realen Frauenbeziehungen und realer
Liebeserfahrung fehlt.

Die konventionellen Bilder vom naiven Mädchen, von der holden Maid, der unnahbaren frommen Maria, aber auch der verfüh-
rerischen Eva und der gefährlichen Sirene werden im »Buch der
Lieder« in kunstvoller Komposition kontrastreich zueinander in
Beziehung gesetzt und in ihrer gefährlichen Doppelnatur entlarvt.
Zum bekanntesten Symbol für diese Doppelnatur, für das zwiespäl-
tige Gefühl von Verlockung und Bedrohung wird die Loreley.

Ich weiß nicht was soll es bedeuten,
Daß ich so traurig bin;
Ein Märchen aus alten Zeiten,
Das kommt mir nicht aus dem Sinn.

Die Luft ist kühl und es dunkelt,
Und ruhig fließt der Rhein;
Der Gipfel des Berges funkelt
Im Abendsonnenschein.

Die schönste Jungfrau sitzet
Dort oben wunderbar;
Ihr goldnes Geschmeide blitzet,
Sie kämmt ihr goldenes Haar.

Sie kämmt es mit goldenem Kamme
Und singt ein Lied dabei;
Das hat eine wundersame,
Gewaltige Melodei.

Den Schiffer im kleinen Schiffe
Ergreift es mit wildem Weh;
Er schaut nicht die Felsenriffe,
Er schaut nur hinauf in die Höh.

Ich glaube, die Wellen verschlingen
Am Ende Schiffer und Kahn;
Und das hat mit ihrem Singen
Die Lore-Ley getan.

Ein melancholisch gestimmter Sprecher erzählt hier in balladesker Form von der Begegnung des Schiffers mit der schönen Nixe, umgeben von Wasser und Wellen, dem gefährlichsten der Elemente. In der Loreley nehmen die für die Rationalität des Mannes so gefährlichen Naturkräfte Gestalt an. Bedrohlich und anziehend zugleich wirkt sie vor allem durch ihren Gesang, der den Schiffer im Rheinkahn die Wirklichkeit und die Gefahr vergessen lässt, die von den Elementarkräften ausgeht. Darin ist die Loreley der Sirene der antiken Mythologie verwandt. Für den armen Rheinschiffer aber gibt es – anders als für Odysseus – keine Rettung aus der Naturgewalt des Stroms und der Gefühle. Er ist zum Untergang verurteilt.

Im Loreley-Gedicht stoßen – wie in vielen Heine-Gedichten – zwei konträre Welten aufeinander: das poetische Reich von Kunst und Fantasie und die prosaische Wirklichkeit. Die Bruchstelle zwischen beiden Welten markieren die Gedichte, in denen – mit den unterschiedlichsten dichterischen Verfahren – jene Distanz hergestellt wird, die als der neue, dissonante »Heine-Ton« in die Literaturgeschichte eingegangen ist. Desillusionierung heißt das Sprachmittel, Doppelblick das Heilmittel, mit dessen Hilfe das Dichter-Ich sich vor den tödlichen Gefahren des Eros zu schützen sucht. Dann schlagen die Liebesgefühle des zerrissenen Dichterherzens in Ablehnung und Haß gegen die Geliebte um, werden durch komische Kontraste verzerrt und durch ironische Brechungen verstellt. Diese literarischen Abwehrstrategien machen deutlich, wie tief verletzt dieses Dichter-Ich ist, wie gefährlich ihm die Frauenliebe erscheint. Obwohl er mit der Veröffentlichung des »Buchs der Lieder« sein »lyrisches Jugendleben« doch angeblich abgeschlossen hat.

Ich steh auf des Berges Spitze,
Und werde sentimental.
»Wenn ich ein Vöglein wäre!«
Seufz ich viel tausendmal.

Wenn ich eine Schwalbe wäre,
So flög ich zu dir, mein Kind,
Und baute mir mein Nestchen,
Wo deine Fenster sind.

Wenn ich eine Nachtigall wäre,
So flög ich zu dir, mein Kind,
Und sänge dir Nachts meine Lieder
Herab von der grünen Lind.

Wenn ich ein Gimpel wäre,
So flög ich gleich an dein Herz;
Du bist ja hold den Gimpeln,
Und heilest Gimpelschmerz.

In einem Brief aus der Göttinger Studienzeit schreibt Heine 1824 an den Freund Moses Moser:

»Auch die Liebe quält mich. Es ist nicht mehr die frühere, die einsei-
tige Liebe zu einer Einzigen. Ich bin nicht mehr Monotheist der Liebe,
sondern wie ich mich zum Doppelbier hinneige, so neige ich mich
auch zu einer Doppelliebe. Ich liebe die Medizäische Venus, die hier
auf der Bibliothek steht und die schöne Köchinn des Hofraths Bauer.
Ach! Und bei beyden liebe ich unglücklich! Die eine ist von Gyps und
die andre ist venerisch.«

Die Ambivalenz der »Doppelliebe« zwischen hoher und niederer
Liebe erzeugt jene Liebesqual, die zum Grundgefühl und zur einzigen Konstante des »Buchs der Lieder« wird. Sie nimmt Gestalt an
im Typus der *femme fatale,* jener dämonischen Mischung aus las-
ziver Schönheit, Verführungskunst, Unnahbarkeit und zerstöreri-
scher Kraft, mit der Männerfantasien nicht nur auf Naturwesen wie
die Loreley reagieren, sondern vor allem auf die vermeintliche
Bedrohung durch die moderne, die gelehrte und emanzipierte Zeit-
genössin.

Zum Symbol für die *femme fatale* wird das kulturgeschichtliche
Phänomen der steinernen Frau. Sie ist seit dem 18. Jahrhundert
optisch omnipräsent in Form industrieller Billigimitate, artifizieller
Nachbildungen und kostbarer Originale in Adelspalais, Bürgerhäu-
sern, Parks und Gartenanlagen. Ob als Medizeische Venus, als
Venus von Milo oder als Sphinx. Und so kennt sie auch Heine. Nicht
erst aus der Göttinger Universitätsbibliothek, sondern schon vom
Brunnen vor der »Affrontenburg«, der Elbvilla des Hamburger
Onkels, und aus den Gärten von Potsdam. Im Ägyptenkult des französischen Empire wird er ihr wieder begegnen. Heine steht wie
kaum ein anderer Autor seiner Zeit im Bann der steinernen Körper.

> *Dort vor dem Tor lag eine Sphinx,*
> *Ein Zwitter von Schrecken und Lüsten,*
> *Der Leib und die Tatzen wie ein Löw,*
> *Ein Weib an Haupt und Brüsten.*
>
> *Ein schönes Weib! Der weiße Blick,*
> *Er sprach von wildem Begehren;*
> *Die stummen Lippen wölbten sich*
> *Und lächelten stilles Gewähren.*

Die Nachtigall, sie sang so süß –
Ich konnt nicht widerstehen –
Und als ich küßte das holde Gesicht,
Da wars um mich geschehen.

Lebendig ward das Marmorbild,
Der Stein begann zu ächzen –
Sie trank meiner Küsse lodernde Glut
Mit Dürsten und mit Lechzen.

Sie trank mir fast den Odem aus –
Und endlich, wollustheischend,
Umschlang sie mich, meinen armen Leib
Mit den Löwentatzen zerfleischend.

Entzückende Marter und wonniges Weh!
Der Schmerz wie die Lust unermeßlich!
Derweilen des Mundes Kuß mich beglückt,
Verwunden die Tatzen mich gräßlich.

Die Nachtigall sang: »0 schöne Sphinx!
O Liebe! was soll es bedeuten,
Daß du vermischest mit Todesqual
All deine Seligkeiten?

O schöne Sphinx! O löse mir
Das Rätsel, das wunderbare!
Ich hab darüber nachgedacht
Schon manche tausend Jahre.«

In seinem ersten Sphinxgedicht spielt Heine mit dem kulturellen Klischee, ohne sich auf eine bestimmte Bedeutung festzulegen. Der Charakter der rätselhaften Sphinxfrau changiert von Strophe zu Strophe und bleibt letztlich ambivalent. Denn die steinerne Frau steht in der Tradition zweier sehr unterschiedlicher Mythen. Einerseits wartet sie als Sphinx wie als Venusstatue, schön, aber kalt, darauf, dass der Geliebte ihr Leben einhaucht, wie einst Pygmalion der von ihm selbst geschaffenen Frauenfigur, und sie mit seiner Liebe aus ihrer Starre erlöst. Andererseits aber fürchtet der sehnsüchtige Liebhaber, darin mehr Ödipus als Pygmalion, von der Liebe zerrissen oder verschlungen zu werden, sobald er ihre Triebkraft durch sein Verlangen aktiviert hat. In jedem Falle aber werden Liebe und Schmerz, später Liebe und Tod unauflöslich miteinander verquickt.

Im Bann eines Marmorbilds steht auch Maximilian, der Ich-Erzähler aus »Florentinische Nächte«, Heines zweitem Erzählversuch von 1836. Max erzählt hier rückblickend seine erotische Biografie. Doch Lesererwartungen an toskanische Schönheit oder südliche Liebesglut, an die Liebeserzählungen aus »Tausendundeine Nacht« oder Boccaccios »Decamerone«, die der Titel weckt, erfüllen sich ebenso wenig wie die heimlichen Liebeserwartungen des Erzählers. Denn die nächtlichen Besuche bei seiner Freundin Maria, die den Rahmen der Erzählung bilden, gelten einer Todkranken. Maria hat Tuberkulose im Endstadium und sie weiß es ebenso wie ihr Freund Max. Er soll die Kranke durch sein Erzählen ruhig stellen, ja, sie in totale Passivität versetzen. Am Ende sinkt Maria denn auch in einen tiefen Schlaf, der ihr – so der Arzt, der die Erzähltherapie verordnet hat – »schon ganz den Charakter des Todes« gibt. Damit nähert sich die Rahmensituation immer mehr dem Thema der Binnenerzählung: Maximilians Liebe zum Marmorbild, seine Obsession für Tote.

Der Ursprung dieser fetischistischen Fixierung auf »das Totenhafte und das Marmorne« liegt in einem Pubertätserlebnis. Als Zwölfjähriger sieht Maximilian ein Marmorbild im »grünen Grase« liegen. Und umarmt und küsst es in seiner Not so leidenschaftlich wie verzweifelt. Die Erinnerung an diese Ursitation, aus der sich ihm eine »beseligende Kälte« als erotischer Reizstoff erhalten hat, wird wieder in ihm wach, als er die leichenblasse, ans Krankenlager gefesselte Maria auf einem »grünseidenen Sofa«, dem grünen Grasbett des Marmorbilds vergleichbar, vorfindet. Aus dieser Assoziation entwickelt Maximilian seine erotische Biografie als pathologischen Fall. Die erste Liebe zu einer Marmorstatue prägt seine künftigen Liebesbeziehungen dauerhaft. Die Statue selbst ist zum Faszinosum geworden.

»Und Sie liebten immer nur gemeißelte oder gemalte Frauen?« fragt Maria den Erzähler, und er antwortet mit der paradoxen Wendung: »Nein, ich habe auch tote Frauen geliebt.« Und als Liebe zu einer Toten ist auch die Episode mit Mademoiselle Laurence zu deuten, von der Max in der zweiten Nacht erzählt. Laurence ist ein »Totenkind«, geboren von einer sterbenden Mutter und deshalb selbst dem Tod geweiht.

Maximilians erotische Biografie beschreibt Formen einer Liebe auf Distanz. Die Angst vor dem lebendigen Frauenkörper und die Versuche, seine unberechenbare Vitalität zu domestizieren, degradiert Frauen hier wie in vielen Heine-Gedichten zum toten Objekt. Damit wird literarisch das vorweg genommen, was Heine selbst an seinem Lebensende in den »Geständnissen« als Fazit seiner Frauenbeziehungen resumiert: »Wirklich geliebt habe ich nur Tote oder Statuen.«

Frauenkörper und Männerfantasien
›Neue Gedichte‹

Heinrich, so heißt ein Mann in den besten Jahren, der die nachweislich entrüsteten (und man darf unterstellen: trotzdem neugierigen) Leser der »Neuen Gedichte« teilhaben lässt an seinen lyrischen Liebesbegegnungen mit »Verschiedenen« aus dem Pariser Grisettenmilieu. »Verschiedene« heißt einer der vier Zyklen aus Heines zweiter Lyriksammlung, die 1844, 17 Jahre nach dem lyrischen Erstling auf den Markt kommt. Diese »Verschiedenen« – Seraphine, Angelique, Diana, Hortense, Clarisse, Yolanthe und Marie, Emma, Friederike und Katharina – transformieren Heines sozialrevolutionäres Programm in eine Poetik der Körper. Wie diese erotische Emanzipation aussehen soll, führt Heinrich, ganz literarischer Bürgerschreck, verbal vor an einem scheinbar rein lustvollen, jedenfalls aber provokanten Liebesreigen mit wechselnden Partnerinnen.

Dass Heinrich denselben Vornamen trägt wie sein Schöpfer, ist sicher kein Zufall. Inwieweit es sich bei seinen lyrischen Liebesabenteuern um das Ergebnis realer Feldforschungen in der Pariser *demi monde* handelt oder um Männerfantasien, ausgelöst von den emanzipativen Ideen des Sensualismus, sei dahingestellt.

Die zeitgenössische Kritik jedenfalls gibt sich einhellig empört; nicht nur auf konservativer Seite, sondern auch auf Seite der Liberalen. Selbst der politisch so fortschrittliche Lassalle empört sich über diese »Poesie der Hurerei«.

Diese schönen Gliedermassen
Kolossaler Weiblichkeit
Sind jetzt, ohne Widerstreit,
Meinen Wünschen überlassen.

Wär ich, leidenschaftentzügelt,
Eigenkräftig ihr genaht,
Ich bereute solche Tat!
Ja, sie hätte mich geprügelt.

Welcher Busen, Hals und Kehle!
(Höher seh ich nicht genau.)
Eh ich ihr mich anvertrau,
Gott empfehl ich meine Seele.

Ob Dianas »kolossale Weiblichkeit«, die selbst den frivolen Lüstling das Fürchten lehrt, ob Seraphines »Schattenliebe«, Angeliques langweilige Sanftmut oder Clarissens »holde Bosheit«, die den masochistischen Liebhaber stärker fesselt als reine Zuneigung es je könnte; ob die promisken Beziehungen zu Yolanthe und Marie oder die Gedichte an Emma, in denen sich – verstechnisch gänzlich unverfroren – »Emma« auf »Dilemma« reimt: Hier soll die freie Liebe ohne Schuldgefühle, die frühsozialistische Errungenschaft der Emanzipation des Fleisches gefeiert werden.

Auf diesem Felsen bauen wir
Die Kirche von dem dritten,
Dem dritten neuen Testament;
Das Leid ist ausgelitten.

Vernichtet ist das Zweierlei,
Das uns so lang betöret;
Die dumme Leiberquälerei
Hat endlich aufgehöret.

Hörst du den Gott im finstern Meer?
Mit tausend Stimmen spricht er.

Und siehst du über unserm Haupt
Die tausend Gotteslichter?

Der heilge Gott der ist im Licht
Wie in den Finsternissen;
Und Gott ist alles was da ist;
Er ist in unsern Küssen.

Das Gedicht aus der einleitenden Abteilung »Seraphine« enthält das pantheistische Programm, das die Grundlage der »Verschiedenen« bildet. Die Idee von einer »neuen« Kirche, einem neuen Gottesdienst erscheint dort letztlich auf den Liebesdienst reduziert. Ganz so, wie sich die Lehren des Saint-Simonismus für einige ihrer Verfechter auf die Forderung nach »Emanzipation des Fleisches« konzentrieren.

Sie gibt dem alten Gegensatz zwischen himmlischer und irdischer Liebe, der schon das »Buch der Lieder« prägt, eine neue philosophische Basis. Unter dem Einfluß der saint-simonistischen Lehre teilt Heine, wie er z. B. in den »Elementargeistern« darlegt, die Geschichte der Menschheit in zwei große Epochen: den klassisch-griechischen Hellenismus und das jüdisch-christliche Nazarenertum. Der »hellenistische« Typus lebt nach diesen Vorstellungen ganz im Hier und Jetzt, ist sinnenfreudig, lebensfroh und allen Künsten zugewandt; der »nazarenische« dagegen ist kunstfeindlich, lebt asketisch, vergeistigt und jenseitsorientiert und lehnt die Freuden des Lebens und der Liebe ab. Keine Frage, welchem Typus Heine, als großer Emanzipator, zuneigt.

Mit den Gedichten des Zyklus »Verschiedene« tritt er den lyrischen Beweis dafür an – und führt ihn im darauf folgenden Großgedicht »Tannhäuser« noch einmal dialektisch fort. Dort erscheint Venus in der Rolle der sinnenfrohen Hellenin und Tannhäuser als ihr Widerpart, als der sinnlichen Liebe überdrüssiger, seine Existenz aufs Jenseits ausrichtender Nazarener. Er sucht sein Heil in Kirche, Religion und Jenseitserwartung, jedoch nur, um schließlich – nach dem großen Aufbruch in die spiritualistische Gegenwelt – wieder in den Venusberg zurückzukehren. Dort allerdings zeigt sich Frau Venus, die Liebesgöttin, in einer ungewohnten neuen Rolle: der der versorgenden Hausfrau und nährenden Mutter.

Zwei Mädchen. Gemälde von E. J. F. Bendemann, 1833.

Der Ritter Tannhäuser er wandelt so rasch,
Die Füße die wurden ihm wunde.
Er kam zurück in den Venusberg
Wohl um die Mitternachtstunde.

Frau Venus erwachte aus dem Schlaf,
Ist schnell aus dem Bette gesprungen;
Sie hat mit ihrem weißen Arm
Den geliebten Mann umschlungen.

Aus ihrer Nase rann das Blut,
Den Augen die Tränen entflossen;

Sie hat mit Tränen und Blut das Gesicht
Des geliebten Mannes begossen.

Der Ritter legte sich ins Bett,
Er hat kein Wort gesprochen.
Frau Venus in die Küche ging,
Um ihm eine Suppe zu kochen.

Sie gab ihm Suppe, sie gab ihm Brot,
Sie wusch seine wunden Füße,
Sie kämmte ihm das struppige Haar,
Und lachte dabei so süße.

Das Bild der Frauen, die unter der offenen, ja vagen Bezeichnung »Verschiedene« versammelt werden, bleibt unscharf. Diese »Verschiedenen« sind nicht mehr als Vorname und Körper, beschränkt auf ihre Funktion als Liebesdienerinnen. Weder mit ihrem individuellen Aussehen, noch als charakteristische Personen treten sie in Erscheinung. Es wäre allerdings wohl zu kurz gegriffen, wollte man sie, wie die Zeitgenossen es taten, biografisch als »Bordelladressen« missverstehen. Die »Verschiedenen« sind vielmehr Kunstfiguren, die vielleicht auch ihrer ideellen Überfrachtung wegen nicht als Individuen in Erscheinung treten. Promiskuität wird hier demonstrativ ausgestellt als Zeichen jenes modernen Lebensgefühls, das sich kritisch gegen die sexuelle Misere einer verlogenen Ehemoral, gegen das neue Ideal der Kleinfamilie und gegen die christliche Vertröstungsreligion wendet.

Das männliche Ich dieser Gedichte ist zwar nicht mehr der ewig unglücklich Liebende aus dem »Buch der Lieder«. Er scheitert nicht, wie der Schiffer angesichts der Loreley, an dem Felsen, auf dem die Verführerin lockt, sondern lebt, wie Tannhäuser, mitten im Venusberg. Doch obwohl dieser Frauenheld – rein theoretisch – von allen christlich-jüdischen Schuldgefühlen und moralischen Imperativen befreit ist, kann er seine optimistisch-heitere, positive Einstellung zu den libidinösen Bedürfnissen des Körpers offenbar nicht genießen. Fast scheint es, als wäre er von den neuen diesseitigen Möglichkeiten überfordert. Die Liebesbegegnungen mit den »Verschiedenen« enden fast ausnahmslos im Gefühl der Leere.

Der promiske Bettheld wirkt am Ende weniger befriedigt als des-illusioniert.

Dieser Liebe toller Fasching,
Dieser Taumel unsrer Herzen,
Geht zu Ende, und ernüchtert
Gähnen wir einander an!

Ausgetrunken ist der Kelch,
Der mit Sinnenrausch gefüllt war,
Schäumend, lodernd, bis am Rande;
Ausgetrunken ist der Kelch.

Es verstummen auch die Geigen,
Die zum Tanze mächtig spielten,
Zu dem Tanz der Leidenschaft;
Auch die Geigen, sie verstummen.

Es erlöschen auch die Lampen,
Die das wilde Licht ergossen
Auf den bunten Mummenschanz;
Auch die Lampen, sie erlöschen.

Morgen kommt der Aschenmittwoch,
Und ich zeichne deine Stirne
Mit dem Aschenkreuz und spreche:
Weib, bedenke, daß du Staub bist.

Die eigentliche Botschaft dieser Gedichte wird von den zeitgenössischen Lesern über ihrer erotischen Freizügigkeit kaum wahrgenommen: die kritische Haltung des skeptischen Materialisten Heine zu einer ausschließlich sinnlichen Liebe, aus der keine wirkliche Befriedigung entstehen kann.

Und da die zeitgenössischen Leser von der nur vordergründig verstandenen »Riesenwollust« in Heines Lyrik vorschnell direkt auf die Biografie des Autors schließen (was dieser billigend in Kauf nimmt), erwirbt er sich mit den »Verschiedenen« endgültig den zweifelhaften Ruf des Lebemanns, Frauenhelden und Immoralisten. Doch damit nicht genug. Auf einer weiteren Stufe moralischer Abwertung setzt sich Heine schließlich auch noch dem Ruf des Syphilitikers aus, mit dem der Unreinlichkeitsvorwurf nicht nur für seine Person, sondern auch für sein literarisches Werk unlösbar verbunden ist.

Am Ende der »Neuen Gedichte«, im Zyklus »Zeitgedichte«, taucht dann eine alt-neue Frauenimago wieder auf, die sich mit der zur Versorgerin gewandelten Venus des »Tannhäuser«-Gedichts bereits angedeutet hat: das weibliche Urbild, die Mutter. Und mit ihr der Wunsch nach tiefer emotionaler Bindung, nach Heimat.

Spätestens hier besinnt sich der emanzipierte Frauenheld aus den »Verschiedenen« wieder auf seine ursprüngliche politische Aufgabe als Zeitschriftsteller.

> *Ich hatte einst ein schönes Vaterland.*
> *Der Eichenbaum*
> *Wuchs dort so hoch, die Veilchen nickten sanft.*
> *Es war ein Traum.*

> *Das küßte mich auf deutsch, und sprach auf deutsch*
> *(Man glaubt es kaum*
> *Wie gut es klang) das Wort: »ich liebe dich!«*
> *Es war ein Traum.*

Im Epilog »Nachtgedanken«, einem der bekanntesten Gedichte Heines, das im Zusammenhang mit der Beziehung zu seiner Mutter bereits zitiert wurde, erscheint beides, emotionale Bedürfnisse und politische Verantwortung, miteinander verschränkt. Das Gedicht mit den berühmten Anfangszeilen »Denk ich an Deutschland in der Nacht,/ Dann bin ich um den Schlaf gebracht« ist an der Oberfläche seiner Bildlichkeit eine Liebeserklärung an die Mutter. Auf einer tieferen Bedeutungsebene – in der Auseinandersetzung mit der deutschen Heimat – ist es zugleich auch ein politischer Text.

Ganz ohne distanzierende Kontrastwirkungen kommt auch dieses Gedicht nicht aus: die Gegensätze zwischen Tag und Nacht, zwischen Frankreich und Deutschland, zwischen der jungen französischen Ehefrau und der alten deutschen Mutter sind durchweg ironisch gebrochen, im kunstvollen Spiel mit einer eigentlich längst verbrauchten, klischeehaften Bilderwelt. Zwischen der alten Bindung an die Mutter und der neuen an die junge Ehefrau entsteht so eine artistisch glanzvolle, emotional ambivalente Balance.

In den Armen der »schwarzen Frau«
Das lyrische Spätwerk

Es war im Mai 1848, wo ich zum letzten Male ausging, als ich Abschied nahm von den holden Idolen, die ich angebetet in den Zeiten meines Glücks. Nur mit Mühe schleppte ich mich bis zum Louvre, und ich brach fast zusammen, als ich in den erhabenen Saal trat, wo die hochgebenedeite Göttin der Schönheit, Unsere liebe Frau von Milo, auf ihrem Postamente steht. Zu ihren Füßen lag ich lange, und ich weinte so heftig, dass sich dessen ein Stein erbarmen musste. Auch schaute die Göttin mitleidig auf mich herab, doch zugleich so trostlos, als wollte sie sagen: siehst du denn nicht, dass ich keine Arme habe und also nicht helfen kann?

Im Nachwort zum »Romanzero«, der »dritten Säule meines lyrischen Ruhms«, schildert Heine seine seit dem körperlichen Zusammenbruch grundsätzlich veränderte Lebenssituation. Seit 1848 liegt er gelähmt in der viel zitierten »Matratzengruft zu Paris«, einem »Grab ohne Ruhe«, abgeschnitten vom lebendigen Pariser Leben, gepeinigt von unerträglichen Schmerzen, von körperlichem Verfall, nicht zuletzt der Impotenz und das bei wachem Geist, wachen Sinnen und voller literarischer Schöpferkraft.

Dass Heine ausgerechnet im Louvre, zu Füßen der Venus von Milo, zusammengebrochen sein soll, ist wohl als literarische Inszenierung zu verstehen. Sie nimmt das Bild von der steinernen Frau wieder auf und vermischt es mit den Attributen der christlichen Madonna, um so die neue Haltung des Autors zur eigenen Existenz symbolisch überhöht zu repräsentieren. Die Szene belegt noch einmal, welche Bedeutung Frauenbilder, besonders das Fantasma vom steinernen Leib, in Heines literarischem Werk haben. Der Dichter bricht zusammen im Angesicht von Venus, der antiken Schönheitsgöttin und Symbolfigur seiner pantheistischen Weltsicht; einer Sicht, die sich angesichts seiner Misere als wenig tragfähig erweist. Das Bild der heidnischen Göttin hat keine Arme, die den Kranken stützen könnten, sie kann ihm nicht helfen, ihn nicht

Heine auf dem Totenbett. Zeichnung von Seligmann.

einmal trösten. Der pantheistisch gestimmte Erotiker wird sein Heil künftig anderswo suchen, nämlich bei einem starken, helfenden Gott, dem persönlichen Gott der Bibel. In den Schoß der Kirche, gleich welchen Glaubens, aber – dagegen verwahrt er sich trotz aller Bekehrung zu Gott immer wieder – kehrt er deshalb nicht zurück.

Fanny Lewald, die kritisch-loyale Vertraute seiner Krankheitsjahre, schreibt dazu:

Man hatte von ihm berichtet, er habe sich bekehrt, der deutsche Aristophanes des neunzehnten Jahrhunderts sei ›fromm‹, sei ein Betbruder geworden. Es ist kein wahres Wort daran. Die Leute, welche dergleichen von ihm berichtet, haben sich entweder selbst getäuscht oder sich von ihm täuschen lassen.

Symbolwert hat auch das Datum von Heines Zusammenbruch, der Mai 1848. Es liegt genau zwischen den historischen Daten der deutschen März- und der französischen Juni-Revolution. Am eigenen

197

Leib erfährt der Zeitschriftsteller – auch hierin stellvertretend für die zeitgenössische Gesellschaft – wie die revolutionären Hoffnungen in sich zusammenstürzen. Im historischen Geschehen drückt sich zugleich auch sein privates Schicksal aus.

Heines lyrisches Spätwerk, »Romanzero«, die »Gedichte. 1853 und 1854« und die nachgelassenen Gedichte ziehen – angesichts des Todes – Bilanz; auch Liebesbilanz. Die autobiografische Situation durchdringt hier die Rollenfiktion. Das lyrische Ich kommt dem des Autors sehr nahe. Besonders dort, wo es um die Beziehungen zu Frauen geht. Unübersehbar ist dies in den Gedichten an Mathilde und an Mouche, die wichtigsten Lebens- und Liebesbeziehungen aus Heines Pariser Zeit und auch in den »Lazarus«-Gedichten.

Der biblische Lazarus, ein Aussätziger und Kranker, erscheint hier als Symbolfigur sinnlosen Leidens. Denn ihn erlöst, anders als im Neuen Testament, kein Gott.

Heines Lazarus leidet, neben anderen Enttäuschungen des Lebens, noch immer an der Liebe. Seine Wünsche und Sehnsüchte »nach den lebendigsten Lebensgenüssen« können sich, allein seiner körperlichen Misere wegen, jetzt weniger denn je erfüllen. Doch selbst in der Rückschau auf frühere Frauenbeziehungen erscheint Liebesglück als zerplatzte Seifenblase, als Illusion.

Noch einmal, eh mein Lebenslicht
Erlöschet, eh mein Herze bricht –
Noch einmal möcht ich vor dem Sterben
Um Frauenhuld beseligt werben.

Und eine Blonde müßt es sein,
Mit Augen sanft wie Mondenschein –
Denn schlecht bekommen mir am Ende
Die wild brünetten Sonnenbrände.

Das junge Volk voll Lebenskraft
Will den Tumult der Leidenschaft,
Das ist ein Rasen, Schwören, Poltern
Und wechselseitges Seelenfoltern!

Unjung und nicht mehr ganz gesund,
Wie ich es bin zu dieser Stund,
Möcht ich noch einmal lieben, schwärmen
Und glücklich sein – doch ohne Lärmen.

Doch statt der so lang vergeblich ersehnten holden Geliebten nimmt jetzt »Frau Sorge« an seiner Seite Platz.

In meines Glückes Sonnenglanz,
Da gaukelte fröhlich der Mückentanz.
Die lieben Freunde liebten mich
Und teilten mit mir brüderlich
Wohl meinen besten Braten
Und meinen letzten Dukaten.

Das Glück ist fort, der Beutel leer,
Und hab auch keine Freunde mehr;
Erloschen ist der Sonnenglanz,
Zerstoben ist der Mückentanz,
Die Freunde, so wie die Mücke,
Verschwinden mit dem Glücke.

An meinem Bett in der Winternacht
Als Wärterin die Sorge wacht.
Sie trägt eine weiße Unterjack,
Ein schwarzes Mützchen, und schnupft Tabak.
Die Dose knarrt so gräßlich,
Die Alte nickt so häßlich.

Mir träumt manchmal, gekommen sei
Zurück das Glück und der junge Mai
Und die Freundschaft und der Mückenschwarm –
Da knarrt die Dose – daß Gott erbarm,
Es platzt die Seifenblase –
Die Alte schneuzt die Nase.

Doch mit solch drastischer Rückkehr zu den Tatsachen des Alltags ist es nicht genug. Lazarus sieht in den Frauen darüber hinaus auch die Ursache seiner tödlichen Krankheit – wie sein reales Alter ego Heine, der sein Siechtum als Folge einer früh erworbenen Syphilis verstand und – ganz schuldbeladener Nazarener – wohl auch als Strafe für seine Promiskuität. »Die schwarze Frau« wird zur Allegorie für diese tödliche Verstrickung.

> *Es hatte mein Haupt die schwarze Frau*
> *Zärtlich ans Herz geschlossen;*
> *Ach! meine Haare wurden grau,*
> *Wo ihre Tränen geflossen.*
>
> *Sie küßte mich lahm, sie küßte mich krank,*
> *Sie küßte mir blind die Augen;*
> *Das Mark aus meinem Rückgrat trank*
> *Ihr Mund mit wildem Saugen.*
>
> *Mein Leib ist jetzt ein Leichnam, worin*
> *Der Geist ist eingekerkert –*
> *Manchmal wird ihm unwirsch zu Sinn,*
> *Er tobt und rast und berserkert.*
>
> *Ohnmächtige Flüche! Dein schlimmster Fluch*
> *Wird keine Fliege töten.*
> *Ertrage die Schickung, und versuch*
> *Gelinde zu flennen, zu beten.*

Damit tritt das Dämonische, Vampirhafte in den Frauenbildern des lyrischen Werks noch einmal in den Vordergrund. Noch einmal greift Heine auf den klassisch-romantischen Bilderfundus zurück. Dazu gehören die drei Parzen, an deren Entscheidung der Lebensfaden des leidenden Lazarus hängt. Dazu gehört vor allem aber die steinerne Sphinx, als bekanntestes Symbol der *femme fatale*.

> *Die Gestalt der wahren Sphinx*
> *Weicht nicht ab von der des Weibes;*
> *Faselei ist jener Zusatz*
> *Des betatzten Löwenleibes.*

Todesdunkel ist das Rätsel
Dieser wahren Sphinx. Es hatte
Kein so schweres zu erraten
Frau Jokastens Sohn und Gatte.

Doch zum Glücke kennt sein eignes
Rätsel nicht das Frauenzimmer;
Spräch es aus das Lösungswort,
Fiele diese Welt in Trümmer.

Frau und Sphinx verschmelzen zu einem Wesen, dessen Charakter rätselhaft bleibt. Denn er symbolisiert das dem männlichen Ich entgegen gesetzte Andere. Soweit entspricht das Bild der tradierten Vorstellung von der Polarität der Geschlechter. Doch Heines zweites, spätes Sphinx-Gedicht enthält – darüber hinaus – ein verblüffendes Fazit. Diese Sphinxfrau wird über den Ödipus-Mythos mit dem Bild der Mutter in Verbindung gebracht. Denn die im Gedicht zitierte Jokaste ist nicht nur die Frau des Ödipus, sondern – so der Mythos – sie ist, ohne dass beide davon wissen, zugleich auch seine Mutter. Dieser mythologische Bezug lässt Frau und Mutter eins werden. Darauf aber steht der Tod. Das zeigt die Geschichte des unglücklichen Ödipus. Und das zeigt auch die Geschichte des Heinrich Heine. Denn auch sein Stigma, die Mutterliebe als »Pocken des Herzens«, endet tödlich.

Literaturhinweise

Editorische Notiz

Heines Werke und Briefwechsel werden zitiert nach:

Heinrich Heine: Historisch-kritische Gesamtausgabe der Werke, hg. v. Manfred Windfuhr, 16 Bde. Hamburg 1973–1997

Heinrich Heine: Säkularausgabe. Werke – Briefwechsel – Lebenszeugnisse, hg. v. d. Nationalen Forschungs- und Gedenkstätten der klassischen deutschen Literatur in Weimar und dem Centre National de la Recherche Scientifique. Berlin und Paris 1970 ff.

Heinrich Heine: Sämtliche Schriften, hg. v. Klaus Briegleb. 6 Bde. München 1968–1976.

Berichte der Zeitgenossen werden zitiert nach:

Begegnungen mit Heine. Berichte der Zeitgenossen, hg. v. Michael Werner (in Fortführung von H. H. Houben: Gespräche mit Heine), 2 Bde. Hamburg 1973.

Einzelnachweise:

Die Erinnerung an die erste Begegnung von Elise Krinitz mit ihren Adoptiveltern (S. 99 f.) wird zitiert nach Folkerts, s. u., S. 138 f.; der Brief von Fanny Mendelssohn an Karl Klingemann (S. 127 f.) nach Bartsch, s. u., S. 251 f.; der Brief von Saint-Beuve an George Sand (S.163) nach Sand, Briefe, s. u., S. VIII; die Berichte von Fanny Lewald (S. 174–178) nach Lewald, Zwölf Bilder, s. u.

Verwendete Literatur

Barnouw, Dagmar: Einzigartig. Rahel Varnhagen und die deutsch-jüdische Identität um 1800. In: Sabine Becker (Hg.): Rahel Levin Varnhagen. Studien zu ihrem Werk im zeitgenössischen Kontext. St. Ingbert 2001, S. 81–118

Bartsch, Cornelia: Fanny Hensel (1805–1847). Heine-Lieder. In: Vom Salon zur Barrikade, s. u., S. 241–252

Begemann, Christian: Der steinerne Leib der Frau. Ein Phantasma in der europäischen Literatur des 18. und 19. Jahrhunderts. In: Aurora 59 (1999), S. 135–159

Bierwirth, Sabine: Die Erotik der »Gesundheitsliebe« – Heine und seine Mouche. In:»Emancipation des Fleisches«. Red. Gustav Frank und Detlev Knopp. Bielefeld 1999, S. 317–326

Borchardt, Susanne: Sphinx fatal. Die Sphinxfrau in Heines Lyrik. In: Heine-Jahrbuch 2001, 40. Jg., S. 16–45

Folkerts, Menso: Wer war Heinrich Heines »Mouche«? Dichtung und Wahrheit. In Heine-Jahrbuch 1999, 38. Jg., S.133–151

Füllner, Karin: »Ja, die Weiber sind gefährlich!« Heines Polemik gegen Germaine de Staël. In: Differenz und Identität. Heinrich Heine. Hg. v. Alfred Opitz, Trier 1998, S. 67–78

Gatter, Nikolaus: Rosa Maria Assing (1783–1840). »Was doch der Assing und der August für vortreffliche Frauen haben!« Heines Freundin Rosa Maria. In: Vom Salon zur Barrikade. s. u., S. 91–110

Hädecke, Wolfgang: Heinrich Heine. Eine Biografie. München 1985

Hauschild, Christoph/Werner, Michael: Heinrich Heine. »Der Zweck des Lebens ist das Leben selbst«. Eine Biografie. Berlin 1999

von der Heyden-Rynsch, Verena: Europäische Salons. Höhepunkte einer versunkenen weiblichen Kultur. Düsseldorf 1992

Höhn, Gerhard: Heine-Handbuch. Zeit – Person – Werk. 3. Aufl. Stuttgart 2004

Hundt, Irina (Hg.): Vom Salon zur Barrikade. Frauen der Heine-Zeit. Stuttgart 2002

»Ich Narr des Glücks«. Heinrich Heine 1797–1856. Bilder einer Ausstellung. Hg. v. Joseph A. Kruse unter Mitwirkung v. Ulrike Reuter u. Martin Hollender. Stuttgart 1997

Koon-Ho, Lee: Heinrich Heine und die Frauenemanzipation. Stuttgart 2005

Kruse, Joseph A.: Heines Hamburger Zeit. Hamburg 1972

Kruse, Joseph A.: Gewonnen und verloren. Rahel Varnhagen und Heinrich Heine. In: Becker, s. o., S. 163–200

Leonhardt, Rudolf Walter: »Das Weib, das ich geliebet hab«. Heines Mädchen und Frauen. Hamburg 1975

Lewald, Fanny: Zwölf Bilder nach dem Leben. Erinnerungen. Berlin 1888

Neuhaus-Koch, Ariane: Heine und die deutschen Schriftstellerinnen seiner Zeit. In: »Ich Narr des Glücks«, s. o., S. 376–387

Reuter, Ulrike: Faszination, Freundschaft, Fürsorge – und immer der Freiheitskampf. Cristina di Belgiojoso und Heinrich Heine. In: »Ich Narr des Glücks«, s. o., S. 145–157

Roth, Ursula: Rollenspiel in Variationen. Heinrich Heine und seine Mutter. In: »Ich Narr des Glücks«, s. o., S. 454–466

Rühmkorf, Peter: Suppentopf und Guillotine – zu H. Heines Frauengestalten. In: ders.: Dreizehn deutsche Dichter. Reinbek 1989

Sand, George: Briefe. Aus dem Französischen übersetzt u. hg. v. Annedore Habel. München 2003

Selden, Camille: Die Memoiren der Mouche, der letzten Liebe Heinrich Heines. Übersetzt u. hg. v. Eugen Sierke. In: Schorer's Familienblatt. Eine Illustrierte Zeitschrift. Berlin, Jg. 1884 u. 1885 (Zit. nach unveröffentlichtem Typoskript, mit freundlicher Genehmigung des Heinrich-Heine-Instituts Düsseldorf)

Selden, Camille: Heinrich Heines letzte Tage. Bodenheim 1997

Stauf, Renate: Marianne und Germania beim literarischen Tee: Heine contra Madame de Staël. In: »Dichter unbekannt«, – Heine lesen heute. Internationales Heine-Symposium Bonn, Mai 1997. Bonn 1998, S. 9–27

Strohmeyr, Armin: George Sand. »Glauben Sie nicht zu sehr an mein satanisches Wesen«. Eine Biografie. Leipzig 2004

Suhr, Geertje: Venus und Loreley. Die Wandlungen des Frauenbildes in der Lyrik Heinrich Heines. Düsseldorf 1998

Tölle, Heinrich: Der kranke Heine. In: Heine-Jahrbuch 1998, 37. Jg., S. 211–224

Varnhagen, Rahel: Gesammelte Werke. Hg. v. Konrad Feilchenfeldt, Uwe Schweikert u. Rahel E. Steiner. Bd. 1–10. München 1983

Windfuhr, Manfred: Frauenideal und Realfrau. Heine und Mathilde. In: »Ich Narr des Glücks«, s. o., S. 474–482

Ziegler, Edda: Heinrich Heine. Leben – Werk – Wirkung. München und Zürich 1993

Ziegler, Edda: Die große Frauenfrage. Zu Heines Mädchen und Frauen. In: »Ich Narr des Glücks«, s. o., S. 367–375

Bildnachweis